# RENAISSANCE AFRICAINE

www.librairieharmattan.com
Harmattan1@wanadoo.fr
diffusion.harmattan@wanadoo.fr
© L'Harmattan, 2005
ISBN : 2-7475-9835-7
EAN : 9782747598354

Bertrand RIGAGNEAU

# RENAISSANCE ARICAINE

*Une expérience d'adoption au Cameroun*

L'Harmattan
5-7, rue de l'École-Polytechnique ; 75005 Paris
FRANCE

| **L'Harmattan Hongrie** | **Espace L'Harmattan Kinshasa** | **L'Harmattan Italia** | **L'Harmattan Burkina Faso** |
|---|---|---|---|
| Könyvesbolt | Fac..des Sc. Sociales, Pol. et | Via Degli Artisti, 15 | 1200 logements villa 96 |
| Kossuth L. u. 14-16 | Adm. ; BP243, KIN XI | 10124 Torino | 12B2260 |
| 1053 Budapest | Université de Kinshasa – RDC | ITALIE | Ouagadougou 12 |

À ma femme,
À Juliette,
À ses parents,
À mes enfants.

## CHÈRE AFRIQUE

C'est un lundi matin, dans l'atmosphère humide d'un climat tropical que nous débarquions. Le jour, teinté d'orangé et verdoyant de mille feux, commençait à poindre. Dans l'air planait déjà l'odeur annonciatrice d'une belle journée africaine.

Au cœur de cet aéroport Camerounais, l'Afrique nous accueillait. Les acteurs de ce tableau matinal, pressés dans la moiteur de l'air, avaient tout au long de cette nuit échappé au sommeil. Ni ces deux Français, qui foulaient ce continent avec dans le cœur tant d'appréhension mêlée à tant de joie, ni ces Camerounais transfigurés par une victoire en coupe d'Afrique de football, n'avaient fermé l'œil.

Pourtant tout semblait réuni ce 14 février, jour de saint Valentin et de victoire camerounaise, pour que la raison de notre venue à Yaoundé soit baignée dans un formidable élan d'amour.

Dans un décor de béton, poussant un chariot chargé d'un encombrant, mais précieux don, Marie Jo et moi, avancions, alourdis par notre présent, vers le passage obligatoire formé par les douaniers. Nous glissions timidement vers le dernier obstacle avant l'accès à la foule qui envahissait le hall d'arrivée de l'aéroport de Nsimalen. Notre bagage, cette cantine en fer qui avait su traverser une bonne moitié du continent africain, après avoir été soigneusement empaquetée, puis jetée sans ménagement sur l'équilibre précaire des monticules de valises, devait maintenant subir un dernier assaut : pénétrer le territoire camerounais sans surtaxe. Cette taxe était soumise au jeu du hasard, au jeu des rencontres. Elle n'obéissait, de toute évidence, à aucune règle précise et restait fonction de la voracité financière de notre interlocuteur en uniforme.

Alors, fagotés d'une impossible décontraction, notre chariot en guise de pare-chocs, nous nous présentâmes à la douanière. Par conscience professionnelle, afin de justifier sa fonction inscrite en son habit, elle nous demanda si nous n'avions rien à déclarer, alors que la grosse cantine enrubannée d'adhésif orange lui souriait. L'heure était venue de décrire ce que renfermait notre trésor. C'était le moment de faire appel aux parcelles de compassion et de désintéressement qui existaient encore surement chez cette femme habillée de beige. Le matériel informatique, que je détaillais, disposé dans la mousse protectrice de cette caisse en fer, attira d'abord son attention. La notion de don sembla pourtant prendre le dessus sur le contenu. Puis notre rendez-vous, avec un orphelinat dans ce Cameroun que nous rencontrions ce matin, commença à faire apparaître les contours du dessein qui nous poussait sur cette terre. Enfin, l'existence d'un prêtre, directeur de l'établissement, en lien avec le ministre des affaires sociales, finit par nous ouvrir toutes grandes les portes de ce pays encore mystérieux. Nous pénétrions alors, le plus naturellement du monde, au Cameroun. Cette nation nous flattait déjà de mille faveurs. Nous plongions enfin dans la chaleur et l'ambiance festive de cet aéroport, qui venait de vivre une des nuits les plus chaudes de sa courte existence.

Baignés dans la lumière naissante de cette journée, nous cédâmes alors, sur l'insistance d'un adolescent chancelant de fatigue, la charge de notre précieux chariot.
Nous prîmes enfin la mesure de ce que ce pays vivait au travers d'une victoire en coupe d'Afrique des nations. Pour nous, dans ce petit matin fait de mystère, la furie d'un soir débouchait sur la désertion des taxis jaunes colorant habituellement le vert de cette zone tropicale. Les véhicules à la mécanique et à la carrosserie fragilisées, sans cesse réhabilités, reconstitués pour contrer ce qui chez nous fait partie du règne de l'éphémère, n'arrivaient plus au pied de l'aéroport. Nous étions plantés là, alors que les odeurs du petit matin venaient caresser nos cœurs impatients. Nous observions silencieusement, enveloppés de la fatigue d'une nuit sans sommeil, cette brousse verdoyante dans laquelle se noyaient les bâtiments aéroportuaires. Au loin, à une dizaine de kilomètres, nous pouvions deviner, scintillant des sept collines environnantes, les dernières lueurs de la capitale camerounaise. Sur le parking, plaie de bitume entre les grands arbres de cette forêt équatoriale, patientaient des milliers de supporters surexcités. Les hommes, pour un instant éteints, semblaient reprendre une respiration, pour s'animer violemment à la vision miraculeuse de la silhouette jaunâtre d'un taxi providentiel. En l'espace d'une seconde, les véhicules fraîchement arrivés, se retrouvaient envahis du coffre au toit. Agglutiné sur la carrosserie, un essaim humain, noir et bruyant, pesait de tout son poids sur des suspensions souvent inexistantes. Un air de révolution soufflait sur le cameroun et les supporters tenaient responsable l'équipe des *lions indomptables*, qui avait fui, effrayée devant l'ampleur de l'accueil réservé ce matin-là à Nsimalem.
Les moyens de locomotion avaient disparu et chaque véhicule devenait précieux ce lundi 14 février. Yaoundé semblait bloquée, les esprits étaient en effervescence. Cette nuit-là, l'affront de ne pouvoir accueillir les vainqueurs, avait transformé un sentiment de joie en peine. Cette déception désorganisait pour un instant la belle entente des supporters. Le mot d'ordre, à l'heure où nous arrivions sur cette terre rouge, aux nuances et aux odeurs si différentes de notre vieille Europe, consistait à regagner le centre de la ville par n'importe quel moyen. Sous nos yeux impuissants, gonflés d'incompréhension et de fatigue, nous assistions à la prise d'otage, sous la menace de projectiles divers, des quelques rares véhicules ayant risqué l'aventure. Des pierres, comme tout objet offert par une nature roulant à nos pieds, étaient jetées sans vergogne par des Camerounais désemparés, en colère et déçus par une matinée sans promesse.

Quant à nous, projetés dans l'inconnu, nous devions être accueillis. Nous l'étions mais par un chaos presque prémonitoire. Nous devions être attendus afin de déposer notre don, notre lourd chargement qui, dans l'atmosphère électrique de ce petit matin, me parut plus en danger que face à la convoitise de notre douanière. Nous espérions patiemment le moment d'entrer en contact avec l'orphelinat, avec une femme, Céline, qui avait su nous attribuer un enfant pour faire de notre couple des parents.

Mais la vie, ce matin-là, semblait éprouver quelques difficultés à laisser se mettre en œuvre notre rencontre promise à tant de joie.

Ce ne fut pourtant pas le cas six mois plus tôt.

# CHER PIERRE

Au mois d'avril précédent, nous avions acquis le droit potentiel de devenir parents et avec joie avions commencé, notre agrément d'adoption en poche, à emprunter le petit sentier de montagne, qui devait nous conduire vers la rencontre avec un enfant. L'entrée du chemin nous la connaissions, orientés par nos échanges avec des parents adoptants, décrivant tous la joie et la force surnaturelle de ce moment, de cette rencontre. Pour nous, restait à découvrir la réalité du parcours. Le sac empli de jalons et de doutes, mais aussi d'une carte de nos désirs établie au fil des années et des expériences, susurrée par notre histoire et nos sensibilités, nous décrochions notre téléphone. Nous tentions de frapper à la porte des associations agréées pour l'adoption internationale. Les réponses, pour la plupart sans ménagement et sans espoir, auraient pu stopper notre avancée, car nous sentions bien que les cailloux nous roulaient sous les pieds, que le premier raidillon s'opposait à nous pour prendre des allures de gouffre infranchissable. Heureusement, d'autres chemins longeant ce précipice, requérant une énergie et une vigilance démultipliées s'ouvraient à nous. Les restrictions que nous subissions de la part des associations souveraines pour l'accès sécurisé à l'adoption, nous poussèrent vers une démarche en direct. Le terme reste d'ailleurs très explicite, puisque l'interlocuteur des futurs adoptants est l'orphelinat ou l'organisme ayant en charge l'enfant. Nous allions régler notre adoption avec les autorités compétentes du pays d'origine de notre enfant.

Au mois de juin, nous tentions un contact des plus directs avec Madagascar. Une liste d'orphelinats fournie par le ministère malgache, quelques demandes d'échanges et de contacts sur le forum internet d'Enfance et Famille Adoptive, et me voici précipité au téléphone, fin juin, avec un orphelinat de Tananarive. L'échange fut sympathique et chaleureux, sans commune mesure avec nos expériences françaises et nous voilà transportés vers d'autres contrées, tenus au travers les fils et les ondes par cette voix féminine dont l'accent rendait parfois difficiles les explications. Nous étions soudain, introduits à la notion de patience et en prise de contact direct avec l'amour. La force d'implication ressentie lors de cette communication contribua dés lors à construire un peu plus d'harmonie dans notre vie et dans nos cœurs. En bref, nous envoyions tous les éléments qui pouvaient permettre à cet orphelinat de faire notre connaissance en tant que parents adoptants. Puis nous sommes partis en vacances, avec en nous le secret espoir de découvrir une réponse de la grande île, dès notre retour début août. Mais rien ! Marie Jo et moi étions un peu déçus. Pourtant qu'est-ce qu'un mois dans une histoire de parents adoptants ! Alors nous avons mis à contribution ce mois d'été pour mieux faire connaissance avec Madagascar, pour échanger avec des parents ayant connu le même parcours que nous. Internet nous sembla l'outil idéal. Nous pistions tout ce qui avait trait à ce pays et sollicitions divers témoignages sur le forum d'Enfance et Famille Adoptive.

Il faut dire que notre profil de couple ainsi que notre profession ne facilitaient, ni les démarches, ni les déplacements. En effet, Marie Jo et moi comptabilisions vingt petites années d'écart, et de plus, nous étions tous les deux dans l'éducation spécialisée, ce qui rendait difficiles les longues absences. Car à l'époque des trente-cinq heures notre statut de permanent de Structure d'Accueil Non Traditionnelle ou « lieu de vie » nous imposait une présence quotidienne dans cette maison qui, depuis plus de dix ans, mêle projet éducatif et familial. Ce petit îlot de paix, préservé du déchirement des adultes, a pour tâche de *faire avancer*, passagèrement ou sur un plus long terme, des enfants qui se trouvent embarrassés par des pathologies telles que l'autisme. Des gamins sont placés à plein temps dans notre lieu, sur décision du juge pour enfants, avec comme handicap, celui d'être arrivés au mauvais moment dans une famille naturelle où beaucoup de repères, de valeurs et d'interdits avaient été égrenés au fil du temps et des générations. C'est avec ce léger désavantage, lorsqu'il s'agit d'adoption, que nous finissions notre mois d'août sans nouvelles de Madagascar et sans possibilité de les joindre. Le numéro semblait ne plus exister. Sachant que l'orphelinat devait déménager, nous devions attendre et nous nous forcions à croire en la Providence. Dans le même temps mon ordinateur se remplissait de quelques témoignages et parmi ceux-ci, un en particulier marqua l'arrivée quelque peu énigmatique et encourageante d'un Africain résidant en France. Il était utilisateur d'internet ou en tous cas lecteur du forum EFA. Mais surtout pour nous, et pour justifier le caractère providentiel du signe qu'il nous lança, directeur d'un orphelinat au Gabon. L'événement nous parut certainement, ce jour-là, beaucoup trop exceptionnel ou de source peu sûre. Mon souvenir reste peu clair, pourtant nous répondions à Pierre, auteur de ce message troublant :

*« Ayant vu votre message sur le forum public d'EFA j'aimerais savoir si vous recherchez toujours ou avez trouvé un enfant pour une adoption ?*
*Dans quelle région de France habitez-vous ?*
*Je connais un Africain habitant provisoirement en France qui est directeur d'un orphelinat en Afrique ; il représente des parents désespérés voulant abandonner leur enfant pour qu'il ait un minimum de confort et une éducation décente.*
*Il s'occupe de les ramener en France lui-même et recherche des familles françaises susceptibles de devenir parents adoptants.*

*Si cela vous intérese, veuillez me le dire par Email pour que nous allions éventuellement plus loin en explication. »*

Ce qui au premier abord semblait redonner une direction à notre projet car, cher Pierre, premier outil, au sens propre comme au figuré de notre aventure, nous voulions en effet, être « *susceptibles de devenir parents adoptants* ».

Nous utilisions donc l'adresse électronique donnée pour une réponse.

« *Monsieur, nous avons bien reçu votre mail et en effet nous sommes toujours à la recherche d'un enfant pour l'adoption. Alors tous renseignements ou prises de contact nous redonnent un peu d'élan* ».

Était en train d'exister notre bouteille jetée à la mer. Nous voulions croire qu'elle s'échouerait peut-être et tomberait sûrement entre des mains de vie et d'amour. C'est ainsi que résistent encore quelques humanistes portés par de douces croyances.

Nous sommes restés quelques heures empêtrés et amalgamés dans nos sensations de surprise, de curiosité et de vive émotion, mêlées à des vapeurs de méfiance dont nous distinguions si peu et si mal les contours. Marie Jo et moi décidâmes de mettre un pied sur ce nouveau chemin, d'accrocher cette nouvelle rencontre, qui déjà avait l'odeur d'un don du ciel. Le lendemain après avoir fait quelques présentations de nos personnes, après avoir donné quelques indications géographiques et entrebâillé notre porte un peu plus, nous recevions par la même voie, celle de la magique et moderne communication informatique, un mini questionnaire. Celui-ci toujours rédigé par notre ami Pierre, qui forcément précisait son nom de famille en gage de clarté. Il nous demandait de préciser :

« *L'âge désiré de l'enfant, l'âge des parents adoptifs, leur religion (s'ils en ont une) tout cela étant utile à cette personne gabonaise pour savoir si vous pouvez être les heureux adoptants.* »

Nous répondîmes dans l'instant :

« *Nous avons bien reçu votre second message et nous nous empressons de vous préciser la région où nous habitons. Nous habitons une petite ville de Charente-Maritime non loin de La Rochelle, nous sommes désireux d'adopter un enfant de moins de trois ans et sommes de confession catholique. Nous sommes éducateurs tous les deux, mon épouse ayant acquis auparavant un diplôme d'auxiliaire de puériculture.*

*Nous sommes agréés pour l'adoption depuis six mois et sommes prêts à rencontrer les différents intervenants impliqués au sein de cette démarche ainsi que vous-même si le projet se précise.*

*À très bientôt de vous relire pour un contact plus fourni.* »

Cher Pierre, alors que je relis aujourd'hui tes premiers e-mails et que nous avons pu depuis nous embrasser, je me rends compte de l'élan de bonté et de compassion qui pouvait t'animer en ce 23 août. Lorsque cet homme, directeur d'un orphelinat Gabonais, vint te présenter sa vie et remettre entre tes mains l'avenir de ces quelques enfants africains sortis d'une société si chaotique, prisonnière d'une lente agonie, je comprends que tu lui aies proposé ton aide.

Car cette vie africaine, Pierre, tu la connaissais, tu savais que déjà au cœur de l'enfance, elle nécessitait un combat de chaque instant pour aller chercher ce qui dans nos sociétés européennes nous est offert. Pour aller chercher ce qui nous est jeté à la figure. Dans cette vie, sur ce continent, aller chercher de l'école, de l'éducation est un devoir, même si l'on doit marcher longuement. Il faut trouver chaque jour le moyen de survivre car même si les besoins sont moindres, plus essentiels que ceux créés par notre modernité occidentale, il faut avoir le minimum. Je les ai croisés par la suite tous ces enfants, ces adolescents qui, pour ne plus lutter tous les jours avaient décidé de *lutter une fois*. Ils s'étaient retrouvés braqueurs, ne tardant pas à goûter, pour les plus chanceux, à la prison. Les autres goûteraient au vent des balles des gendarmes. Alors peut-être pour toutes ces raisons ou plus simplement pour aider un homme, tu as donné un peu de ton temps et il t'a été pris un peu de ton cœur.

Nous, en tout cas, l'odeur de l'Afrique ne nous caressait pas encore l'esprit. Pour ma part, cet effleurement ressemblait au bruit du pinceau sur la toile. Je peignais déjà depuis toujours ou presque, très enclin aux influences de ce continent, bercé par de doux rêves et un univers d'enfant fait de masques étranges et de séparation. Car mon cher papa avait flirté de longs mois avec cette terre. Mais rien d'Afrique chez Marie Jo et moi, à part de nombreuses toiles, n'avait encore germé dans notre réalité de couple. Cet espace de mystère d'où me parvenaient dans ma huitième année les couleurs vives des cartes postales, s'entremêlant avec la récente séparation d'une maman ayant besoin d'air, m'ouvrait d'autres univers. Il me fit découvrir le pouvoir d'évasion et l'accès à une autre dimension que m'apportaient mes crayons et mes pinceaux d'où jaillissait un autre monde. Heureusement, à cette époque où les pluies gabonaises et camerounaises coulaient sur ma vie d'enfant, je découvrais peu à peu la vie au côté de la future épouse de mon père. Elle qui eut la lourde tâche de m'initier à ma nouvelle réalité familiale. Enfin bref papa a *fait l'Afrique*. Il revenait débordant de bois sculpté, de dents de gorilles, d'ébène noire comme cette brousse inaccessible. Le petit que j'étais en avait plein les yeux. Telle fut ma première rencontre avec l'Afrique, par procuration. De quoi ancrer, sous l'influence d'une absence, dans un imaginaire d'enfant, des couleurs et des odeurs qui n'auront de cesse de rejaillir sur des espaces de liberté tout blancs, par des fenêtres ouvertes sur le monde, qui s'abandonnent à illustrer nos murs aujourd'hui.

Mais aucune rencontre n'était consommée, j'étais toujours vierge d'Afrique.

Pierre nous donnait peut-être la possibilité, sans démarche volontaire, de réparer ce qui nous paraissait comme une évidence. La rencontre se devait d'être inéluctable et forte car jamais provoquée, comme tombant du ciel, presque encore une fois providentielle, écrite et programmée.

En cette fin du mois d'août, Marie Jo et moi ne la concevions pourtant pas cette rencontre, car tout dans la correspondance de Pierre restait diffus. Ce personnage africain restait abstrait. Jusqu'à ce mardi 24 août, où après avoir précisé notre désir d'adopter un enfant de moins de trois ans comme il était spécifié sur notre agrément, nous *recevions* Pierre par e-mail.

Il nous livrait l'existence d'une petite fille de sept ans et faisait apparaître un autre couple postulant à l'adoption. Dans un premier temps, nous connaîtrons de ce couple les prénoms : Patrick et Solange. Puis il gravait ces quelques lignes dans notre histoire :
« *Je reste en contact avec cet Africain (qui est prêtre catholique) au cas où un enfant de moins de 3 ans serait présent dans sa communauté.* » Et il signait « *Fraternellement* ».

Le ton était donné un peu plus précisément, nous avions affaire à un prêtre africain. Ce qui semblait, sans aucun étonnement de ma part, faire l'affaire de Marie Jo, qui savait mettre en avant son assiduité religieuse d'adulte pratiquante et d'enfant initiée.

Marie Jo fait partie de ces femmes du Nord, ayant au cours de leur enfance eu à subir les assauts religieux d'une maman, conduite par et s'appuyant sur les préceptes judéo-chrétiens fédérateurs d'une Église longtemps fréquentée. Jusqu'au jour où, la peur de ne pas être en contact non pas avec Dieu mais avec l'Église, se dissipa et lui permit de faire connaissance avec la parcelle de liberté qui parfois sommeille en nous. Ce qui eut pour effet un changement radical de vie. Mais aussi de conserver un panel de valeurs bibliques et une culture religieuse me contraignant, dès le départ de notre relation, à avouer très rapidement, qu'aucune crèche n'avait illuminé les Noëls de mon enfance pour cause d'athéisme parental.

Ce titre de prêtre de l'Église catholique continua à conforter en nous l'aspect sérieux et bien intentionné des réponses. Mais voilà, Pierre que nous imaginions alors par association d'idée portant l'habit de curé, devenait moins affirmatif quant à une possibilité d'adoption dans cet orphelinat gabonais. Jusqu'à cette proposition de rencontre :

*« Je suis allé voir notre Africain hier soir pour lui faire part de nos échanges de correspondance. Nous en avons parlé longuement.*
*Il serait souhaitable d'aller plus loin, c'est pour cela que je vous propose de vous rencontrer brièvement mardi prochain, devant me rendre à Nantes je passe par chez vous. »*

Mon père auriez-vous pour projet de nous désigner comme parents, afin de nous attribuer un enfant qui pourra poser ses valises près de l'âtre de notre foyer ?

L'attente fut agitée jusqu'au mardi 31 août, 18 heures. Cette bouteille jetée à la mer, remplie de notre désir d'adoption, avait été saisie au gré des flots comme une promesse de rencontre. Il manquait alors la carte précise nous permettant d'orienter ce chemin que nous effleurions déjà.

La sonnette annonçant tout visiteur, toute arrivée dans notre vie, se fit entendre. Celui que l'on devinait déjà derrière la porte, créait en nous un malaise empreint d'ambivalence, mêlant angoisse et joie. Nous étions brutalement envahis d'un sentiment appartenant déjà à ces ressentis confus, qui déversent en nous un écran de brouillard impalpable. Nous l'avions déjà fantasmé, imaginé, ce Pierre qui discrètement posé derrière son habit de prêtre, venait nous tendre la main afin que notre marche puisse se poursuivre.

À mille lieues de cette image, nous faisions pour la première fois la connaissance physique de cet homme qui passait en coup de vent. Il était haut en couleur notre Pierre. Il n'avait pas d'habit de prêtre, mais recelait derrière sa blancheur et sa grande taille, une aptitude innée aux mouvements rapides. Il nous apportait des photos de l'orphelinat internat scolaire de son ami africain. Nous sentions tout de suite la démarche qui habitait ce messager. Il s'agissait pour Pierre d'aider ce religieux à continuer de faire vivre des enfants qui se trouvaient à plus de 5000 kilomètres de leur bienfaiteur. Nous découvrions alors de grands et de petits Gabonais sur papier glacé, qui évoluaient dans un quotidien fait de sport et d'école, en mouvement perpétuel, vêtus de blouses bleues. Puis apparut dans cette atmosphère rouge et verdoyante, la petite Mary, un large sourire accroché à ses lèvres. Du haut de ses sept ans, elle semblait avoir été posée là parmi les grands et les petits.

Pierre, du haut de son 1 mètre 80 grisonnant, la cinquantaine, n'avait qu'une petite heure devant lui puisque, plutôt que prêtre comme nous l'avions imaginé, il travaillait dans la gestion d'entreprises. Il nous décrivit la difficulté que rencontrait son ami prêtre pour faire vivre cet orphelinat à distance, tout en continuant à mettre en place des démarches d'adoption. Nous étions conquis par l'action de cet homme. Nous continuions malgré le temps restreint de notre gestionnaire de passage, à survoler cet univers peuplé d'enfants joyeux, de bâtiments aux toits de tôle et d'intérieurs décrépis. Ce paysage était soutenu par les commentaires schématiques d'un Pierre qui assurait ne pas être impliqué directement dans la vie de l'établissement. Le tableau dessiné par notre homme prenait peu à peu forme, lorsque, au détour d'une photo, apparut un personnage important de notre récit. Elle arborait une joie triste. Elle avait été laissée dans ces bâtiments par notre religieux comme responsable de l'orphelinat, ce qui lui permettait quelques maigres revenus. L'orphelinat lui offrait un toit qu'elle n'aurait pu offrir à ses enfants. Cette femme, cette Africaine dans son boubou coloré, semblait porter en elle, sur cette unique photo mêlée à la vingtaine éparpillée sur la table, tout ce que la vie, tout ce que l'Afrique a de plaies à vif en son cœur et en son corps. Assise parmi une nuée d'enfants, elle semblait ne pas porter d'âge et invitait notre cœur à se réapproprier quelques attitudes de compassion. Nous nous retrouvions seuls avec notre enveloppe d'Européens, confrontés non pas à votre Afrique, mon père, mais à notre monde construit sur quelques fondations rigides. Un monde exerçant son pouvoir à réunir autour de nous nos besoins de possession et de propriété, un monde qui pourtant laissait entrevoir ce jour-là par quelques failles bienheureuses, la présence d'un ailleurs, d'un étranger. Cette femme était la protégée du prêtre. Malade, elle avait autour d'elle ses deux enfants Mary et Daniel. De plus, selon le terme cher au Cameroun, elle était *menacée* par une grossesse difficile. Nous laissions nos oreilles happer tout ce que Pierre nous décrivait, sans vraiment mesurer la portée de ses paroles. Car physiquement nous étions encore là, dans notre petite vie française.

En cette fin août, Marie Jo et moi n'avions pas encore humé ce qui dans notre vie débarquait, ce que nous retrouvions en nos empreintes les plus intérieures, les plus insoupçonnables, ce que réveillait ce Gabon, ces enfants, cette détresse de femme.

Autant pour Marie Jo, qui ne pouvait génétiquement pas éviter de se pencher sur ce que nous rencontrions de plus vulnérable dans ce fleuve de vie, que pour moi, Bertrand, qui retrouvais une odeur si profonde et si prégnante, le voyage commençait. Nous ne pouvions tous les deux qu'attraper ce train africain avec toute la méconnaissance des aiguillages aléatoires et des horaires peu certains de ce continent.

Pierre repartit, sans oublier auparavant, de nous adresser une longue et chaleureuse poignée de main, qui le scellait à tout jamais à notre aventure.

Nous nous retrouvions avec nous-mêmes, ce 31 août, catapultés vers un autre univers, une autre planète. Une grande introspection était en cours, conduite par les élans de notre cœur. Nous nous retrouvions tous les deux avec, tatouée entre les entrailles de notre abdomen, l'histoire d'une famille. Elle se composait d'une maman malade, portant la vie, sans réel moyen de subsistance au côté d'une petite fille de sept ans et d'un petit garçon de trois ans. L'unique objet la reliant à la vie : Un orphelinat à Libreville, déserté par la seule personne qui avait su lui tendre la main, ce prêtre arrivé dans le Gers depuis quelques mois. Et au milieu de cette histoire, l'ombre de la mort reliée à une évidence, rattachée à une urgence : l'adoption de ses enfants. Il y avait Mary, Daniel et ce petit qui la *menaçait* tant depuis quelques mois, ce bébé qui s'imprégnait d'une vie fragile ancrée dans cet intérieur de mère. Ces enfants déjà nés ou cette graine sans existence terrestre, échapperaient peut-être à la fatalité de cette terre. Elle voulait une main tendue, avant qu'elle ne trébuche à nouveau sur son histoire. Elle s'appuyait sur la peur que cette existence ne l'abandonne. Que pouvions-nous faire de tout cela ? Nous étions en train de rencontrer quelque chose de plus fort que ces rapports parfois sclérosés, parfois aseptisés et sans relief, entre organismes d'adoption et parents adoptants. En l'espace d'une heure, notre vue se tournait vers une femme africaine en dérive de vie. Nous pensions surtout à Mary. Nous nous demandions si nous pouvions du haut de ses sept ans l'arracher à son milieu, la soustraire à son existence en collectivité ? Comment s'intégrerait-elle dans notre lieu si particulier, dans ce « lieu de vie » où professionnellement et à plein temps étaient accueillies deux autres petites filles du même âge ? Comment envisager de l'arracher à cette maman avec qui elle vivait chaque instant ? Puis elle semblait nous sourire sur ces photos, être pleine de vie, aucun danger dans cette existence n'était visible, sauf cette maman en difficulté. Cette enfant nous renvoyait à notre égoïsme de futurs parents. Nous étions tournés vers nos propres désirs, vers l'image divergente que nous renvoyait un début d'histoire si différent, sans nous, sans notre *goût de soupe* qui dès les premières années, faisait que les codes familiaux deviendraient une évidence.

Nous ne dépasserons pas, à cette époque, notre idéal de parents. Nous accrochant aux termes de notre agrément qui stipulait le droit à l'adoption d'un enfant de moins de trois ans, nous décidions de parrainer Mary. Nous aurons le projet de l'inviter au cours de futures vacances.

Puis les paroles de Pierre, à propos de cette mère conduite à cette grossesse mal vécue, cet enfant non désiré, appréhendé craintivement, avec la volonté si forte de s'en débarrasser au moment où la lumière toucherait un début de vie si fragile, tous ces éléments de perdition coulaient en nous avec le désir de les retenir. Cette détresse qui habitait déjà notre âme, ne faisait qu'irriguer la promesse faite par ce prêtre à sa protégée. Cette promesse de trouver des parents adoptants en Europe, qui éviterait ainsi tout acte irrémédiable pour l'enfant, toute intervention aléatoire pour la maman, tout avortement. Peut-être étions nous le remède à l'existence de cet enfant. Ce récit, au fil des heures, nous l'habitions peu à peu et commençâmes à rejoindre dés cette minute, l'Afrique, cette femme, l'innommable détresse qui pousse au courage du sacrifice pour la vie. Et cependant était absente toute réalité humaine, nous gravissions tout simplement les méandres d'une histoire, sans aucune méfiance pour notre récitant. Pierre ne nous en inspirait aucune. D'ailleurs nous étions déjà en chemin vers un autre univers, fait d'amour et de liens indéchiffrables.

Le lendemain, 1er septembre, comme un nouveau départ, surgissait un message internet du prêtre. Pierre avait donc cédé son clavier, sa mission accomplie. Le réveil se fit sur ces quelques lignes :

*« Bien chers amis,*

*Pierre m'a téléphoné hier soir pour me dire le chaleureux accueil que vous lui avez réservé.*

*J'en ai été très touché. Et je tiens à vous en remercier de suite.*

*Vous avez maintenant mon adresse Email. Nous pourrons ainsi continuer à communiquer directement pour nous donner mutuellement les informations et les explications nécessaires au succès du projet que je vous ai exposé.*

*Merci pour la sympathie avec laquelle vous l'avez accueilli. Je suis prêt à entreprendre toutes les démarches utiles pour le faire aboutir à la satisfaction des uns et des autres.*

*Meilleurs vœux pour l'action que vous menez vous-même auprès des enfants qui vous entourent !*

*À bientôt !*

*Amicalement.*

*Votre P. Edmond NDZANA »*

Ce à quoi nous répondions :

« *Mon père,*
*C'est avec une très grande joie que nous avons pu vous lire ce matin mon épouse et moi. Cette rencontre avec Pierre aussi rapide fut-elle nous a donné le secret espoir de voir naître la concrétisation de l'objet qui nous habite : devenir parents adoptants. Mais ce qui nous réjouit d'autant plus c'est de pouvoir communiquer, même si tout cela reste très virtuel, de façon plus directe avec vous.*
*En effet votre histoire nous a touchés de très près ainsi que celle de Mary et de sa maman, ce qui a donné lieu après le passage de Pierre à une longue réflexion de fin de soirée quant au devenir de ces enfants. Le cas de la petite Mary nous avait déjà émus dès le premier message de Patrick et Solange. Pourtant nous nous déterminons plus pour une adoption d'un enfant de moins de trois ans. Nous vous confirmons donc notre désir d'aider votre protégée. Nous serions prêts, en accord avec elle bien entendu, à envisager une adoption.*
*Pour Mary, nous proposons un parrainage afin d'assurer la continuité de ses études et un soutien affectif plus étayé.*
*Nous restons dans l'attente d'une rencontre avec vous afin de pouvoir de vive voix exprimer notre désir de parents et recueillir toutes les informations nécessaires au déroulement d'une adoption au sein de votre établissement.*
*Nous sommes prêts à nous déplacer et vous laissons libre arbitre du lieu sur lequel nous pourrions échanger sur le projet qui nous motive mutuellement.*
*N'hésitez pas à nous interpeler au travers d'internet ou par téléphone nous restons à l'écoute de vos propositions. Nous sommes prêts à vous transmettre tout document pouvant vous intéresser, à moins que nous ne convenions d'une rencontre, même à la maison. Tout est envisageable et nous vous laissons toute liberté d'organisation.* »

Par ce message nous scellions notre vie à cette histoire et tendions la main à ce continent qui peu à peu imbibait notre âme de son existence, de son évidence, de sa destinée. Elle nous happait au travers de ces visages d'enfants coiffés de cette mère en perdition. Notre ascension vers une *parentalité* tant espérée nous glissait à l'oreille, le suintement de couleurs africaines vouées à nous submerger d'images d'un ailleurs, stigmatisant notre désir de fraterniser, de toucher un continent frôlé par notre cœur, par notre âme et par l'amour ressenti envers cet espace encore mystérieux. Toute cette conjoncture d'éléments nous mettait déjà en partance, nous avions été touchés. C'est peut-être pour cela, pour toutes ces raisons malaxées avec nos sentiments, que mon père, cher Edmond, lorsque le 3 septembre vous nous avez invités à mettre en œuvre une de nos premières rencontres, nous avons sauté sur ce week-end qui nous tendait les bras. Cette fin de semaine, où impatience et appréhension sauraient nous tirailler quelques heures avant votre arrivée, laisserait la place très rapidement, à un de ces contes africains qui rythment les générations et tendent à servir les préceptes des anciens.

## CHER EDMOND

C'est une gare de ville moyenne qui, comme bien des gares de ville moyenne, trône au bout d'une avenue du même nom. Mais ce jour, ce 5 septembre, sous un soleil rendant la pierre plus blanche qu'à l'accoutumée, une rencontre était sur le point de se nouer. Ce rendez-vous ferait, nous ne le soupçonnions pas encore, qu'une vie, qu'un couple allait rencontrer d'autres versants, d'autres chemins qui bouleverseraient leur destin d'homme et de femme. Cet homme qui devait sortir de ce bâtiment, nous avions eu sous nos yeux, son âme restée en Afrique. Pierre avait su nous vanter son action et avait déposé de l'espoir sur les planchers de notre maison, l'espoir d'une rencontre dont l'aboutissement serait d'être nommés papa et maman. Mais ce n'était pas que cela, c'était aussi l'histoire d'une famille, de deux êtres dont l'amour ne suffirait pas à faire grandir un petit d'homme qui se devrait un jour d'exister sans ses parents…

Ce personnage de gris vêtu, à la peau noire, fut bien vite entre nos murs. Il reconnut très rapidement les bribes de vie qui nous unissaient, nous parlant d'Afrique, d'enfants, de l'incommensurable bonheur qu'avaient eu les nôtres, ceux du « lieu de vie », d'atterrir chez nous. Mais aussi de son espoir de transposer un peu de notre France au Gabon, dans son établissement qui lui tenait tant à cœur, trop pour se permettre de vivre en paix son sacerdoce dans un Gers trop lointain de son continent. Parce qu'un rapprochement et les nécessités de sa fonction l'avaient fait se poser dans cette paroisse sous couvert d'un évêque spiritain, il se voyait soustrait à l'amour, soustrait à la foi de son action envers ses protégés.

L'Afrique déroulait ses saveurs à la maison, les enfants accueillis présents en ce beau week-end de fin d'été, se laissaient aller au contact simple de cet homme inspiré d'une autre terre. Il semblait faire écho à notre activité, pour évoquer la sienne, abandonnée à des milliers de kilomètres de notre Charente. Dès les premières heures une énergie naissait, un contact de l'ordre de l'intime semblait vouloir émerger. Lorsque la nuit envahit notre jardin et que les enfants se décidèrent à rejoindre le monde des songes, la paix toucha nos trois personnages. Et seul, comme le dernier témoin vivant de cette soirée, le chandelier se mit à répandre sa lumière blafarde, créant un halo dansant sur nos trois visages pris dans la magie luminescente d'un tableau de De La Tour. L'immobilité des personnages signa l'intensité du moment. Cet espace-temps se laissa bercer dans une atmosphère aussi douce que mystérieuse, en prise direct avec cette communion de l'âme, que seul l'amour sait mettre en œuvre. Quelque chose de fraternel serait consommée ce soir-là. Autour de cette table baignée dans la douceur du soir, l'Afrique nous parlait, elle portait un nom, celui de Céline. Mon père, vous nous contiez, avec des mots et un visage souligné par le feu sacré de la cire se consumant, l'horrible destinée de cette vie, le bonheur d'une main tendue, le formidable pouvoir de celle que nous pourrions amener vers votre pays. Nous étions transportés sur cet autre continent, comme lorsque le feu au beau milieu de ces cases, là-bas, s'élance vers les étoiles et noie dans l'ombre l'épaisse végétation où se tapissent les odeurs de la journée et les bruits de la nuit, pour que se redéfinissent dans un jeu d'ombre et de lumière, les limites de notre existence caressée par la noirceur qui s'installait peu à peu sur nos murs. Alors, en plein centre de cette grande terre parfois abandonnée, parfois exploitée, seuls les corps s'imprègnent et blanchissent à la clarté de cette lumière, les mots flottent dans l'air chauffé d'une journée tropicale, pour devenir conte moderne. Un conte, dont la réalité avait, au travers de cette bouche africaine, au travers de notre prêtre camerounais, la fascinante couleur d'une vie lancée par cette simple question : qui est Céline ? La réponse fut l'entrée béante dans cette histoire, où la destinée frôlait la passion d'un homme, pour ce qui nous sembla de la vie, de l'espoir et du bonheur. Pour ce qui nous sembla, ce soir-là, comme posé sur notre route, inévitable, incontournable, imprégnant déjà notre chemin.

Edmond nous contait :

« Céline est une de ces femmes qui a porté et porte toujours aujourd'hui le poids de sa vie. Issue d'une famille qui un jour la délaissera, elle s'éprend toute jeune fille d'un médecin camerounais. Mais plus que médecin, il va devenir et rester l'amour de sa vie. Malheureusement l'Afrique a ses traditions et ses ethnies vouées à cohabiter, amenant la destinée de ce jeune homme à prendre épouse au village. Céline qui ne pouvait penser au partage de cet amour préféra tout quitter, tout laisser. La vie aisée et facile de cette période, fut balayée par un départ et l'enfant qu'elle portait déjà en elle, vit le jour loin de ce père rattrapé par les traditions et l'emprise familiale. Alors seule, cette femme fit face à sa vie et pria Dieu chaque jour, pour que le malheur l'épargne. Jusqu'à la rencontre avec un journaliste, dont les revenus conséquents changèrent son existence. Il l'aimait et adopterait sa petite fille, sans oublier une famille qui, malgré la place de seconde de Céline, semblait compter sur elle pour améliorer pécuniairement son quotidien. Cette rencontre semblait convenir à tout le monde. Ce fut l'occasion de la naissance de deux garçons et d'une fille. Mais la vie ne pouvait s'écouler sans que le passé ne ressurgisse, sans que son amour de jeune fille ne vienne recroiser sa route. Notre médecin, sans doute las de sa première femme, de son mariage, vint, était-ce le hasard, faire revivre dans cette ville de Yaoundé, la flamme qui autrefois habitait son cœur. Il renoua avec Céline des relations aussi illégitimes que celles qu'elle avait déjà instaurées avec le journaliste. Céline était une fille de l'ombre et enveloppée de cet habit, elle devait après quelques mois de relation donner naissance à une petite fille. Une enfant faite de cet amour qui demeurait impalpable, invivable par l'obstination d'une maîtresse à rester l'unique femme de cet homme. Jusqu'au jour où Céline, déjà fervente catholique pratiquante intégra un groupe de prières, un groupe au reflet charismatique important, qui l'obligea à faire le point sur sa situation de femme écartelée entre deux hommes, avec lesquels des enfants existaient sans qu'aucun mariage ne soit prononcé. Cette position devenait au sein de ce groupe et face à Dieu des plus inacceptables. Un jour, un homme au charisme plus rayonnant, lui ordonna de tout quitter, de tout laisser à nouveau, en tout cas cette vie dissolue de femme non mariée, cette vie de péché. Alors imprégnée de cette pensée, portée par l'élan de ce religieux, elle quitta tout, sauf ses enfants, pour retrouver une existence de pardon. Par cet acte, elle mit un terme à ses relations avec le journaliste, avec le médecin, mais aussi avec sa famille, qui lui tourna aussitôt le dos, voyant le bénéfice matériel de ces fréquentations s'évanouir. Céline exista pour Dieu, pour ses enfants au nombre de cinq et bientôt six, dans une vie où chaque journée ressemblait à une lutte. Puis vint ce mois de septembre où la saison des pluies répandait encore ses violentes averses donnant à la terre sa couleur rouge vif. Ce jour-là un autocar perdit toute adhérence sur des pistes boueuses, pour finir sa course entre les arbres après de nombreux tonneaux. À son bord avait pris place Céline, sans ses enfants et lorsque l'accident eut lieu on retrouva de nombreux cadavres. Le choc fut si violent que certains voyageurs furent éjectés loin de la carcasse encore fumante de l'autobus. Ce ne fut que quarante-huit heures après le choc et grâce à Dieu que Céline fut trouvée agonisante, les os en miettes à quelques dizaines de mètres des autres victimes. Dieu avait su préserver une vie, qui au moment de sa découverte restait fragile et sans trop d'espoir pour une Afrique en mal de structure médicale. Céline survécut, passa de longs mois à l'hôpital, eut beaucoup de difficultés à reprendre pied sur le sol de sa vie. Mais un jour, son existence croisa la mienne dans les rues peuplées de Yaoundé. Une forte émotion s'empara de moi, au contact de cette femme meurtrie par la vie, ma main ne put que se tendre. Après qu'elle m'eut versé le déchirement de sa vie, je lui proposai de rejoindre avec ses enfants l'action que je menais à Libreville en tant que prêtre. Ainsi en échange de son aide et de son expérience autrefois acquise auprès des enfants des rues (lorsque sa vie de femme de journaliste lui permettait de faire du social et ainsi d'exister en tant que grande dame) je lui proposai de loger au sein de mon établissement et par ce biais de faire profiter ses enfants de l'éducation qui y était dispensée. Elle observa quelques minutes ma main tendue, avant de s'en saisir par la parcelle d'opportunité qui lui était offerte, dans l'espoir de redonner aux enfants démunis, aux enfants orphelins un peu de chaleur et d'amour. Son existence allait retrouver de la couleur. Céline allait devenir un des maillons essentiels de l'établissement, elle allait devenir : *la Mère*. Ses enfants, dont la petite

Mary qui était la dernière, allaient retrouver une famille et évoluer parmi une dizaine de frères et de sœurs. La vie, malgré le manque de moyens mais avec l'ambition de faire plus et mieux pour tous ces petits êtres en souffrance, avait retrouvé sa place dans le cœur de Céline. Son existence modeste à mes côtés, perturbée par une santé précaire, lui redonnait pourtant la force de lutter et de faire le deuil d'un amour perdu. Jusqu'à cette année, où l'annonce de mon départ pour la France, bouleversa quelque peu le quotidien et l'organisation de la vie. Jusqu'à cette année où la vie prit corps en Céline malgré les interdictions formelles de son médecin, dictées par le risque de mettre en péril sa propre vie et celle de son enfant. Céline se retrouva à nouveau perdue, incapable de faire face à la menace de mort qui rôdait à ses côtés. Les communications entre l'Afrique et la France restaient difficiles. Pourtant je compris très vite que Céline se trouvait en difficulté et que le poids de l'établissement pesait sur ses épaules. Elle parlait de tout quitter à nouveau et de se débarrasser de cette grossesse qui menaçait sa vie, ainsi elle évoqua l'avortement et le danger pour les plus petits de ses enfants de se retrouver seuls. Alors, je lui affirmai pouvoir l'aider depuis la France. Grâce à mes amis, grâce aux rencontres faites lors des précédentes adoptions, je lui promis de trouver des solutions. À la condition qu'elle n'interrompe pas la vie qui prenait place en elle. Elle me semblait avoir regagné l'espace de désespoir qui guidait finalement tout son être. Je m'étais engagé à lui trouver des amis pour l'aider. Je voulais lui permettre de voir se réaliser ce geste d'amour : donner à ses propres enfants, comme nous le réalisions avec les autres depuis quelques années, une chance d'éducation, de vie meilleure et de futur moins trouble. Telle était la demande de Céline, croire en la France, croire en moi et engager pour ses enfants, un projet d'adoption. Je lui demandais de réfléchir, mais sentais bien que la demande n'était pas imprégnée de légèreté. »

La cire de la bougie s'écoulait désormais sur le bois de la table. La nuit avait perdu sa douceur de début de soirée. Elle créait, à cet instant précis, en nos corps conquis, quelques frissons émanant d'un des deux fils qui nous accrochaient à notre vie : le récit d'Edmond et les entrailles transparentes d'un ciel, devenu dans un grand élan de vertige, un gouffre insondable.

Comment cette femme inondée de tant d'amour pouvait-elle vouloir voir s'éloigner ses enfants ? Nous ne pouvions la juger, mais deux cultures et deux visions venaient là s'entrechoquer.
Edmond nous éclaira à nouveau :
« L'Afrique ne cultive pas la même conception de l'enfant qu'en l'Europe et Céline est une vraie maman africaine, pas l'unique maman de ses propres petits mais celle de tous ceux de l'orphelinat. Elle se fait appeler *la*

*Mère*, ce qui efface toute idée d'appartenance et rend la notion de don comparable à un grand élan d'amour. Pour cette femme, aucun avenir n'est proposé à ses enfants, elle reste incapable malgré l'aide de Dieu et le toit offert par l'orphelinat de subvenir aux besoins de tous. Les plus jeunes de ses petits, deviennent une charge pour les plus grands. Sa grande fille, errant entre le Cameroun et le Gabon, vient de lui confier son enfant de trois ans, ce qui ajoute à la tâche qui lui incombe. Quant à moi je ne peux que lui proposer le moyen de se nourrir et d'être hébergée au sein de l'orphelinat avec sa famille. Pourtant, je lui ai promis de l'aide, je lui ai promis de prendre contact avec des amis français prêts à aimer son enfant ou ses enfants, prêts à accueillir cette vie, qui depuis quelques mois prend forme avec la volonté de Dieu. J'ai d'ailleurs eu Céline au téléphone hier soir. Elle me réaffirme vouloir que ses enfants connaissent autre chose que le peu d'espace réservé à leurs vies dans une Afrique qui laisse si peu de chance. Elle me réaffirme être incapable de supporter cette grossesse. »

Je distinguais beaucoup plus en profondeur l'énergie que révélait notre ami Pierre à aider cet homme, je pensais comprendre que nous étions face à un être fait de compassion, apte à créer de l'amour et à rapprocher les hommes. Mon père, nous perdions au fil de votre récit notre volonté de parents adoptants, pour réouvrir un cœur parfois timide. Alors la cloche de l'église de notre petite ville se mit à sonner deux heures et la lumière se tut, étalant toute son âme de cire sur ce bois, qu'il faudra demain, attaquer au couteau pour le rendre semblable à la veille.

Le lendemain, rendez-vous était pris, par vous Edmond, avec le père Claude, pour le prêche du dimanche dans cette même église, qui nous signalait pour la seconde fois l'heure tardive. Le silence s'était enfin installé laissant encore les mots planer dans nos esprits, mais ceux-ci s'évaporaient sur d'autres lieux qui pour l'heure restaient inconnus par nos corps. Notre esprit divaguait vers d'autres contrées et vers cette rencontre, aidé pour cela par l'univers limité de notre vision emprisonnée par la nuit. Nous devions rompre le silence et dans un couple chacun trouve ses spécificités. Ce rôle était celui de Marie Jo qui me semblait moins assommée que moi.
Alors elle lança :
« Je ne peux m'empêcher de me mettre à la place de cette mère ! »
Elle était donc touchée dans ce qu'elle avait de plus charnel, son existence de mère, mais elle se ravisa pour évoquer le père ou en tout cas l'homme avec qui avait été conçu ce bébé. Pourquoi ? Les heures à venir sauraient me l'apprendre.
« Y a-t-il un papa ? »
Mon père, votre réponse, sans concertation dans notre couple, sembla nous convenir, car en effet, il y avait un père, mais vous nous

affirmiez que c'était quelqu'un de très bien. Plutôt qu'une brèche ouverte vers d'autres questionnements, ce fut la conclusion de notre soirée et l'affirmation de quelque chose de rassurant. Pour ma part, je restais enclin à l'émotion et aucune fatigue ne m'inondait plus à cet instant, contrôlant parfaitement un besoin impétueux de fermer les yeux pour garder en moi le paysage dessiné par nos mots. Alors l'intimité retrouvée, notre prêtre conteur couché, Marie Jo me bondit dessus pour m'asséner avec l'assurance que seule l'intuition féminine peut justifier :

« C'est le père Edmond le père ! »

Comme la répétition était étonnante ! Comme la redondance était équivoque ! Comment un père pouvait devenir père ! Comme je le notais précédemment, ma fréquentation aléatoire de l'église hormis pour raison de mariage, baptême et autres cérémonies, me permettait *a priori*, ou le croyais-je, une certaine forme d'objectivité au regard de cette charge lancée par mon intuitive de femme. Je me hâtai donc de proclamer que c'était impossible. Mais Marie Jo sut alors m'informer (sans doute est-ce la connaissance et la fréquentation qui est source d'objectivité !) qu'un prêtre n'était pas à l'abri d'un écart de vie et que cette notion d'accident, permettait tout à fait de justifier l'implication du père Edmond. Ceci expliquait sa motivation à secourir cette pauvre femme. Céline par ailleurs et par constatation commune, nous avait touchés encore un peu plus profondément qu'au cours de la visite de Pierre. Nous sentions bien que cet homme était nourri de la vie de son établissement, raccroché à l'existence et à la douleur de cette femme. Ce qui restait de cette nuit devait avoir quelque chose d'étrange, une de ces nuits où l'inquiétude s'entrechoquait dans des méandres doux et indescriptibles, peints d'une folle plénitude. Cette nuit fut pleine de questions auxquelles nous comptions avoir des réponses dès le lendemain. Cette nuit fut pleine de la douceur du lien fraternel, de la tendresse qui nous liait soudain à cet homme, à cette femme perdue dans le noir de l'Afrique.

Lorsque le jour fraya son chemin, que les cris des enfants reprirent leur place habituelle, de longs et envahissants doutes nous transpercèrent, contredits par les solutions que nous aurions à mettre en place pour venir au secours de cette femme. Puis, alors que notre père semblait prolonger son isolement dans sa chambre, il y eut l'idée de ce coup de téléphone dans la famille de Marie Jo, à la recherche de cette filleule ayant longtemps vécu et vivant peut-être encore au Gabon. La coïncidence, le hasard ou l'écriture divine se révéla. Alors que la communication ne pouvait qu'attraper les parents de Marie Madeleine, ce fut elle qui, de passage à Paris, se saisit du téléphone. Au seul nom de notre Edmond, elle reconnut très rapidement le prêtre qui avait fait le catéchisme à ses filles. Elle nous expliqua l'aura très importante dont bénéficiait cet ecclésiastique sur Libreville, mais nous avoua ignorer totalement la raison de son départ pour l'Europe. Nous lui contâmes alors notre merveilleuse aventure, lui indiquant notre démarche envers l'adoption, ainsi que notre volonté d'aider Céline. Marie Madeleine fut d'un grand soutien pour la mise en place de solution d'aide pour notre protégée, pour entrer en contact avec des personnes, notamment des médecins installés au Gabon. Elle fut aussi la confirmation de la qualité de prêtre camerounais présenté par Edmond Ndzana. Elle conforta l'image d'un homme apprécié et respecté dans sa paroisse gabonaise de Lalala. Seule la raison de son départ restait trouble, même si certaines rumeurs attribuaient à ce prêtre la conception d'un enfant illégitime. Cette notion pour un père de devenir papa, d'avoir un enfant, semblait être une idée qui était installée dans la société africaine. Ceci se vivait en toute mauvaise foi. C'était un fait avéré ou supposé, alimentant la rumeur, animant bien des conversations. L'existence d'enfants chez les prêtres, les évêques africains, chez ceux installés en Afrique, faisait partie des choses que l'on connaît sans les reconnaître vraiment. Le Vatican fermait les yeux, faisait la sourde oreille aux bruissements de ce continent.

Alors, notre ami prêtre faisait-il partie de ceux-ci, aurait-il fait un écart de vie ? Non ! Un écart de prêtre. Marie Jo en restait persuadée, quant à moi cela n'arrivait pas à me choquer, alors pourquoi pas ? L'histoire en restait pour nous belle. Elle méritait toujours que l'on s'y attarde, puisqu'elle se résumait à cette femme démunie auprès de ses enfants et à ce prêtre pour quelques minutes homme, qui aurait dans un conditionnel doublé de doute, eu une relation apte à donner la vie.

Le dimanche fut l'occasion de sortir de ce conte africain dont nous devions écrire la suite, et le moment d'envisager concrètement pour cela, les moyens à mettre en œuvre pour aider Céline et Mary. Pour entamer une démarche d'adoption avec le Cameroun, puisque toute la petite famille était camerounaise. Edmond devait se rendre au Gabon, puis au Cameroun dans le courant de la semaine à venir, pour gérer l'adoption du petit Daniel. Mais avant, il devait faire la connaissance de notre amie Marie, congolaise ayant longtemps vécu à Libreville et de son mari français, mais en lien avec l'Afrique depuis toujours. De cette rencontre émergea une foule de lieux communs, de personnages communs et d'expériences à échanger. Ainsi Marie qui faisait déjà partie intégrante de notre structure, pour avoir croisé les quelques petites vies déstabilisées de nos enfants accueillis, pour en avoir réhabilité quelques parcelles avec ses mains d'infirmière et surtout d'artiste du massage, allait bientôt se voir décerner le titre de marraine de ce petit à venir. Mais ce jour-là, elle et son mari, étaient de nouveau une preuve du sérieux et de la confiance que l'on pouvait prêter à cet homme, à ce prêtre prêt à donner sa vie à des enfants orphelins ou mal aimés.

Le moment du départ, du retour dans le Gers, devint imminent et avec lui l'impression de laisser cet îlot africain pour reprendre pied dans notre réalité. Ayant eu la confirmation du sérieux et de la beauté de votre geste mais aussi l'assurance que, mon père, vous mettiez en place toute la batterie administrative nécessaire au bon déroulement d'une adoption vous repartiez ce dimanche avec un premier chèque de 1 000 euros dont une partie pour le parrainage de la petite Mary, pour sa scolarité et ses fournitures, les 700 euros restants était une avance sur provision pour l'avocat. Mon père vous repartiez avec, sous le bras, un vieil ordinateur destiné à seconder la gestion de l'établissement. Un colis allait vous parvenir plein de cadeaux pour les enfants et surtout vous aviez ce jour-là entre vos mains, tout notre espoir de parents, tout notre cœur ouvert. Quant à nous il nous restait, la peau légèrement teintée par votre histoire, des images maintenant familières, comme un goût d'Afrique.

Le départ d'Edmond vers son continent était prévu le 15 septembre. Il devait arriver à Libreville pour faire le point avec Céline et ensuite se rendre à Yaoundé pour conclure l'adoption du petit Daniel qui avait trois ans. Au cours des dix jours précédant son départ, la communication fut quotidienne (Edmond s'était mis à internet). Nous lui amenions des informations sur des contacts donnés par Marie Madeleine au Gabon. Nous avions réussi, grâce à cette dernière, à ce que Céline puisse être prise en charge à 100% dans une clinique afin de bénéficier de soins et d'un suivi sérieux et gratuit. Edmond semblait ravi. D'autant plus ravi que nous avions aussi l'accord de l'école fréquentée par les enfants accueillis sur notre structure d'accueil, pour organiser un échange et monter un travail éducatif et de soutien à son orphelinat. Il partait les bagages remplis d'éléments positifs à déverser sur l'âme en peine de Céline ; ayant rencontré la veille un couple susceptible d'adopter Mary, il serait en mesure de proposer un futur plus serein à cette enfant. Nous étions trois couples français au côté d'Edmond. Il s'envola donc vers cette histoire, vers cette femme, vers ces enfants et ce continent que nous aimions déjà.

Des nouvelles nous parvinrent dix jours après son arrivée à Libreville. Nous avions eu au cours de cette longue semaine l'heureuse opportunité, par internet toujours, de prendre contact et de partager nos émotions avec les futurs parents du petit Daniel. Ils vivaient dans l'attente proche et promise pour le 15 octobre, de l'arrivée de leur *petit homme*. Ce vendredi 24 septembre (jour anniversaire de Marie Jo) au travers d'une voix décalée par le satellite de télécommunication, la nouvelle d'une Céline sereine dans son Cameroun natal, était portée par une voix aux intonations pleines d'espoir de notre bienfaiteur. La vie avait repris ses droits et la lutte était engagée avec l'administration camerounaise. Une partie de la famille de Céline se trouvait au village proche de Yaoundé en compagnie de notre prêtre. Edmond était porté par sa foi et par de longs périples en taxi jaune. Il investissait chaque ministère utile à l'adoption et sans relâche, il faisait exister peu à peu les dossiers. Il sortait ce vendredi du conseil de famille qui malgré les pluies violentes de cette fin de saison humide avait pu se réunir, s'asseoir pour débattre tout au long d'interminables palabres de la décision qu'avait prise Céline pour ses enfants. Les rancunes accumulées à son égard, consécutives à son changement de vie au cours des années noires, ne devaient pas faciliter l'accord indispensable de la grande sœur et de la grand-mère. Alors Edmond aida à nouveau Céline, expliqua sur quels éléments s'appuyait cette décision et surtout ce qu'était la France et la chance que sauraient donner les parents adoptants à leurs enfants. La grand-mère, vieille africaine pleine de sagesse et de renoncement s'inclina. Justine, la grande sœur, après avoir écouté et parlé longuement, baissa la tête, avouant son incapacité à prendre en charge les enfants de Céline en cas de grand malheur. Le conseil de famille était favorable. Daniel et Mary seraient donc adoptés. Quant au bébé qui *menaçait* Céline ce jour même par des douleurs incessantes, un accord de principe existait déjà. Tout ceci nous le devions à Edmond. Il nous faisait découvrir tout ce qui en cette Afrique participait à démontrer la difficulté des destins, la dureté du quotidien. Il partageait avec nous l'obligation d'accorder à la famille la sagesse de la réflexion, le pouvoir de la concertation. Edmond se voyait investi d'une tâche le portant de notaire en palais de justice, d'avocats véreux en juge compréhensif. Cette foi en ce dessein et son habit de prêtre lui ouvraient de nombreuses portes. Jusqu'à ce jour de début octobre où l'annonce d'un délai de rétractation d'un mois, fit s'envoler l'espoir d'un retour en France avec les deux enfants. Edmond se sentit assommé, la fatigue d'une telle lutte tomba tel un couperet. L'administration dictait ses exigences, les parents devraient voyager au Cameroun. Un mois après le 15 octobre, il leur faudrait obtenir les dernières autorisations et ensemble peut-être, aller chercher leurs enfants. Quant à nous l'observation du déroulement des dossiers s'inscrivait comme une force, un signe positif. Nous étions désolés pour Patrick, Solange, Gilles et Claudine, mais l'espoir demeurait et l'existence des documents concrétisait le lien de confiance qui nous attachait à Edmond. Nous commençâmes, pour la première fois, à inventer par fax de fraternelles relations avec Céline. Nous n'avions de cesse, à l'écoute de ses douleurs, de lui souhaiter de retrouver bien vite Libreville pour profiter de la toile de soie tissée pour elle. Marie Jo s'aventurait déjà à utiliser les mots de *princesse d'amour*. Le 13 octobre un fax dégoulina de l'appareil arrosant de stupeur nos certitudes, stigmatisant dans un premier assaut, notre vie et notre relation à cette Afrique lointaine.

 *« Comme je vous ai dit mon voyage s'est bien passé (jugement d'adoption camerounais OK !) mais aussi très mal passé. Mon internat-orphelinat, déstabilisé par mon départ et la maladie de Céline, obligée de s'absenter, a été la cible de persécutions tous azimuts, qui m'obligent à le transférer progressivement au Cameroun. Il faut reconstruire, restructurer... et surtout transporter les enfants, les reloger provisoirement à Yaoundé, les nourrir, en attendant de relancer à Yaoundé un collège, source de revenus. Je suis à bout, à sec : il me faudrait plusieurs <u>dizaines de mille francs</u>... à vous de voir ce que vous pouvez faire : question de vie ou de mort. Envoyez dès aujourd'hui ce que vous trouvez par Western Union.*
 *Merci à bientôt en France votre Edmond. »*

Nous ne trouvions rien, ou simplement, de terribles interrogations et la force de relire pour comprendre le ton de ce SOS. Aucun moyen ne nous était donné pour comprendre Edmond. Nous ne pouvions pas l'atteindre par téléphone alors nous nous accrochions à Marie Madeleine. Elle nous donna le contact d'Huguette au Gabon qui d'un coup de fax, le soir de ce même jour, donna son point de vue.

*« Je connais le père Edmond depuis trois ans alors qu'il était curé à l'église de Lalala, un quartier de Libreville, il m'était apparu comme un excellent curé et un homme de bien. Il voulait aider les personnes démunies qui se trouvaient dans son entourage. Au fil du temps et suite à des événements plus ou moins graves à nos yeux il nous est apparu comme une personne compliquée et insaisissable. Aussi voudrais-je vous conseiller de ne pas prendre d'engagement qui entraînerait le versement d'une quelconque somme d'argent en nature pour autre chose que l'adoption de l'enfant qui naîtra bientôt. D'autre part, il faudra que cet enfant naisse à Libreville sous la surveillance des médecins et de Patrick (le mari de Marie Madeleine). Je suis inquiète car le père Edmond m'a dit hier que Céline aurait des risques de grossesse extra-utérine et se trouverait donc au Cameroun pour se faire suivre.*
*Nous verrons, je vous tiendrai informé de la suite des événements.*
*Cordialement. »*

Ce courrier restait flou. Il se balançait entre deux aspects plein de paradoxes : le côté insaisissable d'Edmond mêlé à l'encouragement manifeste de poursuivre l'adoption et uniquement l'adoption. Encore aujourd'hui, après avoir connu le bouleversement dramatique qu'a induit notre engagement auprès d'Edmond, nous n'arrivons toujours pas à mettre du sens sur ce qui était « *compliqué et insaisissable* » pendant cette période de Lalala. Huguette semble avoir du mal à nous en révéler plus malgré nos relances un an et demi après.

Il était difficile de prendre une position, impossible sur l'instant d'effacer toute relation avec Edmond qui devait, comme Solange et Patrick nous le confirmèrent, puisqu'ils avaient eu la même demande, être de retour deux jours plus tard, le 15 octobre. Nous saurions attendre impatiemment les raisons de sa demande. Notre ami Pierre semblait s'inquiéter à son tour n'ayant eu, au long de cette absence aucune nouvelle. La paroisse gersoise, elle, restait dans l'attente de leur prêtre africain.

Le Gabon cosmopolite, béni des dieux industriels français, est une terre à part sur ce continent d'Afrique. La voix d'Edmond continuait notre éducation africaine. Ce pays fait d'influences et de mélanges de culture, où cohabitent plusieurs nationalités de l'immense continent, reste une terre amicalement convoitée par la France. Ses implantations étrangères et sa destinée de dépendance, dictée par ses richesses, confèrent à ce pays la spécificité d'un fonctionnement. L'histoire a voulu, intensifiée par une stabilité apparente, qu'une place importante soit laissée au travail des étrangers. Les Béninois, les Congolais, les Camerounais animent les secteurs de l'éducation, de la santé, avec la menace constante de récupération gabonaise. Cette année semblait être plus sensible que les précédentes et Edmond avait fait les frais de cette convoitise. Profitant de son absence, de la maladie et de la grossesse de Céline, quelques individus, en lien avec la propriétaire des bâtiments, avaient mis la main sur son orphelinat. Le déplacement vers le Cameroun, vers le conseil de famille, avait été l'occasion de fomenter le coup d'état, la prise de pouvoir, pour que les locaux en l'espace d'une nuit changent de locataire. Il en résultait la confiscation de tout ce que possédait la *Sainte Famille*. Tel s'appelait l'orphelinat. Les enfants se retrouvaient sans rien, obligés de se replier dans la rue. Ils étaient à la dérive ayant abandonné toute référence, il fallait maintenant récupérer ce et ceux qui le pouvaient encore, pour tenter de repartir et de transplanter le même espoir au Cameroun. La tâche semblait insurmontable, mais Edmond avait la foi et la confirmation du soutien de Solange et Patrick venus le chercher à Paris. Un nouveau précipice se dressait à nos pieds. Nos mots rejaillissaient dans notre mémoire lorsque nous échangions avec Marie Jo sur la chance et la destinée que nous croisions. Des épreuves étaient là pour nous faire humer l'insoupçonnable réalité, l'insoutenable légèreté de l'existence de notre bonheur, nous donnant encore le choix d'avancer ou de prendre un autre chemin.

Nous étions accrochés par un fil au Gers, près d'Edmond nous contant à nouveau l'Afrique de l'injustice, l'Afrique de l'impensable dépossession, où les biens, les terres, peuvent voyager de main en main par la simple utilisation de la force. Son Afrique où la collectivité, l'administration tournent souvent le dos aux plus faibles, aux plus vulnérables, pour servir les puissants et les riches. Où la survie passe par l'argent et prime parfois sur l'honneur et le cœur avec quelque chose d'un instinct de *survivance*. Il nous déposait à l'oreille, le Cameroun, cette *Afrique en miniature*, terre de variété ethnique où chaque paysage de cette grande afrique a une place dans cette longue bande de terre camerounaise, s'étirant vers le nord à la croisée du Tchad, du Niger et du Nigeria. Ces pays convergent vers un lac, se mêlant harmonieusement autour d'un flot d'activités cosmopolites. Notre prêtre nous parlait de cette partie du monde où les structures et les hommes laissent couler aux pieds de ceux qui les rencontrent, la surprise, purement européenne, de découvrir un pays à deux visages, construit sur le reflet des bâtiments administratifs s'élevant fièrement en souvenir d'une période coloniale, construit sur la découverte d'un monde fait d'une multitude de portes cachées, de chemins de traverse, abritant un univers fait de corruption. Ce visage du cameroun où, en façade trône un large sourire africain, cache l'injuste condition d'un peuple. Edmond, imprégné de philosophie, matière qu'il enseignait autrefois, nous révélait l'Afrique et ses difficultés. Il nous demandait de réaffirmer une confiance ébréchée.

Son Cameroun, une semaine après son retour, nous décidâmes que j'irais le rencontrer et regarder quels étaient les besoins de Céline, ce qui restait de la possibilité de redonner vie à un orphelinat. La découverte de cet obstacle, de ce croisement ne nous avait donc pas arrêtés. Nous repartions au côté d'Edmond pour lutter, pour Céline, pour ses enfants, pour l'orphelinat et pour notre adoption qui ne paraissait plus que très hypothétique, au regard d'une grossesse qui aurait été qualifiée de difficile en France, alors…

## CHÈRE CELINE

C'est ainsi que, mon visa, une réservation d'hôtel, le contact de M. Félix du Rotary de Yaoundé dans la poche, un vaccin contre la fièvre jaune dans le bras, je partis en accord avec Edmond. Je m'envolais faire la connaissance de son Afrique et de Céline, sa protégée.

C'est à Nsimalem, l'aéroport de Yaoundé, que je fis mes premiers pas d'Africain. Je me retrouvais seul, Marie Jo restait garante de notre vie française. Sur ce sol, mes épaules prirent contact avec les premières sensations de moiteur de fin de saison des pluies, ma peau réagit à l'humidité et mon ventre à l'inconnu. Quelques rares Européens entouraient mon inquiétude. J'étais chargé d'un blouson comme d'un appendice encombrant et d'un passeport qui me contraignait à m'aligner comme indiqué, derrière cette ligne, avant présentation des visas. À une dizaine de mètres, les valises entamaient leur manège. Elles étaient attendues par de jeunes Camerounais aux uniformes déclinés dans une grande variété de verts. Ils semblaient, avant le passage douanier, nous surveiller, arrimés à des chariots, prêts à prendre en charge nos effets de voyageurs. Un peu perdu et chargé d'une tonne d'humidité, le bras alourdi par ma valise trop abondamment remplie, je rencontrai l'Afrique avec l'impression d'être englouti, emprisonné dans cette masse humaine noircie par la nuit tombée. Il était 21 heures ce jeudi 11 novembre et je me vis, une fois la douane franchie, jeté, tête baissée, dans un univers fait de mains, de visages souhaitant prendre en charge mon air, ma liberté, mes jambes et surtout ma valise. Je me laissai porter quelques minutes et une fois dehors, je ressentis un urgent besoin d'air, alors que le mouvement ambiant me poussait déjà à bord d'un taxi. J'éprouvais quelques appréhensions mêlées à une étrange fascination. Il ne m'avait pas été laissé le temps de savourer mon arrivée, de découvrir mes premières saveurs africaines. J'avais besoin d'un instant avec moi-même. Alors, je me réfugiai dans le réconfort illusoire de la fumée d'une cigarette, trouvant là quelques minutes pour me laisser aspirer par la noirceur de la brousse environnante. C'était donc cela l'Afrique, le pays d'Edmond. Je commençais à regretter l'absence de Marie Jo qui ne pourrait ce soir accéder à cette profondeur de forêt d'où se dégageaient au loin, quelques lumières mouvantes, quelques bruits étranges. Elle échappait à cet aéroport où l'aspect de modernité contrastait avec le mouvement indescriptible de cette population, imposant un accueil presque brutal pour un Européen neuf d'Afrique. Au creux de cette parenthèse, un homme surgit, interrompant ma courte introspection. Chaussé d'une casquette blanche, me coiffant de quelques dizaines de centimètres, ce grand Camerounais à barbiche et à l'allure très européenne, me tira de mes quelques secondes de solitude. Il s'agissait d'obtenir un *bâton de cigarette* et de m'inviter à m'installer à ses côtés, à bord de son taxi jaune.

Les quelques mois qui nous séparaient de ce message déposé par Pierre au cœur de notre ordinateur me conduisaient donc ici, dans ce véhicule aux multiples bruits indéfinissables, près de ce chauffeur aux airs calmes et sympathiques. Il fut mon premier et réel contact avec les hommes de cette terre. Et parce que jamais aucun Pierre, hormis notre messager informatique, n'avait traversé notre univers, notre *taximan* serait le second.

C'est donc Pierre que j'entamai ma descente sur Yaoundé, que j'inscrivis mes premiers pas sur ce continent et que je construisis mon histoire avec ce pays.

À l'indication du Meumi Hôtel, choix au hasard d'un site internet, motivé par le prix raisonnable de la chambre, Pierre, mon taximan, m'annonça un parcours d'une trentaine de minutes. Assez rapidement, nous vîmes disparaître les lumières modernes de l'aéroport qui cédèrent la place au contournement d'un grand rond-point délimitant les dernières constructions aéroportuaires. Nous entamions notre descente vers la capitale. Par ma vitre à demi baissée pénétraient les odeurs de la brousse, qui maintenant nous saisissaient, nous frôlaient. Dans la lueur des phares, alors que nous roulions à un bon rythme, surgissaient, venues de nulle part, puisque aucune trace d'urbanisation n'était visible, des silhouettes furtives et agiles, agrandies par l'éclairage jaunâtre dégagé par la Toyota. Ma valise avait été chargée à l'arrière et de mes mains moites, je serrais mon sac à bandoulière qui réunissait toute ma fortune et mon identité. Pierre restait silencieux. Il finissait la cigarette que je lui avais offerte. Mon inquiétude était portée à son paroxysme. Ma peur était stimulée autant par l'inconnu que m'inspirait cet homme, que par cette masse sombre envahie de bruits et d'odeurs à l'élan subliminal, à la perception étrange, qui nous absorbait progressivement, goulûment et sans pitié. Par portion de cent mètres, venant de cette forêt engluée du noir de la nuit, une musique forte et fortement africaine se jetait par la fenêtre. C'était le signe de notre approche vers la civilisation. Pierre aurait pu à tout moment s'arrêter et me dépouiller de mes quelques biens et liquidités embarqués dans mon aventure. En tous cas le pensais-je. Il aurait très certainement été à la hauteur. Alors, peut-être aurais-je dû me fier ou me confier à plus gringalet. De toute façon le temps n'était plus à sauter du véhicule. Puis, je l'observai, fumant tranquillement les dernières bouffées de sa cigarette. Alors je fis le choix de la confiance. Son calme m'inspirait plutôt. Il entama bientôt une conversation sur les raisons de ma présence à Yaoundé. Il comprit que j'étais un prêtre, puisque j'étais envoyé par un homme d'église et que j'avais le lendemain, rendez-vous chez le père Jean-Baptiste dans la paroisse de Mvog-by. Je démentis bien sûr, mais aimai, en guise de protection ou par naïveté, lui signifier que j'avais des contacts catholiques au Cameroun. Mon angoisse de départ semblait fondre lentement à mesure que la voix de Pierre s'animait, et que mes yeux rejoignaient mes émotions. Mon regard frôlait, à la vitesse du taxi, les nombreuses flammes qui délimitaient une route éclairée de feux de camp, de feux de brousse que nous croisions au rythme des habitations posées sur le bas côté. Chaque lueur que nous traversions était synonyme de bruits, d'activités et d'odeurs encore inconnues et pourtant si réelles, si proches. Les feux léchaient les murs des cases posées là, intensifiant le rouge de la terre, embellissant la couleur rouille de la tôle. Quelques trous, victoire de cette terre ocre sur le goudron, venaient ralentir notre course vers le Meumi hôtel. Puis soudain, la foule devint plus présente, le manteau de cette brousse s'ouvrit peu à peu, laissant place à un espace, à un autre monde, fait de rouge, de jaune et de tôle rouillée. Nous entrions dans la capitale camerounaise. J'avais des craintes sur ce qu'allait me demander Pierre pour la course, car cela faisait plus d'une demi-heure que nous formions un trio, coloré de blanc, de noir et de jaune. Il m'indiqua que l'hôtel était à l'autre bout de la ville et que nous passerions près de Mvog-by. La fréquence du jaune s'intensifia peu à peu jusqu'à devenir omniprésent. Les taxis se disputaient le bitume, les véhicules jaunes et rapiécés klaxonnaient bruyamment pour se frayer un passage parmi la population groupée dans la rue. Hommes, femmes et enfants sur le bas-côté, envahissaient tout l'espace, traversant l'obscurité de manière rapide, dansant au rythme d'une cacophonie musicale ponctuée par les klaxons de Pierre et de ses collègues. J'étais plongé en pleine Afrique, avec sa réalité démographique, modelant cette ville en fourmilière géante. Les habitations qui m'entouraient, semblaient tomber du ciel par la simple volonté de celui qui avait pu réunir quelques briques rouges et construire son toit de tôle. La traversée de Mvog-by se fit au pas, au rythme d'une Yaoundé surpeuplée et piétonne. Entassés à chaque carrefour, repère de la ville, point de convergence des taxis, s'entremêlaient vendeurs de beignets et librairies, dont les livres montés en piles géantes, snobaient de leur hauteur un passé européen. L'activité, au fur et à mesure des mètres parcourus, se transforma soudain en masse grouillante et compacte. Nous étions submergés par le doux mélange des articles à vendre. La confusion s'installa, et pour moi, au cours de ce premier soir, ce mouvement humain, porté par le commerce, devint totalement insaisissable. Aucun feu tricolore ne pouvait ralentir notre course, Pierre les décréta faits pour les moutons. Alors nous progressions au gré de l'Afrique, au gré de la nuit, qui posait son voile sombre sur des visages éclairés de musique, maquillés de reflets étranges et d'odeurs fortes et éblouissantes. Bientôt la Yaoundé administrative, ancienne colonie française rendue à la liberté en 1960, nous apparut avec ses bâtisses qui contrastaient de manière irréelle avec les zones déjà traversées. Sa grande avenue éclairée, bordée de tribunes pour les défilés, donnait un parfum de nos villes modernes par son éclairage. Puis très rapidement, sur cette large avenue moins encombrée, presque déshumanisée, nous nous précipitâmes dans le quartier Bastos, abritant mon hôtel. Je retrouve aujourd'hui la vision de ce lieu, annoncé comme résidentiel, imaginé comme providentiel pour un Français étranger à l'Afrique. Le goudron avait disparu de cette rue, rencontrant une petite ruelle faite de la même terre rouge qui envahissait les hommes, les murs et mon souvenir. De nombreux Camerounais longeaient cet espace bordé de cases hétéroclites, recouvertes toujours par cette même tôle, écaillant les vieilles gravures d'antan où les feuilles de bananiers tressées protégeaient des violentes pluies de l'hivernage. Pierre emprunta cette ruelle, ce qui me permit de vérifier l'absence de suspension de notre bolide. Le noir nous envahit et mon cœur chancela à nouveau car, nul hôtel ne pouvait se cacher derrière ce chemin rouge, aucun signe de résidence non plus, je devais m'abandonner à une confiance nouvellement établie avec mon taximan. Une grille apparut enfin, elle était ornée d'un garde somnolent. Les lumières timides d'une bâtisse se firent plus présentes. Ma valise, fut alors rapidement déchargée, déposée dans ce lieu aux lueurs étranges, où peut-être mon estomac saurait être rassasié dans l'indéfinissable besoin qu'il manifestait.

Je me souviendrai longtemps de ce premier repas africain. Alors que j'avais donné rendez-vous à Pierre le lendemain matin, découvert une chambre peu engageante mais possédant eau chaude et téléphone, je m'attablai, tandis que toute mon émotion et mes sensations se portaient sur la partie abdominale de mon être. Devant moi, un lapin à la moutarde ayant certainement trop couru pour échapper à ce condiment si peu local, me renvoyait un fumet qu'aucun nez n'aurait osé me jalouser. À plus de vingt-trois heures, la cuisine avait été réouverte. J'étais contraint d'attaquer par politesse la bête, et ma soif était telle, que seule cette boisson américaine arrivée sur ce continent à grand renfort de publicité, fut ce soir-là, l'unique substance assimilable. Le liquide frais, rescapé de cette chaude soirée, finit par anéantir l'espoir d'ingurgiter ce gibier gisant parmi ses champignons. Alors, j'abandonnai la partie. Je montai dans ma chambre où après avoir noirci quelques feuilles, j'entendis résonner la voix de Marie Jo, au téléphone, à plus de cinq mille kilomètres de cet univers dépouillé d'Europe. Je sombrai dans le sommeil en rêvant de découvrir l'endroit où cet avion m'avait jeté. J'imaginais le secours d'un lendemain fait de lueur solaire.

La chaleur se fit très rapidement sentir et une fois le rideau entrebâillé, la ville se révéla à moi, égayée de ses coups de klaxons anarchiques. Alors que la température laissait imaginer un horizon bleu servant d'écrin à un soleil lumineux, une brume épaisse, ressemblant à celle de nos fraîches matinées d'hiver, me sauta au visage et au cœur. L'Afrique équatoriale était là derrière ces vitres poussiéreuses, *encotonnée* de sa chaude grisaille, laissant apparaître un maillage étrange, fait de maisons aux murs blancs, d'abris de fortune, de toitures de rouille, de tas d'immondices, fait de la couleur de ces hommes et de ces femmes, de leurs marchés et de leur marche perpétuelle, de cette population nombreuse et mouvante, avançant vers quoi, marchant vers où ? Pour ma part, ce matin-là, ma route devait croiser celle de Céline et de sa petite famille. Mais avant, nous devions nous rendre, avec Pierre, sur le chemin de la paroisse de Mvog-by chez ce fameux oncle prêtre. Nous avions, avec mon taximan, négocié une semaine de collaboration bienheureuse. Sitôt englouti un café et découvert l'existence d'une terrasse dans cet hôtel, qu'un flot d'énergie m'envahit et je sautai dans notre véhicule jaune, avec dans le nez la moite chaleur d'une senteur étrange.

Je m'élançai alors à la découverte des quartiers de la grande Yaoundé, capitale intrigante de ce Cameroun. La lumière se faisait enfin sur notre univers, sous la conduite de Pierre, me recommandant de ne jamais sortir seul surtout la nuit. Pierre devenait donc indispensable. Nous entamions notre avancée sur ce terrain gorgé de mystères et de promesses de rencontres.

L'église de Mvog-by ressemblait à tous les bâtiments de béton de ce quartier. Seul l'espace laissé libre entre la rue, parsemée de plaies exsangues de goudron, bordée d'un fossé regorgeant de détritus, et l'entrée marquée d'une simple porte, identifiait ce lieu de culte. Quelques fidèles posés à l'ombre de cette maison, virent descendre du taxi accompagné d'un Camerounais trop grand pour se tenir droit, un blanc dont le sac en bandoulière transpirait le précieux. Nous empruntâmes la ruelle de terre rouge légèrement en pente, qui longeait la maison de Dieu pour rejoindre, plus modestement campée sur ses murs de briques, celle du curé. Je sentais Pierre près de moi, scrutant de son mètre quatre-vingt-dix le monde urbain. Il jouait formidablement son rôle de guide, de chauffeur et de protecteur. Ce fut lui qui me présenta le père Jean-Baptiste. Ce prêtre était en tout l'opposé d'Edmond. Petit, l'allure introvertie, il attendait ma venue et ne fut donc pas étonné. Il me donna quelques brèves nouvelles d'une Céline très déstabilisée par ses mésaventures. Il m'indiqua, surtout à Pierre d'ailleurs, qu'elle se trouvait dans sa maison de Nsiméyong avec quelques enfants. Alors mon taxi eut tous les détails pour rejoindre ce quartier et trouver la maison du prêtre.

Mon chauffeur guitariste à casquette blanche, épris de reggae, me fit franchir plus en profondeur l'urbanisation chaotique, outrancière et dépourvue d'harmonie de la capitale. Mon estomac commençait à porter le poids de cette rencontre à venir. Le sentier conduisant notre démarche d'adoption venait donc rouler ses galets sur ce continent de couleurs (celles de mon premier marché traversé), d'odeurs (celles de ces quartiers où les activités les plus diverses se côtoient) de cette foule (que d'enfants dans ces rues !) si prégnante, que ce pays m'éblouit, que ses odeurs de fruits pourris m'enivrèrent, que mes yeux cherchèrent à tout attraper comme le soir où Edmond nous contait son Afrique. Pierre à grand renfort de klaxon se fraya un passage à travers les denrées alimentaires installées sur la route. Le marché débordait d'hommes, de femmes et d'enfants, venus vendre des mangues, des régimes de plantains, des poissons séchés ou braisés, de la viande pimentée. Cette abondance étalée alternait avec les couleurs vives des épices sur le sol. Ce débordement de couleurs et d'odeurs déposées sur de simples tissus, sur la simple poussière, était submergé par un magma de population fait de bruit, de musique et de gamins. Ces enfants avec des plateaux sur la tête vendaient des arachides, des noix de coco, des beignets de maïs. Ils regorgeaient tous d'ingéniosité et d'ingrédients pour confectionner des sandwichs à grand renfort de piments. Ingérer ce mets de la rue, supposait alors un entraînement *à l'africaine* et au quotidien. Je ne pouvais pas sauter sur mon appareil photo, mes yeux restaient avides de cette Afrique, Pierre me promit que nous ferions ensemble une expédition au marché. Cette foule, où je n'aperçus aucun blanc, nous y plongions, j'étais submergé par l'exaltation de tous mes sens. Cette population frappait ma rétine de son apparence hétéroclite, conjuguant chaque personne au singulier. Aucune place n'était laissée à l'uniformité, au formatage de nos sociétés. De somptueux boubous se mêlaient à nos rejets de consommation vestimentaire, à nos pulls élimés, à nos chaussures trouées, avec un amalgame d'hiver et d'été des plus étonnants. Je découvrais ce jour-là, que le vêtement est en Afrique, dans ces villes, plus que dans nos pays développés, une marque d'appartenance, un chaos coloré entre tradition et modernité. La fripe, le déchiré et le troué défilaient, entrecoupés du passage de couleurs africaines imprimées sur des supports impeccables. Chez les enfants, chez les artisans installés à même la route, l'habit n'était pas issu de la confection mais de la récupération. Cette matinée fut pour moi à nouveau un choc. Ce fut la découverte de cette population affairée au commerce, à l'artisanat, de cette population qui n'a de choix que de se battre pour affronter chaque journée. Le choc, de découvrir les enfants des rues, la lèpre et autres désastres visibles empaquetant le moins perceptible, le plus meurtrier : le sida. Puis toujours ces odeurs aussi brutales qui longeaient ma route.
Aussi brutales que cette vie d'Afrique menacée de survie.

Une fois sortis de la lente progression du marché, nous prîmes un peu de vitesse. L'ouverte de la fenêtre était la seule technique de climatisation. Je voyais défiler, alors que Pierre était soumis aux embouteillages et à la présence policière, les cahutes des coiffeurs aux enseignes colorées et peintes à la main. Glissaient sous mes yeux les baraques téléphoniques, les menuisiers et les libraires qui exposaient pour les uns meubles, lits, canapés, pour les autres piles de bouquins sous un ciel enfin devenu bleu. Sur le bord de cette route qui nous conduisait à Nsiméyong tout le commerce camerounais s'affichait. Les taxis jaunes, seuls maîtres de la route, débordaient de têtes et de bras. Ces véhicules circulaient de manière saccadée et anarchique au rythme des annonces des postulants au voyage : « quartier Bastos 50 francs ! » (50 francs CFA soit une course à 50 centimes de nos vieux francs). Des militaires, mitraillette en bandoulière, contribuaient aux arrêts fréquents des taximen. Les contrôles pouvaient être intéressants pour le commun des gendarmes. Nous fûmes vite repérés. Ma *face blanche* invitait l'homme de loi à vouloir arrondir ses fins de journée. Nous en fûmes victimes à deux ou trois reprises au cours de cette semaine. La première menace annoncée était la confiscation du véhicule, ce qui nous mettait dans l'obligation de *bien parler* avec un billet de 1 000 francs CFA pour l'homme en uniforme. Le Cameroun sentait bon le fruit pourri, mais à leur contact les quelques petits et grands du pouvoir, croisés sur ma route, avaient subi une contamination. Le Cameroun était aussi corruption et semblait fièrement arborer ce qualificatif peu digne d'une démocratie de façade bien écaillée. Ce pays du rythme nourrissait les plus sombres trafics. La cadence de ce continent m'apparaissait soudain comme une respiration. Nous passions dans nos villes, au cours nos vies, tout notre temps à dissimuler cette évidence respiratoire. Cette source d'oxygène essentielle croulait sous le poids de notre modernité. Nous négligions la rythmique de nos vies. Ici, tout comme nos cœurs, cet univers battait. Les couleurs orchestraient la vie, les chants évinçaient sa dureté, les pas de ces hommes et de ces femmes semblaient être les seuls à mesurer le temps.

Même cette mécanique dans ses bruits singuliers rythmait notre matinée à l'abord d'un marigot puant. Il s'était transformé en station de lavage, grâce aux seaux multicolores remplis d'un liquide saumâtre. Ce point d'eau était un lieu de répit pour taxi croulant sous trop de kilomètres urbains. L'agitation se célébrait sous l'œil amusé de nuées de moustiques, fatalement attirés par le spectacle des torses nus s'offrant à un des fléaux de ces contrées humides : le paludisme. Après avoir dépassé cette eau stagnante et longé une petite butte où trônait la villa inachevée d'un ministre emprisonné, nous nous engageâmes sur un chemin fait de deux grosses ornières. Pierre m'assura en réponse à l'évidence de ma question, que c'était bien l'endroit que lui avait indiqué le père Jean-Baptiste. Une fois face aux ornières, il me réaffirma que tout allait bien, qu'il ne fallait pas s'inquiéter.

S'inquiéter ! Cela ne me semblait pas faire partie des mœurs de ce pays. Secoué comme rarement dans mon siége, mon attention se porta sur les bruits du véhicule. Même sur ce chemin recouvert de végétation, encadré par quelques cases, des enfants jouaient. Deux petits de quatre ou cinq ans, suçant une mangue, avec comme seul apparat une amulette autour de la taille, s'amusaient avec des bâtons. Ma présence eut l'air de les surprendre, mais bien vite, ils se replongèrent dans leurs préoccupations d'enfants. Quelques cent mètres plus loin un autre groupe, uniformes bleu turquoise et sacs sur le dos, se dirigeait vers la civilisation, vers l'éducation. L'entrelacement de deux Afriques éclairait ce chemin. Puis au détour d'un virage, le chemin se heurta, en même temps que notre lente avancée, sur un portail de tôle ondulée. Ce portail devait cacher Céline. Les aboiements féroces de plusieurs chiens se firent entendre. Le poids qui compressait mon estomac était révélateur de la douce terreur qui m'habitait. Pierre comme par héritage congénital appuya lourdement et longuement sur le klaxon de la Toyota et je vis pour la première fois Mary.

Du haut de ses sept ans, menue et souriante, fidéle aux photos aux couleurs trop vives aperçues en France, elle tira en arrière un portail qui parut résister à sa timidité. Deux chiens, juste compromis entre le renard maladif et la hyène blessée, corde au cou, me firent un accueil des plus bruyants, contrastant avec le silence de Mary qui se précipita vers une petite maison de brique. Un espace d'herbe, entouré de bananiers et de manguiers, habillait ces deux petites maisons dont une seule, vu la présence de rideaux en guise de fenêtres, semblait habitée. Devant les murs ocre rouge, on pouvait deviner une terrasse de béton, délimitée par une rambarde. La maison paraissait petite, n'étaient visibles que la porte de bois et deux fenêtres d'où volaient des tissus transparents et chamarrés. L'herbe, d'un vert bondissant, contrastait avec la rouille du toit du même ton que le cercle de terre rouge dessiné par les chiens en bout de corde. Ces animaux, toutes dents dehors, décourageaient quiconque avait l'idée de pénétrer leur territoire circulaire. Pierre stoppa notre véhicule jaune au beau milieu de cet espace d'un vert tendre. Il jeta hâtivement un œil méfiant aux gardiens des lieux et préféra ne pas quitter son poste de conducteur, alors que je mettais pied à terre. À peine avais-je foulé cet espace de vie, où l'ignorance de l'accueil qui m'était réservé faisait redoubler le poids d'un estomac torturé, que de l'ouverture de cette façade frappée par le soleil, créant un rectangle noir sur ce fond ocre, sortirent un à un les enfants. Quatre petits visages marqués d'un long sourire se précipitèrent sur moi. Je reconnus pour la seconde fois Mary, suivie du petit Daniel, ayant abandonné leurs uniformes scolaires aperçus en France sur les photos. Puis comme au défilé, deux autres garçons de même taille que Mary, suivis de deux adolescents, d'une jeune fille et enfin de deux femmes, dont l'une semblait traîner les pieds, vinrent rejoindre l'espace de verdure devenu, comme la trace de cette ville, surpeuplé de sourires et d'émotion.

On me nomma aux premiers mots prononcés, « Tonton Bertrand » dénominatif qui me resterait tout au long du séjour. L'accueil fut joyeux. Il me fit oublier l'écartèlement subi par mon estomac, réceptacle de toutes mes angoisses. Les enfants se présentèrent un à un. Il y avait là, la fratrie : Mary, Daniel, Rodrigue, Éric et Édith, suivis de deux rescapés de l'orphelinat de Libreville : Hervé et Max. Les deux femmes s'approchèrent nonchalamment de ce blanc quelque peu débordé par les noms, par ses émotions et par les sollicitations des enfants. L'une d'elles, plus âgée, portait un boubou aux couleurs vives, décoré d'une longue écharpe rouge autour de la taille. Coiffée d'un foulard, elle semblait enrubannée dans un excès de couleurs, contrastant avec la lourdeur de son pas et le visage grimaçant qui me fut réservé. Il s'agissait bien de Céline qui portait en son âme tout le récit d'Edmond. Je pensai à cet instant à lui et au flot de désespoir qui était consenti par ces deux êtres, dans le souvenir de ce qui n'existait plus, de ce qui avait été abandonné. Ce pas, ce sourire semblaient inondés de regret et de tristesse.

Aujourd'hui cette première rencontre me revient par-delà le temps passé, par-dessus la souffrance vécue, et je peux alors difficilement voir cette scène, faire revivre cette femme, autrement que baignée dans un halo de lumière teintée par la douleur d'une vie sans espoir. Cette femme était conduite ce jour-là par un pas sans but, qui m'immisçait contre toute raison, dans la construction d'un chemin à parcourir. Peut-être était-ce des vues de l'esprit, des déformations modelées par les tréfonds de mon vécu fantasmagorique relayé par l'histoire d'Edmond ? Toujours est-il que ce qui semblait réalité, ce qui se vivait dans cet instant passé, nouait les ficelles servant de parapet au chemin de notre vie à venir, de notre existence future de parents adoptants.

Cette Africaine aperçue furtivement sur papier glacé entre les mains de notre Pierre gersois, ne prit pas la peine de se présenter. L'atmosphère, l'univers me la désignait identique aux paroles d'Edmond. Quelque peu arrondie, prise dans des formes généreuses, son large boubou masquait l'autosuffisance alimentaire du Cameroun. Le sourire devint moins grimaçant et Céline m'offrit de rejoindre un peu plus de fraîcheur en pénétrant à l'ombre de ses murs de terre. Le noir qui existait en cette pièce, dans un doux euphémisme, m'aveugla presque aussitôt et il me fallut quelques précieuses minutes pour distinguer la simplicité de l'intérieur. Un univers fait de deux canapés que le poids de la vie avait rongés et d'une table sur laquelle trônaient quelques piles de vêtements, s'ouvrait spontanément à mon regard. Le sol de béton était propre mais avait subi l'assaut d'une longue existence faite de pas et de contacts liquides, laissant, dans une composition géométrique, de nombreuses taches proprettes. Au-dessus de nos têtes cohabitaient comme indispensables à ce paysage africain, le bois rouge de l'okoumé et la couleur rouille de la tôle. Les trois pièces de cette masure étaient closes par des portes. Seule la cuisine, faite d'un évier surmonté d'un robinet (ce qui était un luxe) et d'un réchaud taché par le passage de différents plats, laissait vagabonder ma vue sur un sol où un coin avait été aménagé en poubelle. La dernière pièce à la porte close, me permettait d'imaginer une chambre dont j'ignorais encore l'étroitesse des conditions de sommeil. Dans cette pièce principale, détachés directement de la proximité du marigot, volaient de-ci, de-là, quelques insectes que je craignais être des moustiques. Je me méfiais de ces quelques petites bestioles, ignorant encore que seule la tombée de la nuit les rendait potentiellement dangereuses. Je ne pensais pas que quelques mois plus tard ils seraient la cause de nombreux tracas nocturnes. Céline me proposa de m'asseoir, ce qui me permit d'offrir le sac à main que nous avions choisi Marie Jo et moi pour marquer symboliquement cette première rencontre. Les enfants prirent place sur l'autre canapé resté libre alors que la jeune femme au large sourire et à la présence discrète se remettait dans une des minuscules pièces, à laver quelques casseroles et ustensiles destinés à préparer le repas. Il était plus de dix heures et le temps semblait s'être arrêté sur le spectacle de ces enfants entourant cette femme alourdie par la vie.

Lorsque j'eus offert la poupée pour Mary et le camion scintillant de couleurs que m'avaient confié Patrick et Solange (cadeau de parents débordant d'amour pour Daniel qui deviendrait dans quelques mois et par adoption leur petit Vincent) les grands, Éric, Édith et Rodrigue annoncèrent leur départ pour l'école. Ils allaient suivre les cours clandestinement, car, arrivés après la rentrée et ne possédant pas encore le badge indicateur d'une inscription payante et réglementaire, ils n'avaient pas encore le droit à l'enseignement dispensé au lycée. Le but de la journée était donc d'obtenir ce sésame, accompagné ou non d'une inscription, pour pénétrer librement dans l'enceinte de l'établissement. Ma première découverte passée d'une Afrique visuelle aux mille couleurs, aux mille contrastes, m'infligeant cette formidable gifle en plein ventre, me transportait à cet instant vers la réalité d'un système aux méandres tentaculaires. La liberté y avait un étrange goût de magouille. L'enseignement était donc aussi une lutte. Une lutte pour y accéder, un combat pour un avenir. Un combat qui dans cette famille semblait être une priorité. Je n'avais pas fini en ce début de séjour d'admirer et de glisser dans ma besace d'Européen de flagrantes comparaisons avec nos enfants essoufflés par un départ vers une école toute proche, ayant perdu au fil de notre société, au train de notre modernité, toute signification, toute capacité à motiver. Chez nous, il reste certainement les copains comme émulation. En Afrique, ils sont partout laissant à l'école son rôle premier : celui d'enseigner. Bien sûr, le chemin est truffé d'embûches. La marche de ces enfants peut s'arrêter dans la rue. Les conditions sont difficiles lorsque les classes débordent d'élèves, lorsque le niveau d'étude glisse vers le bas, lorsqu'il faut partir de bon matin un banc à la main. Pourtant l'Afrique regorge de volontés enfantines. Cloué par le cœur et par l'esprit sur ce continent, je retraversai souvent Yaoundé. J'apercevais la brousse enveloppée de brume se réveillant au son de la marche de milliers de petites jambes. Ces petits pieds nus, chaussés de tongs frappaient la poussière vers une salle de classe lointaine, traînant des sacs légers mais remplis de l'illusion, de la croyance en un avenir grâce à cette école. Ce chemin était parfois conduit par la détermination d'échapper à la fatalité du sud, par la volonté d'amener leur pays sur la voie du développement. Cette voie transpercée de fossés infranchissables, qui pue l'argent et le profit, est pourtant réservée à peu d'homme. À quelques politiques, à quelques familles, à quelques ethnies. Cette société en déclin continue à charrier ses victimes en bordure des routes faites de poussière. Beaucoup tentent de lutter contre un avenir fondé sur rien, contre la fatalité de cette pauvreté que l'on finit par vouloir balayer par n'importe quel moyen. Les grands me parurent ce matin, et tout au long de nos contacts, accrochés à l'espérance, à l'accès aux études et aux sphères les plus élevées de la société camerounaise. Tous les trois, avant de s'engager sur ces chemins, me saluèrent d'un large sourire débordant d'enthousiasme. Ils me laissaient avec les petits et leur maman, qui, à chaque regard, semblait se lamenter d'exister encore dans ce corps terrestre qu'elle m'avoua bientôt être si douloureux.

    La matinée fut consacrée à l'histoire de cette femme, alors que les petits à l'ombre des manguiers et des bananiers faisaient plus qu'utiliser leurs nouveaux jouets. L'histoire, je la connaissais. C'était celle d'Edmond, celle de cette douce soirée de septembre avec ce jour-là l'affirmation visuelle d'un état précaire, d'une condition de vie difficile qui dépendait directement du père Jean-Baptiste, peu aguerri à cette position de soutien de famille. Céline me décrivit ce qu'elle avait perdu. La façon dont le Gabon l'avait trahie et le rôle d'Edmond dans sa survie, jusqu'à cet engagement de vivre encore pour cet enfant qui avait pris place dans son existence, dans son corps. Je voulais la questionner sur son état de santé et le suivi de sa grossesse, elle me ramena sur sa mésaventure autoroutière. Les coussins du canapé finirent inondés des images du drame.

    Je savais désormais qu'il serait difficile d'aborder ce petit être qui prenait vie chaque jour un peu plus en elle, à chaque instant un peu plus dans nos têtes. Edmond m'avait expliqué que dans cette Afrique l'invisible présence du bébé faisait taire toute évocation. On n'en parlait pas tant qu'il n'était pas là. Ce qui signifiait que la question d'une éventuelle échographie, comme notre médecine, source d'un progrès à l'occidental la préconise afin d'avoir une lecture espérée de l'enfant tant attendu, serait un sujet très peu africain. Pas très africain, mais très rassurant pour les parents que nous nous sentions déjà Marie Jo et moi. Comme pris dans un élan surnaturel, je me trouvais face à cette mère qui concevait mentalement et physiquement être la génitrice de notre enfant et je me contentais d'observer un vécu difficile, sans inquiétude pour un avenir si proche mais si peu palpable. L'irréalité de la situation me rendait toute notion de paternité abstraite. Je voulais voir Céline et nous voulions lui démontrer que nous l'aimions déjà comme une sœur. Qu'en ce sens, nous l'aiderions.

Céline me trouvait bizarre, derrière toute cette attention que nous voulions lui porter, presque suspect d'avoir voulu lui offrir les moyens de se soigner au Gabon. Peut-être cet œil suspicieux qu'elle posait sur nous aurait-il mérité d'être regardé de plus près, mais le mien se tournait pour l'heure vers l'avenir et vers les moyens de réorganiser une vie en miettes. Céline sut me parler de l'adoption. Elle sut me dire que seul cet espoir rallumé par Edmond, mettait à l'abri les plus petits de ses enfants. Cette solution faisait qu'elle survivait aux atroces douleurs et conditions de vie dans lesquelles elle avait été jetée. Elle me fit découvrir pour preuve ce qui ne pouvait être qu'une chambre et qui n'était en réalité qu'un immense lit fait de mousse et de nattes où cohabitaient les enfants et *la Mère*. Cette identité qu'elle portait fièrement restait indissociable de son article. Cette particule donnait du relief à sa tâche et explosait continuellement de la bouche des enfants : *la Mère*.

Dans cette pièce, comme démonstration d'une installation précaire, s'accrochait, telles de longues toiles d'araignées, un chaos de moustiquaires révélant l'identité des bestioles aperçues précédemment. Le début d'après-midi frappait déjà sur cette porte matérialisée par le contraste brutal de lumière. Pierre après m'avoir fait quelques infidélités de transport, était de retour depuis plus d'une heure. Il m'attendait sous le manguier avec le petit Daniel, qui se vantait déjà de posséder une voiture plus belle que son taxi. L'invitation faite par Céline de retrouver son cousin Martin dans un quartier voisin et le temps qu'elle mit à se préparer, me permirent de me mêler du cahier de devoirs de vacances que nous avions envoyé à Mary. Elle avait entrepris de le compléter avec une grande application. Cette enfant me parut d'une douceur et d'une timidité extrême. *Tonton Bertrand* tentait de répondre au mieux à toutes ses questions et surtout à celles ayant trait à ses parents adoptifs. Je l'entends encore aujourd'hui me demander d'une petite voix timide marquée de cet accent typiquement camerounais :

« Tonton, quand est-ce que je voyage ? ».

Les adultes, Mary, tentent de donner des réponses parce que vous enfants, vous croyez qu'ils savent, mais la vie répond parfois à d'autres raisons qui ne trouvent en moi toujours aucune explication à te donner, Mary. Bien sûr, ce n'est pas cette réponse que je fis, car je savais que Claudine et Gilles attendaient avec impatience cette petite fille de sept ans à l'air appliqué et à l'écriture parfaite. Alors de voyage, il en fut question tout au long de cette semaine. Ces deux enfants, Mary et Daniel, semblaient incarner à eux deux l'expression du contraire. Entre timidité et espièglerie, douceur et énergie, tous les deux m'entourèrent de leurs sourires, de leur légèreté et de leur joie luttant contre l'immense peine de *la Mère*. Chaque sourire extirpé à Céline était une victoire. Quant à ces deux enfants, je me mettais à imaginer l'extraordinaire bagage de gaieté, qu'ils allaient déposer dans leurs familles respectives. J'avais droit à toutes les attentions et faisais en sorte de choyer ces deux petits êtres antinomiques. Ils découvrirent ainsi la crème glacée, le manège grinçant du centre de Yaoundé et surtout son cinéma. Cette télévision géante, comme le qualifiait Daniel, impressionna dès les premières images ce petit bonhomme de cinq ans et fit rêver Mary à un monde fait de lumière et de France.

Le repas de cette première journée et la rencontre de Martin employé ou ex-employé de mairie, je n'ai jamais vraiment su, se fit au Jardin de Caryota. Ce petit hôtel noyé dans la brousse fut le théâtre d'un repas que nous arrosâmes d'un vin rouge espagnol glacé, portant le titre bien prétentieux de baron de *Machin-truc*. L'air était conquis par les *mout-mout*, des insectes inoffensifs mais qui colorèrent ma peau de jolies taches rouges créant quelques inquiétudes. Céline espaçait de moins en moins ses sourires. Elle aborda pêle-mêle l'ampleur de sa tâche, la reconstruction de l'orphelinat, le désir d'aller rechercher d'autres orphelins au Gabon. Puis l'espoir, nourri par la proposition du ministère des Affaires sociales, de se voir confier trois très jeunes enfants. Son visage s'assombrit pourtant, son cœur se chargea d'émotion à l'évocation de sa mort qui lui semblait si évidente et si proche.

Les enfants étaient restés à la maison, seuls clients dans cette salle ombragée oubliée de la fraîcheur et des rumeurs de la ville, je me mis à réaffirmer notre désir d'aider Céline. Je lui précisai que rendez-vous était pris pour dimanche avec le Rotary club, susceptible lui aussi de fournir de l'aide. Cette perspective l'inquiéta, je me souviens qu'elle m'en fit le reproche, finissant par douter de ma démarche. Elle m'affirma bien connaître son pays et les portes qui se refermaient sur nos mains tendues. Cette réponse ne me découragea pas, je maintins la rencontre avec M. Félix. Céline m'apparut à cet instant, dans son découragement, marquée par les stigmates d'une humanité abandonnée. Une femme aux épaules déformées par le fardeau d'une vie me faisait face. Elle était prise dans l'ambiguïté de sa souffrance, dans la crainte d'un emprisonnement versé par l'aide, par l'accompagnement que nous voulions lui apporter. Elle était effrayée par une dépendance la dévoilant peut-être trop rapidement. Elle risquait, en acceptant trop vite, de nier sa liberté d'individu. Ce fut ma vision de l'instant. Je passai de longs moments, m'imprégnant de la tradition de la palabre, à réaffirmer qu'aucune autre intention que, son bien-être, n'était dissimulé dans l'intérêt que nous lui portions. Je lui cédai nos quelques sensations, mettant du relief sur la fantastique force de notre soirée française où nous avions prêté notre oreille à Edmond, à une vie qui avait traversé nos pores pour attirer nos cœurs. Ces instants firent jaillir les sourires que je m'étais donné pour tâche de récolter afin d'amener à toute cette terre un surcroît de lumière que ni novembre, ni cet après-midi ne pouvait refléter faute de *lux*. Céline souriait par timidité pensais-je, par la forme insolite de l'expression de sentiments européens. Mais peut-être savourait-elle l'image d'un français empêtré dans les méandres d'une aventure africaine. Mon cher Edmond, tu nous avais décrit ta Céline, ce personnage enclin à la persistance des idées et des décisions, tu nous avais dépeint la force d'un caractère hors du commun. Je commençais lors de ces quelques heures passées ensemble, à entrevoir l'objet de tes paroles et n'allais pas tarder à être soumis à cette même description. Je devenais ainsi pour Céline le *Français têtu*.

Pierre avait laissé tomber sa casquette blanche sur un front où apparaissaient quelques perles de chaleur et s'était laissé prendre, mais cela devait être une habitude, par la nonchalance d'un après-midi sous les canisses. Les jardins de Caryota semblaient noyés dans un havre de paix échappant aux trépidations de la ville toute proche. Les terrasses faites de chaises en fer blanc qui contrariaient l'habituelle couleur rouille associée à ce métal me donnèrent l'envie de transférer mes bagages vers ce coin de brousse. La chambre à 8 000 francs CFA (12 euros) était moins chère que dans mon quartier résidentiel.

D'un coup de véhicule jaune, alors qu'il était 16 heures, nous reconduisîmes Martin, le cousin de Céline. Il possédait une maisonnette toute proche de Nsiméyong. Cet homme devrait recroiser mon chemin à plusieurs reprises, à plusieurs occasions heureuses et malheureuses. Une fois devant la baraque du père Jean-Baptiste devenue refuge de Céline, le portail de tôle, aux sollicitations du klaxon japonais, s'entrebâilla sur un sourire d'enfant. Nous pénétrâmes pour la seconde fois dans l'univers de cette famille réintégrée sur sa terre natale. Le soleil déclinait déjà. Dans l'enceinte de la case, les plus grands avaient sorti un bout de tableau noir pour y griffonner quelques formules mathématiques. La vie reprenait ses droits. Céline descendit péniblement de l'arrière du véhicule et, en traînant le pas, se dirigea vers la terrasse où chacun s'affairait sur des livres ou sur le noir rescapé de ce bout de tableau à la peinture écaillée. Je la suivis, mon sac bandoulière toujours à mon côté. Elle m'avouait être fatiguée et avoir de nombreuses douleurs. Moi, je ne lui avouai rien, mais récoltai une invitation pour le lendemain. J'étais convié à partager le repas du samedi auprès de cette famille camerounaise déracinée, luttant pour retrouver un rythme, perdue au fil d'une vie que seule l'Afrique peut conter. Échouée dans cette petite masure rouge, baignée dans le vert d'une brousse trop présente, cette femme restait étrangère au lieu, étrangère à la vie qui prenait sa place dans ce corps envahi de douleurs trop fréquentes et insupportables.

Alors je m'enfuis de cette amorce d'histoire, avec dans le cœur l'impression de faire s'accorder les mots, de relier une atmosphère tant imaginée au travers de la bouche d'Edmond, avec cette réalité aux couleurs dures, avec cette journée africaine dans laquelle je me sentais profondément vivre au diapason. Je vibrais de son rythme envoûtant. Je fis en sorte que petits et grands aient toute mon attention de fin de journée et je m'engouffrai avec Pierre dans la fourmilière urbaine. J'étais pressé de rapporter à Marie Jo toutes mes impressions. C'était vers elle que je courais maintenant, poursuivi par ce rideau noir, annonciateur d'une nuit qui me parut s'abattre si tôt, trop tôt et trop brutalement pour ne pas m'inonder du flot pesant de l'absence de mon foyer.

Il était 18 heures et l'hôtel envoyait mon premier fax vers une France et une Marie Jo que j'aurais souhaitées plus proches de mes sensations africaines. Ces odeurs, ces mouvements m'inspiraient, comme je l'écrivais, le désir *« d'aller flairer l'odeur de la nuit, l'étrangeté des soirées »*. Mais je me tenais, sur les conseils de Pierre, à la plus grande prudence. La nuit semblait résonner de son lot d'agressions et le blanc semblait être bien plus visible dans cet univers stigmatisé par un quotidien où la seule certitude tenait en ce jour qui demain se lèverait. Telle était ma volonté, un repas le lendemain s'offrait à moi. Je continuai donc à étaler sur le papier tout ce que ma peau avait pu absorber. Et face à la nuit, face à cette vitre d'hôtel, à cette ville qui conservait quelques rougeurs amenées par le mouvement de quelques flammes, dérangé par la symphonie des klaxons et de la musique, le nez empli par l'absence de fraîcheur, je continuais à regretter qu'aucun des sens de Marie Jo ne puisse m'accompagner. La nuit fut pleine de l'excitation du lendemain et des échos de cette première journée. Un souffle d'air épais se dégageait de la fenêtre entrebâillée. Cet air imprimait en mon âme des senteurs que seul ce continent put m'offrir, flirtant avec quelques souvenirs de pluies transperçant une terre éprise d'été. Cette semaine fut pleine d'émotions. De ces émotions naquit un élan pour que cette famille, pour que ces quelques enfants orphelins puissent trouver plus de lumière et un peu plus d'espoir qu'à l'accoutumé. Comme Céline l'avait pressenti, M. Félix et le Rotary ne purent rien mettre en place pour la restructuration de l'orphelinat. Les moyens manquaient, mais pas la gentillesse, ni la motivation. Cet homme m'apporta des contacts téléphoniques, notamment avec un autre orphelinat à Mbalmayo, avec son ami médecin pour que Céline puisse avoir accès aux soins sans soucis financiers. Pourtant de rencontre avec Céline, en jeux avec les enfants, de visites au consulat pour le dossier de la petite Mary, en balades auprès de mon grand Pierre toujours prêt à jouer les guides, la semaine s'étirait. Après de longues conversations avec les grands, rassuré par l'échange avec une avocate, belle-sœur de Céline prête à se charger de la procédure d'adoption, jusqu'à mon immersion totale dans ce monde qui aspirait toutes mes émotions, le terme de ma visite soufflait à mon oreille. Il concentra en mon âme, au cours de ces sept jours en terre camerounaise, son lot d'impressions.

J'étais devenu quelque peu noir de peau, après avoir croisé la route du souvenir de Céline au sein de son village natal, proche de Yaoundé, enfoui dans la brousse luxuriante de ce Cameroun et de ses villages aux mille couleurs.

Dissimulé par quelques bananiers, ombré par de plus hauts arbres aux essences diverses, verdi par le contraste rouge du chemin coulant non loin de là, je m'étais retrouvé face à deux photos dans une maison à la toiture faite de feuilles tressées. J'étais projeté dans la famille africaine. Trônait face à moi, en habit militaire, un vieil homme entouré de vingt-trois femmes réparties sur deux images différentes, scindées en deux groupes pour cause de cadrage délicat. Seule décoration sur le mur rouge de cette pièce principale au sol de terre battu, le grand-père de Céline symbolisait par cette photo l'existence de cette famille aujourd'hui désunie.

Ce fut aussi cela pour moi cette semaine, aussi cela cette Afrique qui pouvait réunir sur un même mur le pilier d'une famille sans que l'on n'ait pu obtenir une seule et même image laissant planer un arrière-goût de fracture. Deux photos, deux clans aujourd'hui, avec la senteur d'un passé bien présent. Les effluves d'un temps qui avait su s'arrêter sur cette brousse en contradiction avec cette ville qui gronde. Sur mes épaules, de cet après-midi coulait une frêle douceur : la rassurante présence des anciens. Céline fièrement, après avoir traversé cette case déserte, m'indiqua la présence de son vieil oncle. Chancelant, de l'autre côté du chemin, il était soutenu par une vieille branche, en guise de canne. Celle-ci prolongeait son bras. Cet appui semblait se confondre à ce membre. L'après-midi était doux. Le soleil était tamisé par les nombreux arbres. Je continuai à poser en présence de Céline mon âme sur l'Afrique des villages. Cette Afrique où sommeille le temps, à l'image de ce vieillard piétinant la poussière.

Ce fut une semaine qui m'entraîna au sein de la descendance de ce grand-pére, loin de cette icône européanisée et jaunie plaquée sur le mur, ces quelques jours m'entraînèrent jusqu'au quartier de la grande sœur, Justine, détentrice de l'autorité familiale, au coeur de cette ethnie de Yaoundé à laquelle appartenait Céline : les *Ewondos*. Je partageai avec elle, et de mes doigts, le repas fait de bâtons et de semoule de manioc, de plantains frit et de poulet braisé accompagnés d'un jus de mangues. Je me sentis vite bercé au sein de cette hospitalité africaine, initié au respect du temps, à la présence d'une Justine parlant avec images et dictons africains, n'hésitant jamais à citer le grand-père. Bref, cette Justine était une sacrée bonne femme, un sacré personnage, haut en couleur et en poids. Elle tenait le rôle de mère, de tante, de grande sœur en charge d'une famille élargie par tant d'enfants victimes de la disparition prématurée de parents terrassés par ce sida qui exterminait l'Afrique délaissée. Justine, avec son foulard toujours parfaitement noué sur la tête, semblait un peu esseulée depuis le décès de son mari. Elle était pourtant fière de rappeler dans sa palabre le rôle que Dieu et que sa posture familiale lui avaient décerné en héritage. Elle fut une des rencontres marquantes de cette terre qui s'ouvrait à moi, car elle sut réaffirmer avec franchise, qu'elle condamnait le projet de sa sœur. Elle m'entretint de longs instants sur l'attitude africaine qui devait être respectée lors d'un décès. Elle, la grande sœur, se retrouverait alors maman des enfants de Céline et serait ainsi obligée de s'impliquer dans leur éducation.

Je ne sais pas aujourd'hui comment tu vis Justine, quels enfants t'entourent. Mais c'est avec une infinie tendresse que j'écoutai tes mots d'aînesse, tes maux d'Afrique, pour t'entendre conclure dans un long soupir, sur le malheur de la disparition d'une sœur et sur ton incapacité à nourrir ses enfants. Tu te devais de condamner le non-respect d'un principe solidaire, ta palabre interminable, pour nous Européens, ne pouvait que me rappeler les principes de ta famille *Ewondo*. Mais tu remerciais Dieu de nous avoir posés sur votre chemin, de pouvoir porter assistance à Céline. Un large sourire de complicité ponctuait tes phrases et je restais dans le ravissement de ce visage africain au relief poupon, qui m'enseigna ce qui sentait l'évidence d'un respect dénué de distance.

En cette mi-novembre, de l'aéroport de Nsimalen, je quittai le sol camerounais, espérant apercevoir Solange et Patrick dont seules l'écriture et la voix au téléphone m'étaient connues. Mais un retard aérien, dans ce Cameroun où nombre d'événements relèvent de l'imprévu, m'enlevait l'image de ce couple certainement anxieux, mais chargé de bonheur, face à l'imminence de la rencontre avec leur petit Vincent, ex-Daniel. Je franchissais la porte d'embarquement de Nsimalem avec cette pensée, alors qu'eux posaient leur marque sur ce continent. Tout en mon être s'inonda de bonheur, ce qui déposa sur moi un large sourire encadré par l'étincelante chemise verte aux couleurs d'Afrique, reçue comme présent avant mon départ pour l'aéroport. Je me sentais quelque peu incarner cette caricature de touriste traversant les continents en troupeaux. Marie Jo non plus, n'avait pas été oubliée mais ce que je ramenais sous forme de tissus colorés n'était en cadeaux et en poids rien à côté d'une tête pleine d'images. Ce n'était rien face à un cœur conquis par les odeurs, envoûté de l'amour, de ce don qui semblait se dégager de l'instant, de ce contact avec cette terre moite et rouge. Son empreinte, sa trace indélébile restait au creux de mes mains et je devais bientôt serrer mon épouse impatiente de partager un peu de cette moiteur.

Mon retour colora notre famille d'espoir et d'attente. Débutèrent alors trois longs mois de voyage et d'élan, autorisés par un téléphone en prise directe avec cette Afrique. Nous n'avions de cesse de nous imprégner de ses mystères, de ses rebondissements. Nous restions à l'écoute d'une Céline et de sa petite famille dont les aventures continuaient à être le reflet d'un passé qui laissait son empreinte sur un présent tumultueux. Marie Jo était auprès de moi, et nous survolions ensemble un monde lointain, le monde de Céline, fait du contraste des silences et de l'explosion d'une vie menacée par les jalousies familiales et les problèmes de santé.

Trois jours avant Noël, Patrick, resté quelques semaines seul sur la terre de son enfant, faisait enfin découvrir à Vincent les rigueurs de l'hiver français. Nous étions accrochés à cette arrivée comme à la confirmation de la réalité de cette adoption qui s'offrait à nous. Bientôt notre tour viendrait, en espérant que le ciel camerounais entendrait les cris d'un enfant, les cris d'un petit d'homme exterminant l'angoisse et le défi fou d'une femme, dont la lutte inondée de douleurs, faisait de nous de futurs parents. Claudine et Gilles en cette fin de millénaire, semblaient laisser glisser le moment de la rencontre avec Mary. Ils étaient comme démotivés, découragés, effrayés par un voyage vers l'inconnu, écartelés par les zones d'ombre, les contradictions d'une culture, d'une terre manquant de repères occidentaux. Ils retardèrent le moment d'ouvrir la porte vers l'histoire, vers l'aventure, vers le mensonge peut-être. Edmond restait notre interlocuteur privilégié, devenu un ami, presque un père, il n'avait de cesse de nous conter ses rapports parfois chaotiques avec Céline. Nous rentrions dans l'intime, plongeant dans l'ambivalence de cet éloignement. Blessé par les difficultés de communication avec son Cameroun natal, Edmond semblait se donner corps et âme à la cause de sa protégée. Nous le soutenions et l'aidions dans cette voie, concevant que si un sens était retrouvé à sa vie, Céline pourrait vivre et sentir comme nous l'aimions, comme nous la respections. Un accord avait été passé avec le ministère des Affaires sociales camerounais, appuyé par une cousine d'Edmond très bien placée, pour la reconnaissance et la création de l'orphelinat. Edmond avait des rêves de construction, nous mettions la main à la poche pour une location d'un coût mensuel de 250 euros. Il avait imaginé, pour faire vivre cette institution privée du financement d'un état trop occupé à d'autres causes bien plus personnelles, la création d'une classe de bureautique. Du matériel informatique, autant pour la gestion de l'orphelinat, que comme moyen d'étude, avait été glané au sein de notre petite ville, auprès notamment des établissements scolaires motivés par une ouverture et un échange avec le Cameroun. De ces projets poussant la vie, nous débouchâmes sur un réveil en sursaut au cours des premières heures de janvier.

## CHÈRE JULIETTE

Edmond perdait son calme habituel. Edmond jubilait, notre fils était né, il criait, se débattait avec la vie, dans un petit dispensaire de Yaoundé. La lumière d'une vie jaillissait dans un petit matin sombre, nous étions suffoqués par ces parallèles empruntées depuis quelques mois avec Céline, qui d'un coup semblaient, ce matin, se rejoindre. Elle allait bien, son petit aussi, quelque chose s'ouvrait sur notre vie. Marie Jo, la surprise passée, étala son cœur sur une longue lettre qui, en substance, redonnait toute liberté et toute initiative à cette maman. Elle la suppliait d'exister en tant que telle, pour ce petit bonhomme dont elle assurait dans ces premières heures la dose d'amour et d'alimentaire. Nous voulions hurler de cette nouvelle, sans oser pourtant nous sentir parents. Nous étions tout d'abord conquis par la vie qui continuait à submerger Céline. Puis vint la peur que tout s'écroule car notre chemin, avec celle qui était devenue notre protégée, s'évaporait peu à peu dans les brumes tropicales. Nous savions qu'elle pouvait vivre, et vivre avec son enfant. Cette idée nous effleura, n'atteignant pas la plénitude de ce petit matin.

En Céline pourtant existait toujours la nécessité du don, la certitude d'un horizon autre que les collines de Yaoundé pour cette petite vie. Elle réaffirma quelques semaines plus tard, alors qu'Edmond restait notre lien avec elle, son désir, son espoir que nous devenions parents. Elle se sentait vivre mais se voyait toujours funambule sur le fil de sa vie.

Edmond se rendrait donc au Cameroun, la deuxième semaine de janvier, avec un double motif : embrasser une dernière fois sa maman malade et mener à bien une adoption dont nous commencions à imaginer les contours, dont nous distinguions plus nettement l'existence et l'imminence. Solange et Patrick partageaient cette joie qui nous enflammait. Quant à Claudine et Gilles, ils n'osaient plus faire de pas vers le Cameroun. Nous devinions pourtant qu'ils avaient le cœur déchiré de savoir Mary aussi loin d'eux. Ils continuaient à entendre sa voix de temps à autre au téléphone. L'avancée du dossier dépendait de leur présence dans ce pays. Mais cette adoption ne voulait se concrétiser faute d'avion, faute de disponibilité, faute d'un vent pressenti qui s'appuyait sur certaines contradictions du père Edmond. Nous, de notre côté nous tentions de démontrer une vraie logique à nos histoires communes et voulions retisser pour Claudine et Gilles l'image d'un bon prêtre. C'est donc avec sous le bras de nombreux documents utiles à l'instruction du dossier d'adoption, avec une procuration lui donnant droit d'agir pour nous, qu'Edmond décolla vers les odeurs et la brousse verdoyante de Yaoundé. Il s'envolait vers notre fils, vers lequel se tournaient toutes nos pensées, tous nos élans d'amour.

Au cours des deux jours qui suivirent le grand départ, Edmond nous conta combien Céline était fatiguée, combien notre présence par fax et téléphone la réconfortait. Il accompagnait ces nouvelles du fol espoir, de la possibilité de nous rendre au Cameroun auprès de Céline, mi-février. Les papiers et l'adoption ne posaient aucun probléme. Tout était plus rapide que prévu. Nous exultions, notre petit se portait à merveille et pour la première fois, accrochés au combiné téléphonique que nous comprimions follement sur notre oreille, nous pouvions entendre son cri résonner à plus de cinq mille kilomètres de nos cœurs. Nous prenions corps et une place auprès de lui, cette existence marquait d'un hurlement notre histoire de famille. Ce petit être existait déjà dans le cœur de tous ses membres. Un cri pour des larmes. Tant d'exaltation pour voir dégouliner de notre fax, alors que je venais d'obtenir nos billets vers notre enfant, vers notre histoire de parents, vers un autre sens à notre vie, à notre couple, l'incroyable nouvelle du décès de ce bébé.

*« Je commence ce matin le deuxième jour de pleurs aux côtés d'une mère inconsolable et moi qui me réjouissais tant de venir voir et embrasser notre beau et fragile bébé. Céline est dans un état physique et psychologique critique. Je fais tout pour la remonter malgré la mort du bébé.*

*Avec cette terrible nouvelle à laquelle nous étions préparés, tout en espérant que Dieu allait nous accorder la vie de cet enfant, je vous transmets une autre nouvelle qui peut vous redonner joie et espoir.*

*À peine Céline avait enterré l'enfant qu'on lui donnait <u>en cadeau,</u> à l'orphelinat, un bébé de deux semaines. C'est le père de l'enfant, sa mère et son grand-père maternel qui font ce don à Céline, l'abandonnant à notre orphelinat et la consolant ainsi de la mort de l'autre. Lui permettant de redonner la joie aux parents adoptants s'ils acceptent. Je vous donnerai des explications au téléphone. Je pars avec Céline à Douala rendre visite à ma maman. Je vous prie de continuer à m'aider à consoler Céline et à lui redonner l'espoir tellement elle est abattue !*

*À bientôt votre Edmond »*

Il n'y eut plus de cris comme si le silence de cette mort venait de s'abattre sur nos murs, sur nos âmes. La constatation d'un investissement à distance, par-dessus les continents et les océans, la construction d'un nid, d'une place dans nos têtes, dans nos cœurs tordaient ce matin de janvier nos ventres. Cet enfant nous arrachait le même cri qui nous avait tant réunis quelques jours avant. Notre enfant tu n'existais plus et nous n'avions pas eu le temps de mesurer combien tu existais déjà. Une feuille pour se déshabituer de toi, frêle petit corps dont aucun support d'image, aucune photo n'avait encore traversé notre vie. Un paragraphe sur ta disparition et un second, comme une apparition, sur l'existence d'une petite fille du même âge arrivée à l'orphelinat. Un numéro de portable et un choc que le souvenir tente d'enfouir.

Matinée pleine de contradictions, pleine d'un choix qui ne pouvait être fait sur l'instant. Le ton du fax restait schématique, haché, sans vie. Il mêlait Dieu à cette arrivée providentielle. Deux jours d'un inoubliable vide, écartelés entre deux paragraphes, guidés par le désespoir ou son contraire.

Puis nous crûmes au destin, à Dieu, à cette petite fille réellement orpheline. Nous le pensions. Peu de temps fut réservé au deuil. Pourtant nous nous devions de ramener un souffle d'espoir à notre vie, à notre famille. À l'autre bout du téléphone, Edmond s'impatientait tout en partageant l'ignoble douleur qui nous avait tous terrassés sur ces deux continents. Il trouva les mots justes pour continuer à croire. À croire en quoi ? À croire en qui ? En cette petite Juliette qui nous entraîna dans sa spirale d'amour. Ce nouveau-né partageait le présent de Céline depuis trois jours. Juliette se substituait à la pensée de notre enfant parce qu'à nouveau, une maman ne pouvait assurer le quotidien de son bébé. Nous reconstruisions un lien particulier avec notre décision de faire de Juliette notre fille. Mon père vous sembliez vous débattre (peut-être comme un beau diable) avec notre procédure. Nous n'avions de cesse d'accrocher notre cœur à Juliette et à Céline qui se remettait difficilement du vide laissé par son enfant. Nous nous régalions peu à peu des cris de cette petite. Nous étions impatients. Accrochés au retour de notre prêtre messager, empressés du contact visuel et physique avec notre petite.

L'avion toucha le sol presque deux heures après l'horaire prévu. Cet espace d'attente m'amena dans un univers de rêverie, dans une projection : Mon enfant, ma Juliette, tu étais grande près de moi, et dans cet univers froid de ce même aéroport fait de verre, tu rejoignais ton Afrique. Deux pensées indistinctes valsaient ensemble, créant la même émotion, m'assaillant d'une joyeuse plénitude : tu partais en vacances ou tu t'envolais retrouver ton quotidien. Mon voyage dans le temps, vers ce futur étonnamment proche, s'immobilisa me laissant dans une vertigineuse gaieté si rarement rencontrée. Edmond apparut dans l'aquarium de Roissy, dans le hall d'arrivée, brandissant les documents qui nous faisaient parents. Il revenait de son Cameroun et le retour en voiture, dans cette nuit limpide, me permit de connaître la parcelle de vie qui avait réuni Juliette et Céline. Je fis la connaissance, à travers les mots, de Micheline qui ne pouvait plus vivre près de Juliette mais qui restait présente épisodiquement auprès de son enfant en partance pour cette Europe tant idéalisée. Á la maison, Marie Jo devait passer une nuit dans l'attente de notre arrivée prévue au petit matin. Le ruban grisâtre de l'autoroute qui se déroulait, tel notre avenir devant nos yeux, initia l'intimité d'un échange et inonda la voiture d'Afrique, de cette vie de prêtre faite de renoncement et d'interdits transgressés. La mort annoncée d'une maman, trop tôt quittée pour cause de religion, donnait la force ou l'impudence à notre prêtre de s'adonner au jeu de la confession. Une nuit, cinq cents kilomètres, pour retracer soixante années d'une existence d'aîné en charge d'une famille, suspendue à la destiné de cet homme de foi expatrié loin d'un continent aveuglé par le vernis des sociétés dites développées. Un homme, une vie dissimulés derrière les préceptes d'une église prônant la chasteté. Quel était le but de ces révélations ? Aujourd'hui leur sens m'échappe encore. Ces lignes m'apparaissent survoler un univers fait de miasmes de mensonges, d'incertitudes, conjugués au passé et sans espoir de présent ni de futur.

Pourquoi ce soir-là, me disais-tu mon père, que tu aimais Céline et que tu avais fondé une famille ? Te jouais-tu de nous ou estimais-tu que notre lien fût suffisamment fort pour n'admettre aucune pudeur, aucun mensonge. Alors ces grands avec qui j'avais partagé mes émotions sur cette Afrique, étaient un peu de toi, Édith et Éric étaient de ton sang d'homme et de prêtre. Je comprenais qu'en cet enfant nouveau-né trop vite repris, tu perdais un peu de ton sang.

La route toujours droite et monotone étirant le temps sans repère, laissait tout loisir à mon esprit de s'essayer à quelques retournements, à quelques pirouettes sans filet. Nous avions une conversation entre hommes et je tentais à toute vitesse, de raccrocher ce paquet de confessions, à une histoire à bord de laquelle nous avions trouvé confort et cohérence. Nous semblions dorénavant liés par le secret, mais je voulais aussi entendre notre

Juliette au travers de ce père de famille. Il transportait avec lui un précieux bagage : une vidéo de notre bébé.

Au bout de cette rue se trouvait un magnétoscope, il était six heures et les quelques lignes précédentes dont Marie Jo ignorait encore le contenu, ne lui avaient pas permis de trouver le temps, ni l'opportunité d'une nuit réparatrice. C'est les yeux pleins de manque de sommeil, gonflés et rougis par l'émotion que tomba sur nous la découverte d'un petit visage d'ange, d'une petite boule noire. Nous fûmes transportés dans un flot d'images sur une autre planète.

Au cœur d'une maison, d'un orphelinat, que nous ne connaissions pas encore, s'abandonnait, dans des bras protecteurs mais énergiques, notre petite. Ce début de vie exposé à nos yeux, à notre cœur chancelant, à la cupidité des hommes était voué à faire s'évaporer notre longue existence faite de certitudes.

Quelque chose de divin nous toucha ce matin-là. Les commentaires d'Edmond sur la cérémonie de don traditionnel qu'avait connue Juliette lors de son arrivée à l'orphelinat, venaient en arrière-plan de ces deux petites billes noires, de ce regard imprimé sur la bande vidéo qui résonnait dans le plus profond de nos âmes. Juliette enfouissait sa vie dans nos chairs.

Ce contact virtuel où l'écran faisait barrage à l'univers de notre enfant se brisa en miettes lorsque le matin du 14 février, Marie Jo se trouva envahie par la chaleur, par l'odeur et la présence de cette petite qui venait de lui tomber dans les bras. Presque neuf mois après l'ébauche des premiers contacts, le choc de la rencontre, la magie de l'adoption prenait place en nous. Nous avions vécu la construction de cette croyance, l'espoir parfois émoussé d'un retour de cette bouteille jetée à la mer, l'arrivée d'une main tendue vers notre *parentalité*, pour qu'un sourire, comme un éclair, presque trop rapide nous reconnaisse et perce notre cœur de part en part d'un amour démentiel. Cette force scarifiait notre âme et notre vie pour toujours. Une enfant tombait sur notre vie et nous souriait. Le sourire de Juliette comme une promesse de bienvenue, d'espoir d'exister avec nous, déposait la chaleur d'un futur, d'une inoubliable aventure, à la croisée de deux chemins que tout, sous le soleil camerounais de février, destinait à réunir dans des vibrations les plus profondes. Le ciel répondait à nos prières, Juliette et Marie Jo se retrouvaient. Elles semblaient sortir de la contrainte d'une séparation forcée qui enfin s'ouvrait sur ce contact. Á travers l'encadrement de cette porte marquant l'inconnu de notre séjour, les visages des enfants quittés en novembre me souriaient à nouveau. Pourtant flottait dans l'air un je-ne-savais-pas-encore-quoi-d'étrange. Marie Jo semblait renifler quelques mystérieux effluves, que son esprit enclin à l'émotion, avait au cours des premières heures refusé d'identifier. La maison était une belle et grande bâtisse à la façade blanchâtre s'élevant sur deux niveaux, marqués par deux longs balcons aux rambardes en fer forgé blanc. À l'étage, par intervalles réguliers la balustrade était recouverte de nattes bicolores et de tissus chamarrés. Le jardin, fait du contraste de couleurs alternant du gris béton au rouge de sa terre, s'étendait sur le devant de la villa et donnait sur un chemin qui longeait le quartier de Nsiméyong. Ce secteur de la capitale, je l'avais déjà parcouru trois mois auparavant, à l'époque où la petite famille y vivait dans des conditions bien plus précaires. Nous étions de retour, cette fois tous les deux, avec comme désir brûlant d'accueillir Juliette dans nos bras.

Nos valises, petites et insignifiantes, en comparaison avec notre grosse cantine en fer contenant un ordinateur complet, avaient pris place sur nos genoux alors que l'orange et le vert de cette grosse malle remplissaient à déborder le coffre de la vieille voiture japonaise jaune. Car, le 14 février, après une attente d'une bonne heure et demie, devant ce fameux aéroport soumis à l'agitation *footbalistique*, après que notre inquiétude ait eu le loisir d'atteindre des sommets, le corps nonchalant d'une Céline contrainte par la difficulté de se rendre jusqu'à nous, sortit enfin de la carcasse d'un taxi jaunâtre. Le véhicule fut immédiatement envahi et pris d'assaut par une foule fatiguée. La rencontre entre Céline et Marie Jo se fit donc dans le chaos le plus prémonitoire, alors que déjà nous pressions le pas pour nous diriger vers notre petite boule de vie. Le taxi, difficilement réquisitionné par

Céline pour l'occasion, après s'être débarrassé de la convoitise de la foule en attente, emprunta le même ruban d'asphalte que j'avais découvert en novembre. Un flot de macadam coulait au milieu de cette brousse insolente et verdoyante, pour nous conduire vers Juliette. À son tour Marie Jo découvrait l'Afrique, avec dans une main, la manivelle, unique rescapée, destinée à faire glisser l'air dans l'habitacle, permettant d'ouvrir les vitres de notre véhicule. Le Cameroun défilait à vive allure le long de notre taxi, à travers une foule parfois menaçante aux abords de Yaoundé, échauffée par cette étrange matinée, par la bière camerounaise et par leur victoire. Marie Jo était touchée à son tour par cette terre rouge enveloppée de la lueur de cette journée. Et soudain nous fûmes frappés par de longs rayons d'un jaune écrasant qui tombaient d'un ciel devenu limpide. L'air s'engouffrait violemment par les fenêtres, par le coffre resté ouvert et par d'autres interstices, rendant la conversation impossible, pendant les dix premières minutes de notre voyage.

Au détour d'un carrefour, je retrouvai, secoué par son activité de lavage automobile, comme si c'était hier, le même marigot aperçu quelques mois plus tôt. Nous rentrions dans le quartier, dans Nsiméyong. Nous dépassâmes le chemin découvert avec Pierre en novembre. Nous poursuivîmes sur le goudron. Déjà les cabines téléphoniques privées, unique mode de communication moderne, abritées par quelques baraques faites de terre, de planches et de tôle, faisaient le plein de regroupements et de discussions. Yaoundé reprenait vie, même si cette nuit fut si spéciale pour cette population, nous étions unis à ce peuple par ce même qualificatif, mais pour des raisons bien différentes. Nous étions poussés par l'empressement de voir notre enfant. Car, telle était devenue Juliette dès les premières heures de notre rencontre télévisuelle.

Un grand portail à peine rouillé s'ouvrit sur l'orphelinat, sur un jardin de poussière rouge arborant un manguier. Le voisinage était constitué de bâtisses du même genre. De la porte de bois foncé, du rez-de-chaussée surgirent les enfants, qui nous lancèrent de joyeux « Bonjour Tonton ! Bonjour Tata ! ». Les retrouvailles se firent dans la gaieté, nos yeux ainsi que notre cœur, nous susurraient pourtant l'apparente existence d'un trouble. Nous constations aussitôt l'absence d'enfants orphelins définissant l'essence même de ce lieu. Les enfants de Céline se trouvaient bien tous réunis autour de nos premiers pas vers leur nouvel univers, mais aucun autre ne franchit la porte. Seule Juliette, après que notre lourd bagage eut été posé dans la pièce principale, tomba dans nos bras. Elle souriait déjà à sa maman Marie Jo. Alors, inquiet de l'allure de notre colis, je plongeai avec les grands, les mains dans la mousse protectrice qui jaillissait de cette cantine cabossée puis éventrée. Je vérifiai l'état hypothétique de son contenu. L'outil informatique avait-il subsisté à ce traitement, saurait-il exister dans un monde hostile, si lointain des douces températures climatisées européennes. Il avait déjà eu à supporter, avec un succès aléatoire, une descente d'avion. Mais comme par miracle, contre toute attente, étranger à l'aspect inquiétant de notre emballage, l'écran s'alluma et Windows fit retentir sa douce mélodie. Ça marchait ! Nous avions tenu notre première promesse, celle de trouver l'outil assurant un revenu régulier à Céline et permettant notre communication extra-continentale par internet. Je pouvais ouvrir mon cœur tout entier à Juliette. J'étais libéré de mon devoir matériel et informatique. J'avais abandonné les premiers instants de rencontre à une maman en train d'exister sous l'emprise d'une communication magique et mystérieuse, prenant vie sur ce visage de mère et d'enfant. Je pouvais à mon tour me consacrer à ce que Juliette m'amenait de plus intime. La fatigue d'une nuit sans sommeil disparut aussitôt, au regard de ce visage d'ange répondant miraculeusement à nos yeux d'amour. Puis, quelques heures passèrent et notre corps s'exerça à peser sur nos âmes. L'émotion de cette journée, de la rencontre avec notre fille, mêlée à une tension étrange qui habillait cette grande maison, finit par nous terrasser. Après le repas de midi, nous fîmes la rencontre de Léonard, dont Edmond nous avait vanté les mérites. Il nous l'avait décrit comme l'homme de la situation, celui qui ferait tourner l'orphelinat et la classe informatique. Nous échappions alors, pour un cours répit, à la forte présence de tout ce monde. Notamment à Mary qui restait en attente de la venue de ses parents. Edmond nous avait donné pour mission d'expliquer *cet accouchement difficile*, son adoption qui tardait et la position de Gilles et Claudine. Enfin le sommeil complice d'une chaleur humide devait nous contraindre avec délectation à regarder pour la première fois Juliette s'endormir près de nous au premier étage, dans la chambre que l'on nous avait réservée.

Nous savourions un peu de cet isolement qui fut l'occasion de déverser sur cette chambre habillée d'un grand lit, d'une armoire en bois sombre et donnant sur le sol rouge du jardin toutes nos émotions contenues. Nous avons pleuré ce jour-là sur notre sort de parents conquis et heureux, puis avons attendu, allongés, que le souffle de Juliette nous berce. Nous nous projetions déjà vers un départ programmé le lundi suivant, vers une famille impatiente de notre retour.

La photo de Juliette était en place sur mon passeport. Cette enfant au souffle rapide, au front perlé de sueur dormait comme un ange portant sur son acte de naissance notre nom. Il était inscrit en bonne place, grâce à notre cher prêtre qui avait su dans son Cameroun natal, par le biais de notre procuration, me porter, par un jeu de reconnaissance, en lieu et place de père. Cette manœuvre était totalement imprévue. Mais bien des choses nous restaient à découvrir sur l'Afrique d'Edmond qui invoqua, dès son retour en France et face à notre surprise devant le contenu de l'acte, un temps trop restreint pour une démarche plus classique. Nous acceptâmes son raisonnement et son affirmation de légalité, après de longues explications.

Nous nous engageâmes totalement après qu'un avocat nous eut assuré de la justesse de cette reconnaissance. Nous mettions là, trop naïvement, notre pied en dehors du chemin tracé.

Juliette, tu étais bien d'ores et déjà notre petite Rigagneau, notre cœur nous le dictait et il était plus puissant que ces papiers qui semblaient confirmer cette évidence. Juliette, le don traditionnel auquel avait consenti ta famille au cours de cette cérémonie filmée, au cours cette réunion sous couvert de la tradition camerounaise, donnait le droit à Céline d'apparaître à la ligne de mère. De plus, nous aimions Céline et supposions sa bonté de cœur. Edmond, lui, restait très persuasif dans ses explications. Il nous faisait accéder à la face d'intimité de cette Afrique à peine effleurée par nos corps et adoptée par nos cœurs. Il nous faisait toucher mieux que quiconque à l'essence même, au sens verbal et à l'aspect secret des ethnies *Beti, Eton* et *Ewondo*, expliquant l'évidence de ce don. Il nous initiait au sens traditionnel de ce Cameroun aux mille raisons culturelles. Il révélait à nos yeux et à nos cœurs, comme lors de cette soirée de fin d'été, l'existence d'une très jeune femme nommée Micheline, mère de Juliette, ayant connu trois grossesses sans mariage. Il portait au bout de cette histoire, la posture difficile d'un grand-père, catholique, de longue date son ami, responsable et en charge de ses petits-enfants.

Chez *le Vieux*, chez ce grand-père, s'installait au sein de sa modeste vie une femme souffrante, des filles non-mariées, des petits-enfants et la vision de cet orphelinat proche de chez lui, portant la trace de ce prêtre ami et admiré. Une chance pensait-il pour la survie et le futur d'une petite habitée par le vide d'un papa jeune et peu inspiré par un engagement aussi fort. Il se soustrayait à l'évidence d'un lien familial pour mieux aimer Juliette. Pour lui prouver son amour, il la déposait dans un futur habillé d'un espoir occidental. Pauvre couple de blancs aux pieds nus, ignorant le tranchant de cette terre veloutée de rouge. Ces deux européens étaient envoûtés par la matière de cette histoire aux odeurs vertes et moites. Capturé par une Afrique dure et sans loi, par un univers dont l'inconnu et l'étrangeté se trouvaient être utiles et pratiques à quelques habitants de cette terre.

La symbolique du don pour les raisons invoquées nous touchait. Nous aimions nous projeter dans ce futur avec notre fille face à cette cassette, que nous n'arrivons plus à regarder aujourd'hui. Cette bande retracerait un jour cet acte d'amour. Juliette écouterait, subjuguée comme nous l'avions été. L'image résumait l'amour d'une maman et d'un papa camerounais. Nous étions émus par l'espoir que ce grand-père, Godefroy déposait au creux d'un voyage. Il était dépassé par sa vie, par ses traditions, et donnait une autre chance à celle qui devenait, à celle qui se précipitait comme notre enfant. Edmond parlait et nous expliquait, quelques jours après notre arrivée, par ce fil téléphonique reliant le vieux continent, qu'à notre retour il suffirait pour que Marie Jo devienne maman (viscéralement le lien était déjà tissé) qu'au sein de notre couple, elle adopte Juliette. Tout paraissait simple et Edmond sans faille. Mais nos cœurs prennent parfois le dessus sur une raison qui se trouve dissimulée par un long voile sans fin, qui étouffe une vérité que nous serons condamnés jusqu'à aujourd'hui, à ignorer, puis, à abandonner.

Juliette vibrait en nous, nous étions en résonance, mais ce même accord, cette même vibration ressentis avec Céline quelques deux mois en arrière, avaient du mal à reprendre forme. Je me trouvais face à une autre femme. Marie Jo piétinait sur sa posture, sur cette désignation de sœur que Céline avait su lui trouver. Le premier mouvement portant un accroc à cet ouvrage tissé de bonheur, survint quelques heures après notre désignation comme parents. Ce premier remous vint d'une convocation policière, survenue au milieu de ce premier après-midi camerounais gorgé de soleil, alors que notre existence se fixait sur Juliette, et qu'une partie de notre esprit gardait un contact avec la France.

C'est Éric qui fit grincer le lourd portail en fer couleur de terre. Un homme à l'allure commune se tenait au bord du chemin. Il tendait un morceau de papier tout aussi commun. Le visage du jeune garçon m'apparut grimaçant et tout aussi grinçant que la porte précédemment tirée. Marie Jo était toute à Juliette, ignorant la scène à la lisière de notre domaine. Je rejoignis Éric en quelques enjambées alors que les mouvements de bras, autant que le niveau sonore et les visages crispés, trahissaient une montée en tension. Éric me traduisit la situation camerounaise qui prenait forme sous mes yeux. Quelque peu gêné par mon apparition, il condamna aussitôt l'absurde tromperie, l'erreur d'identité à laquelle je n'avais pu échapper comme témoin. Une convocation au commissariat était amenée à Céline. Alors je me saisis de ce papier avec la dose d'assurance dictée par l'injustice de la situation. Je pus constater que le prénom de Céline figurait bien sur le bout de feuille tamponné, sur cette convocation aux allures de chiffon, mais que le nom y était bien différent de celui que je connaissais. Tout au long du quart d'heure qui suivit, et malgré les protestations de l'homme dont la chemise trahissait le résultat d'une journée chaude et poussiéreuse, Éric et moi lui assurâmes que nous ne prendrions pas ce bout de feuille tendue comme un ordre. L'illogisme des inscriptions griffonnées sur ce papier froissé, sorti d'une poche aussi peu soignée, nous poussa à ignorer cette incursion troublante dans ce début de séjour. C'était dans le même mouvement ignorer l'Afrique. L'homme aux fonctions policières fit demi-tour, il protesta, et promit de revenir, rappelant qu'il représentait l'autorité et que cela ne saurait se finir ainsi. Des explications furent données. L'erreur de nom fut oubliée. Éric évoqua, comme sur les fax reçus un ou deux mois auparavant, l'existence d'une partie de la famille de Céline, jalouse de ses contacts avec les blancs. Ces personnes et leurs *gens* étaient prêts à tout, pour récupérer ce que nous, les couples Français, supposés très riches, donnions à Céline. L'activité de l'orphelinat créait des tensions. C'est ainsi qu'ils avaient déjà souffert de leurs attaques accompagnées de violences et de kidnapping. Céline avait été dans l'obligation de porter plainte et de quitter la case de son oncle pour cette belle et grande demeure *calme*. Telles furent les explications d'Éric en l'absence de Céline. Nous nagions en plein roman au sein de ce long fleuve dans lequel nous avait plongé Edmond. Ses berges flirtaient avec les terres de ce Cameroun. Nous découvrions une vie gorgée d'interrogations. Éric caché derrière une allure trapue, décorée d'un long sourire juvénile dissimulait mal sa peur. Léonard était absent. Céline avait disparu depuis le midi, et Véronique venue aider aux tâches ménagères, était consignée à la cuisine. Elle restait muette. Je devais informer Marie Jo et Juliette de l'étrangeté de l'histoire. Il était bientôt 16 heures ce premier après-midi de notre bout d'aventure, et revêtue du boubou offert par Céline comme signe de ralliement, je trouvai cette maman, ma femme, armée d'un biberon distribuant de longues doses d'amour à Juliette, devenue indissociable de son être. Je lui parlai de l'homme à la grille.

Habituellement les ressentis de Marie Jo, femme et mère à la fois, avaient pour habitude, de jaillir instantanément en mots. Ses sentiments, ses impressions trouvaient une forme dans la décision qui se précipitait sur un présent, alors, menacé de changement. Ce jour-là, elle se sentait étriquée, étouffée entre ces murs. Sans explication rationnelle, elle avait mille difficultés à positiver nos relations, seule Véronique échappait à cette sensation. L'idée à cet instant d'un départ vers un hôtel, parcourut nos esprits, avec la volonté d'éviter de nouveaux ennuis à Céline, puisque la présence de blancs chez elle, semblait être la source de bien des problèmes. Nous voulions dans le même temps, nous éloigner de l'insondable mystère qui occupait cette maison. L'étrangeté de l'atmosphère tournoyait autour de Léonard dont nous ne savions rien, autour de Céline et de son nouveau visage. Ce vent suspect soufflait sur le déséquilibre d'une petite Mary que je ne reconnaissais plus, il aiguisait ce manque de liberté qui se faisait déjà sentir. Nous voulions réintégrer notre première idée faite de plus de distance, de plus d'intimité, retrouver cet autre schéma que nous nous étions fait de notre vie au côté de notre hôte. Céline rentra alors. Un long rideau noir s'était installé sur Yaoundé. L'idée de notre départ, pour ménager les jalousies et les menaces extérieures, fut alors lancée en présence de Justine, qui avait pris place de sa large stature sur un canapé. Elle avait été mise au courant de la *fausse* convocation. Cette sage grande sœur, que je retrouvais avec joie, posa sur nos deux âmes un regard bienveillant, devinant les inquiétudes qui nous habitaient. Alors dans ce décor posé, éclata la première colère de Céline. Elle explosa de façon aussi imprévisible que cette nuée de doutes qui nous percutaient, à notre arrivée, quelques heures plus tôt.

Je saurai, de ces colères, marquer le point de départ, créé par notre idée d'éloignement, ainsi que le point d'arrivée, puisque notre séjour ne fut plus qu'une succession de ces états de crise. Qu'était devenue Céline ? Je restais stupéfait, me balançant à un fil de certitude qui m'accrochait à ce qui me restait comme unique raison à notre venue sur cette terre, cette petite Juliette comme seul élément de vérité. Un seul regard de Juliette me redonnait vie. Nous étions frappés par l'irréalité d'un éclat de voix sans fondement, nous n'arrivions plus à recoller les morceaux. L'étrangeté de Céline se lisait nettement, nous la prenions en plein ventre. Nous glissions peu à peu vers des soupçons de folie, interdisant toute nouvelle évocation de départ. Nous vivions dans la crainte d'une autre explosion, chaque jour semblait exposé aux séismes et nous avions l'impression d'être kidnappés, enfermés entre ces murs édifiés en surveillance. Nos bras devenaient ballants, lourds de surprise et d'incompréhension, seule la force d'entourer Juliette nous était permise. Juliette nous conduisait vers la vie, vers l'existence d'une réalité, de sa réalité. L'incompréhension la plus folle coïncida alors avec l'arrivée de Micheline.

L'après-midi était chaud, ressemblant aux trois jours précédents. Aucune de nos angoisses n'avait disparu, le chaos alternait avec un calme stupéfiant, ce qui nous faisait craindre l'heure à venir. J'avais définitivement abandonné la Céline admirée et aimée, celle des mois d'avant, quand les fax coulaient d'émotions. Un volcan était apparu et cette apparition n'admettait aucune cause raisonnée. Nous n'entendions rien venir, simplement la radio qui déversait des messages d'enfants perdus, d'enfants volés. Éric, Édith et Mary restaient l'œil de Céline, ses témoins au cours de ses absences. Elle disparaissait dans la journée pour réapparaître le soir, au bras de Léonard. Marie Jo échangeait sur la cuisine avec Véronique et je donnais quelques indications informatiques aux garçons. Je partageais les logiciels et les jeux avec Mary au cours de ces quatre jours douloureusement et désagréablement écoulés.

Au cours de cette quatrième journée, la petite cour de béton donnant sur la cuisine, à l'arrière de la maison, fut le lieu d'une rencontre d'importance. Je trouvai Marie Jo face à une jeune femme de taille moyenne. Celle-ci avait le visage triste, étonnamment éclairé d'un large sourire qui enluminait la langueur de son attitude. La violence des couleurs de son boubou, emprisonnées dans un gris bétonné et immaculé d'immondices projetées de la cuisine, donnait la lumière de la scène. Les deux femmes se tenaient là, échangeant de longs sourires. Puis, explosèrent quelques paroles, ponctuées par de longs regards forçant l'inclinaison de ces visages, épris de timidité et de respect. Juliette semblait exister entre ces deux personnages comme un lien, unificatrice de ces deux cœurs, de ces deux âmes prises dans une parenthèse de douceur, tenaillées par l'insoutenable poids des lieux.

Faire un pas en avant, troubler la pureté d'un contact devenait blasphématoire. Alors c'est Marie Jo qui m'invita à partager cet instant, à faire la connaissance de la maman de Juliette, de Micheline que Céline semblait nous cacher pour, soi-disant, mieux nous protéger. Cette rencontre, que nous espérions depuis le premier jour, balaya la dernière entrave à notre rôle de parents. Micheline parlait peu, soulignant chaque phrase d'un mouvement de tête ou de l'éclatement d'un sourire. Elle sut nous dire l'essentiel, elle parlait d'amour, de chance et de l'adoption comme d'un cadeau qui lui était fait.

Cet échange amena un tournant, comme une ponctuation finale, aux colères de Céline. Car le lendemain nous devions nous envoler. Dès que la fraîcheur de la brousse se réveillerait, inondée du noir de la nuit, nous partirions vers notre famille, qui déjà rêvait de Juliette comme petite sœur, petite-fille, petit être tant désiré, tant partagé mentalement. Notre traditionnel repas de départ fut donné. Nous invitâmes Céline, avec Léonard, qui quittait pour une heure la librairie Saint Paul, à partager un N'dolé dans un restaurant d'un quartier animé de la capitale.

Seul le quartier semblait vivre, car au fond d'une cour, la salle vide inondée d'odeurs de cuisine, ignorait encore la pièce qui naissait lentement en ses murs. La première heure de ce repas d'adieu, laissa s'exprimer tout ce que nous avions comme promesses de contacts et d'aide. Pour Léonard, un contact était prévu avec une librairie parisienne, pour Édith, nous lui faciliterions le statut de jeune fille au pair chez des amis. Pour Céline, c'est notre confiance émoussée et la promesse de laisser nos quelques liquidités (à peu près 300 Euros) pour l'orphelinat, mais aussi pour aider la famille de Juliette qui s'exprima. Ces promesses faites, le N'dolé avalé, Léonard reprit le chemin de la librairie et je m'absentai afin de changer la date de notre départ sur nos billets. Cet espace temps, fut l'occasion de la dernière, de la plus terrible des colères de Céline.

Près d'une heure s'était écoulée lorsque, sortant d'un taxi, je débouchai dans la salle du restaurant toujours privée d'autres convives. À cet instant, l'endroit était pourtant animé par les gesticulations de Céline, éclairée par le visage stupéfait de Marie Jo serrant Juliette contre elle. Elle tentait de l'isoler de tant de mouvements et de cris désordonnés.

Marie Jo m'interpella aussitôt. Je l'attirai vers moi :

« Je ne comprends pas ce qui lui prend ! »

Elle ne comprenait pas comment à partir d'un bout de papier griffonné des mains de Micheline, tant de violence, tant d'impressions de trahison se transformaient soudain en cris. La folie paraissait une explication qui nous effleurait tous les deux depuis quelques jours. Marie Jo et Micheline, la veille, dans cette minuscule cour goudronnée, entourées d'un réel engagement, n'avaient fait que se promettre des nouvelles. Elles avaient parlé d'échanger des sensations de mères. Cette perspective, ce projet révélé, était suffisant pour transformer l'instant. Pour Micheline, la seule possibilité de contacts et de nouvelles, était Magloire, son fiancé que nous avions aperçu sur la cassette lors de la cérémonie de don. Il était le père de Juliette et était cuisinier au monastère du Mont Fébé. Le numéro de fax de ce lieu de recueillement permettrait l'échange et éviterait l'oubli. Elle avait donc préparé ses coordonnées, espérant un contact régulier. Céline n'en finissait plus, à la vue du bout de papier malpropre, de vomir son venin. Aucun de nos mots ne l'apaisait, aucune de nos explications ne la touchait plus.

Nous fûmes alors, sans autre choix, précipités dans un taxi pour regagner Nsiméyong. Le trajet se fit noyé dans le bruit du trafic, ponctué par un chauffeur rieur à la bouille ronde et à la stature impressionnante, qui tenta de redonner à son espace de ferraille un peu de calme. Finalement, il renonça à juguler la colère qui envahissait tout son habitacle. Marie Jo continuait à trouver beau le geste et la demande de Micheline. Malgré le résultat, elle voulait faire partager à Céline cette émotion. Et nous échappions à l'équilibre de ce monde. Les numéros couchés sur ce papier, responsables de cette explosion se perdirent dans les méandres de tôle du taxi, jetés et déchirés, ils finirent leur courte existence éparpillés sur le sol du véhicule. Nous n'avions pas droit à ce contact, notre liberté était entravée et nous perdions tout lien avec notre Micheline, avec son Magloire.

La maison fut en vue, nous donnant l'espoir d'un soutien, d'une accalmie, mais le drame se poursuivit dans l'effroi le plus total. Juliette fut arrachée des bras de Marie Jo. Cette enfant se mit à hurler relançant les cris d'une Céline au paroxysme de l'hystérie. Dans la pièce principale ornée de canapés à fleurs, les grands nous avaient rejoints, alertés par l'agitation de *la Mère*. Le visage sévère d'Édith s'affichait sur un des fauteuils de la pièce et Éric avait abandonné son large sourire affalé sur le long canapé beige orné de gros motifs usés. Quant à Mary, elle papillonnait autour de Juliette qui était emprisonnée par les lourds bras de notre kidnappeuse.

Notre bébé hurlait à en expulser ses poumons. Céline lui enfonça dans la bouche un biberon déjà prêt au contenu douteux. Elle joignit à ce geste notre exécution finale. Elle déclara que nous ne pourrions pas partir ce soir avec notre enfant, qu'elle s'y opposerait. Assommés, nous voulions qu'elle s'explique. Elle restait centrée sur notre contact avec Micheline et prétendait que nous ne méritions pas tout ce qu'elle avait fait pour nous. Nous ne méritions pas Juliette, puisque nous tentions de la trahir, elle, Céline, qui avait tant fait pour nous ! Après avoir protesté et tenté de protéger notre enfant des hurlements de ce personnage incontrôlable, un sentiment d'impuissance s'abattit sur nous. En un instant, nous disparûmes l'un et l'autre au sein d'un sombre tourbillon de désespoir ne sachant quelle position tenir. Alors, un signe, une rupture surgit.

Godefroy franchit le rideau de la porte qui volait sous l'impulsion du vent et de la surprise. Il sembla déconcerté par ce que ses yeux découvraient. Cette présence soudaine était comme une providence. Sûrement allait-il nous sauver !

Le grand-père était sage et enclin aux paroles apaisantes, telle était l'impression qu'il nous avait laissée lors de notre première rencontre sous ce même toit. Je le pris à partie. Je lui expliquai les raisons de cette colère, à laquelle j'avouai ne rien comprendre. J'attendais une intervention, un peu d'aide de la part du *Vieux*.

C'est Céline qui, la première se manifesta *en langue*, en *ewondo* de façon à ce que rien ne puisse être saisi par notre esprit compressé et ratatiné par ce présent délirant. Le grand-père avait écouté, il se leva et répondit calmement en *Beti*, puis il poussa la porte après m'avoir adressé un sourire. Il rejoignit ainsi la clarté de la rue comme il était arrivé, avec la même discrétion. Le monde s'écroulait à mes pieds, je craquai alors, voyant Marie Jo paralysée par ses émotions. Mon cœur, mon ventre, mes yeux explosèrent de l'incompréhension de ce qu'ils voyaient, ressentaient et encaissaient. Nos valises avaient été remontées, notre départ disparaissait au rythme des minutes qui s'égrenaient. Juliette nous avait été enlevée et je criais ma colère attendant maintenant de l'aide d'un des protagonistes de ce cauchemar.

Cette fin de soirée nous faisait basculer dans un autre univers. L'heure qui venait de s'écouler nous éloignait de notre avion, de notre continent, de nos espoirs. Nous étions montrés, qualifiés, désignés comme des traîtres ayant rompu un lien familial. Le kidnapping psychologique prenait des allures physiques, concrètes, le rapt d'adultes et d'enfant se poursuivait. Je dus à cet instant, me réfugier dans notre chambre pour exploser, pour échapper à l'injustice d'un jugement écrasant, qui détruisait la raison qui nous tenait sur pied : l'espoir de rester parents de notre enfant. En redescendant, j'espérais que tout ceci n'était qu'une divagation de mon esprit. J'espérais que Marie Jo, plus forte que moi, aurait su trouver les mots. Mais quels mots pouvaient cerner l'irrationnel et rendre la raison ? Au lieu de cela, les visages restaient marqués de colère et de souffrance, le silence s'était installé, intensifiant la tension et la lourdeur de la scène. Mon esprit rêveur et idéaliste était mis à dure épreuve. Marie Jo se trouvait dans un coin de la pièce en compagnie de Véronique. Elle me fit l'écho, bien plus tard, de l'affirmation qu'elle reçut bien volontiers ce jour-là:

« Ne vous inquiétez pas, vous voyagerez ce soir avec Juliette ».

Quelle drôle de résonance avaient ces paroles, pourquoi tant de confiance et tant de certitude, face à une situation que nos yeux d'européen voyaient bloquée, inéluctable et perdue ? Je devais trouver une réponse et redonner de l'espoir à notre départ pour continuer à vivre, pour ne pas me perdre. Éric jeta une pierre sur la surface trouble de cette glace qui recouvrait peu à peu l'océan séparant nos deux univers.

« Tonton et Tata, calmez-vous, il vous faut demander pardon à maman, et promettre de continuer à croire en elle. »

Où avons-nous trouvé la force pour ce pardon, qui ne semblait qu'une tache au milieu de ce sol jonché de colère ? Juliette nous donna cette force et le feu s'éteignit. Le calme des fins de tempête s'installa sur les murs, la tension tomba d'un coup violent, séchant nos larmes et nos cœurs. Le pardon était lancé et consommé. Les choses reprirent leur place et après avoir subi l'écrasement de la folie des hommes, Juliette regagna les bras bienveillants de sa maman Marie Jo. Elle retrouva instantanément son calme. L'heure était au miracle, aux rebondissements, les visages perdirent leur aspect figé et grimaçant. Ma peau semblait avoir été étirée de façon inhabituelle. L'odeur et le goût des larmes séchées cernaient ma bouche et mon nez, déposant une pellicule rigide sur des joues qui dissimulaient mal une existence soumise à la pesanteur. Mon corps tout entier souffrait de cette épreuve. Il avait été roué de coups, transpercé par les sillons de la haine. Aucune explication rationnelle et rassurante n'était en cours. Un nouveau vent, un nouvel élan soufflait pourtant sur nos têtes, il venait d'être initié par un simple pardon.

Il était l'heure, alors nous remontâmes choqués par cet orage dans un taxi pour le grand départ. Éric avait été désigné pour garder la maison. Nous l'embrassâmes avant de nous empiler avec Juliette et nos quelques restes de bagages dans le véhicule. Édith, Mary et nous trois, nous serrions à l'arrière, alors que Céline avait pris place au côté de Léonard et de notre chauffeur de la semaine, endimanché pour la circonstance. Nous devions décoller dans un peu plus d'une heure, et déjà la fraîcheur de cette soirée de février caressait ma joue par la vitre béante. Ce souffle permettait d'échapper aux résidus des blessures d'une journée torride, marquant cruellement nos cœurs. Ce jour inspirait à Marie Jo, dans un chuchotement, ces mots d'espoir :

« Plus rien ne peut nous arriver ni nous séparer maintenant. »

Nous regardions notre Juliette fièrement, plus aucune épreuve ne saurait nous atteindre.

Déjà le parking de l'aéroport se profilait au loin avec ses lueurs contraires à cette nature si sauvage. L'Afrique nous habitait et nous allions la quitter sans réellement en profiter. Nous quittions cette semaine, avec les traces humaines d'une trahison de cœur, avec l'impression d'avoir perdu une sœur. Nous fûmes heureux d'échapper à la folie qui nous avait attirés dans sa tourmente. Il était trop tôt pour savoir ce que nous allions pouvoir faire de tout cela. L'heure était aux adieux et à l'enregistrement de nos bagages.

La grande salle de l'aéroport munie de deux escalators, nous ouvrit les bras. Notre petit groupe s'engouffra, le visage illuminé, vers la longue vitre marquant la zone d'enregistrement. Juliette sommeillait déjà dans les bras de Marie Jo et je présentai fièrement, enveloppée de tant d'innocence et de pureté, notre fille à la douanière. Elle examina nos bagages et nos passeports. Les mots dont elle nous gratifia, résonnent encore dans mon esprit et je revois très nettement cette grande dame qui semblait me scruter de haut, serrée dans son uniforme kaki, prononcer cette phrase :

« Cette petite a bien de la chance, passez et bon voyage ! »

Nos places n'ayant pas été confirmées, elles étaient soumises à la probabilité des sièges disponibles. Nous fûmes alors contraints de patienter dans la grande salle vidée de ses passagers, suspendus à l'attente de l'autorisation d'embarquer. La petite famille était restée derrière les vitres, avec le même sourire, accroché à ce que nous distinguions comme du bonheur de nous voir partis et heureux. Nos bagages furent enfin enregistrés et avec eux, la confirmation de nos places, de notre envol imminent. Le lieu paraissait presque calme et silencieux, propice à la sérénité de notre enfant, lorsque soudain d'épais nuages gris s'abattirent sur la paroi vitrée retenant Céline.

Éric, ce jeune homme calme, venait de surgir, envahi d'une agitation inhabituelle. Il conversa très rapidement avec sa mère et franchit presque immédiatement la zone d'enregistrement, recueillant les protestations de la douanière. Je finissais de remplir les quelques papiers restants, lorsque Marie Jo s'approcha d'Éric. Céline surgit alors pour tenter d'attraper Juliette. Je vis et vois encore le visage de mon épouse prendre une autre expression, elle resserra notre enfant en son cœur, en son corps pour revenir vers moi les yeux arrondis de frayeur. Éric la suivit et m'expliqua en haletant, qu'il fallait rendre l'enfant et que nous allions tous être massacrés par la famille du grand-père qui arrivait à l'aéroport. C'était insensé ! Comme bien des réactions et des colères vécues tout au long de cette semaine. Mais Céline continuait à nous menacer derrière la surface froide et transparente de la paroi, à vingt mètres de nous. Dans cette salle nous semblions être à l'abri de la folie que nous avions déjà eu à subir. Pourtant, ce qui ressemblait à un piège se refermait sur nous, sans autre issue que d'affronter l'agitation de cette femme. Éric tentait de nous convaincre, il devenait de plus en plus affirmatif, argumentant que nous ne pourrions plus partir ce soir, que si nous partions, ils seraient menacés par la famille de Juliette.

Que signifiait toute cette mise en scène ? Nous ne pouvions pas rester cloîtrés dans notre aquarium protecteur. Marie Jo restait repliée sur notre Juliette. Alors, ensemble, suivis par Éric de plus en plus oppressant, nous avançâmes vers la porte de sortie donnant sur le hall. Dans un élan aérien, faisant abstraction de son poids, Céline surgit devant nous. Elle nous lança :

« Rendez-moi l'enfant ou nous mourrons tous ! »

Marie Jo referma son carcan protecteur de mère et je fis barrage, protégeant mon enfant et ma femme. Nous endurions un ultime acte de folie de Céline. Mais nous étions décidés, en un terrain que nous pensions neutre, à résister à ce dernier sursaut de démence ou de ruse, lorsque soudain, Édith qui avait suivi sa mère se mit à crier :

« Au voleur ! Au voleur ! Mon bébé, on m'a volé mon bébé ! »

Ces mots transpercèrent le béton de l'aéroport. Ils vinrent ricocher sur chaque vitre pour écorcher notre raison. L'aéroport tout entier se resserra en un quart de seconde sur nos deux corps de blancs. Nous fûmes pris dans une foule de curieux, encerclés de regards menaçants et indignés. Alors lorsque Édith commença à tirer sur le corps de Juliette, Marie Jo hurla d'abord de l'intérieur, pour exploser finalement, et appeler la police à notre secours. La dernière image que nous eûmes de notre enfant, fut celle de cette femme en uniforme, emportant Juliette. Elle nous fusilla du regard, convaincue de l'acte ignoble que nous venions de commettre. Les odeurs de la foule entassée à nos côtés prirent le pas sur ce que nos oreilles eurent à subir, nous fûmes pris dans une mélasse d'injures ou de compassion. Mes yeux s'arrêtèrent sur ces policiers et sur Juliette, qui bien malgré elle, se frayait un chemin dans ce peuple devenu compact, au travers ces hommes et ces femmes génétiquement entraînés aux rassemblements spontanés.

L'espace restreint du bureau du commissaire de l'aéroport nous rassembla finalement avec Céline, sans Juliette. Face à nous, un homme portait fièrement la casquette, il arborait un large sourire qu'un second en civil et aux allures importantes semblait lui renvoyer. Son regard marqué de générosité nous transperçait d'interrogation. Notre désespoir était lisible sur nos corps tout entiers, le brouhaha de la foule et les cris d'Édith nous déchiraient et résonnaient encore dans nos têtes. Alors je déballai sur cet homme notre aventure, laissant Céline arrondir des yeux prenant le pas sur son visage dans une immonde expression de HAINE grimaçante. Je parlai d'Edmond, de notre rencontre, de notre folle semaine, et de toute la confiance que nous avions déposée en cette terre camerounaise. Céline rugit, alors que nous percevions les pleurs de Juliette dans ce couloir proche du bureau. L'homme en civil mit un terme à mon histoire et aux protestations de Céline.

« Vos bagages sont enregistrés, vous avez vos billets ? Alors le mieux pour l'heure est de partir, rejoignez la France, laissez tout ceci ici. »

Notre bienveillante Céline devenait alors dame Minfoumou, notre maléfique sorciére.

Mon regard croisa celui de Marie Jo. Elle resserra ma main qu'elle n'avait pas lâchée depuis que Juliette lui avait été arrachée. Les paroles de l'homme paraissaient sages et furent confirmées par le commissaire à l'œil bienveillant :

« Prenez ce vol et regagnez la France, vous verrez plus clair ensuite. »

Notre regard se porta sur des cris si proches, qu'ils résonnaient dans les tréfonds de notre cœur et sur nos deux mines défaites que rien ne pouvait reconstituer. Alors je rangeai mon acte de naissance, mon histoire. Je remis mon sac sur mon épaule, abandonnant Juliette et notre existence de parents, pour me diriger vers ce qui allait nous expulser sur un autre continent, loin de notre enfant, de notre Juliette. Lorsque la foule nous demanda des explications, nous n'étions plus qu'un, nous ne formions plus qu'un bloc meurtri, trouvant la force de répondre à quelques questions et d'attraper quelques réponses :

« C'est une sale femme qui fait ça pour l'argent ! »
Nous le pensions plus que jamais ! ! !

L'avion nous aspira, absorbant la masse de désespoir que nous formions. Le siège nous enveloppa, la nuit nous ingurgita et le voyage se fit dans un état inconscient. Nous laissions derrière nous, sans même oser ouvrir les yeux, notre perle noire, notre perle précieuse sur cet autre continent.

Juliette, comme tu allais nous manquer !

L'atterrissage fut des plus éprouvants. Nous fûmes forcés de regarder ce que nous avions perdu. Notre vie s'était arrêtée, tranchée par notre séparation. Cette immense peine qui nous paralysait, s'attachant à alourdir nos corps, mouillait nos yeux et notre âme. Elle gémissait en une longue agonie, imprégnant de son rythme incessant, par une douloureuse écholalie, le prénom de notre enfant. Juliette avait déposé sur notre peau, sur nos vêtements et sur notre famille, sa trace, son odeur, qui nous donnait un peu de sa présence et relançait à dose homéopathique notre espoir. Nous ne pouvions plus regarder en face notre vie. Nous ne pouvions pas ouvrir cette valise qui délivrait un peu de sa présence, faite de couches et de vêtements, sans que notre effritement ne soit encore plus profond. Alors, c'est Marie Jo qui encore une fois, sut recueillir les regards des enfants de la maison, l'attente d'une petite Emmanuelle de trois ans qui espérait bébé Juliette.

Le 19 février nous avions l'apparence de brumes matinales glissant sur une réalité que nous n'appliquions plus à notre existence. Dormir nous enlevait de la souffrance, mais nous comptions aussi sur Edmond vers lequel nous nous dirigeâmes physiquement. Il devait éclaircir notre histoire et trouver des réponses à notre douleur.

Le dimanche 20 février nous déjeunions avec notre prêtre bienfaiteur. Le plat qui arriva sur la table du petit restaurant gersois, eut d'énormes difficultés à disparaître de ton assiette cher Edmond. Tu semblais très ennuyé et très soucieux. Pourtant nous comptions sur ton aide. Tu nous déclaras pouvoir découvrir le nœud du problème. Tu promettais d'appeler Céline le soir même. Nous nous engagions de notre côté, à envoyer un fax d'excuses pour calmer les foudres de dame Céline Minfoumou. Mais quelles excuses donner ?

De quoi étions-nous coupables ? Que s'était-il passé ? Le lendemain, par téléphone, Edmond nous apprit ce que nous attendions. Juliette allait bien, elle était toujours chez Céline. Mais sa famille n'avait pas compris les tensions qui semblaient exister entre nous. Ils étaient donc devenus menaçants, cherchant des explications, ils s'opposaient soudain au départ de notre enfant. Que devions-nous faire cher Edmond ? Attendre que Justine, la grande sœur et toi-même, puissent réconcilier Godefroy et Céline ? Ces réponses redonnèrent un sens à nos pauvres existences et un peu de flamme à ce qui nous écartait de l'odeur de Juliette. Jusqu'à la seconde où, après cinq jours de survie ou de lente agonie, deux messages l'un manuscrit et l'autre tapé à la machine, assombrirent les lueurs de notre espoir.
Il y était inscrit :

*« Au père Edmond*

*Je voudrais te demander mon père comment trouvez-vous le comportement de tes amis ? Moi personnellement je les trouve très ingrats de la part de Céline ? Prière de me répondre par l'adresse de Justine.*

*Godfroid »*

Puis dans même temps mais tapé à la machine :

*« Le papa et la*            *Yaoundé le 24 février 2000*
*Maman du petit*
*Bébé Céline*
                *À Mr et Mme RIGAGNAUD*

*Votre façon d'agir nous étonne beaucoup. Pensez-vous vraiment que un jeune couple que nous sommes peut confier leur enfant à des inconnus ? Nous avons donné notre enfant à maman Céline, et si nous la reprenons c'est entre ses mains et non vous. Nous on ne vous connaît pas. C'est maman Céline que nous connaissons, cessez donc votre complot avec le père. Cessez de nous chercher car nous avons remis l'affaire au ministère public et la seule personne mieux placée est celle que nous connaissons.*

*D'autre part, il semble que vous dites qu'à l'aéroport c'est elle qui a tout organisé, c'est faux. Elle-même a eu trop de chance, si notre enfant voyageait, elle serait en prison aujourd'hui. Car nous avons dit que nous ne voulons plus que l'enfant voyage à cause de ce que vous avez dit à notre papa : « Céline est fâchée parce que vous avez été gentils et pris l'adresse de Micheline ». Quelle trahison ! Au vu de cela, nous avons compris qu'il n'y a plus d'entente entre celle qui vous connaissait mieux. Alors nous avons trouvé que notre enfant ne se déplace plus.*
*Si vous n'arrivez pas à protéger celle qui vous donne un si beau cadeau, vous ne serez pas à la hauteur de bien protéger ce cadeau. L'enfant est sacré. Nous comptons sur votre bonne compréhension. »*

Et Céline rajoutait à la main en dessous :

*« Je profite en faxant la lettre de mes enfants, pour vous signaler que j'ai bien reçu vos 2 longs fax, et vous répondrai prochainement. Merci »*

Notre histoire aurait dû s'arrêter là, trouver une conclusion sur ce dernier coup de semonce. Nous étions face au refus de Magloire et de Micheline pour l'adoption. Tout ceci intervenait tardivement mais était couché sur cette feuille que nous ne cessions d'examiner et de relire. Tout espoir s'éteignait sur ces quelques mots, sur ces quelques phrases, plus forts que l'étincelle de vie qui se perdait sans substance dans notre présent.

Pourtant ces quelques griffes sur le papier allumaient singulièrement un léger sourire à la commissure de nos lèvres. Nous étions momentanément figées par le vide qui happait notre peine.

Quelque chose clochait. La résonance de ce fax transpirait d'une main connue. L'orthographe de *Godefroy* en *Godfroid* ouvrit l'univers de nos doutes et c'est Edmond qui reçut nos interrogations comme bien des soirs depuis notre crash sur cette terre qui ne nous reconnaissait plus. La réception dans la petite paroisse de Fleurance de cette dernière missive introduisit un énorme silence, un terrible blanc comme un aveu. Nous sentions la nervosité monter chez Edmond. Que contrôlait-il ? Peut-être rien, peut-être tout ? Il lui était pourtant possible de réaffirmer :

« Je vais tout arranger, soyez patient, même si je dois me rendre sur place ! »

Bien dévoué prêtre quel jeu jouais-tu ? Quelle partie avais-tu mise en place ? Les pions t'échappaient-ils à tel point que, le même soir de ce 24 février lorsque je décrochai notre téléphone, une voix de femme sur un ton monotone m'assena :

« Je suis la sœur de Céline, ne revenez pas au Cameroun ou vous mourrez. »

Edmond devint impossible à joindre, son portable rencontrait quelques difficultés à s'allumer, le contact devenait délicat. Il était plus attaché à décrire ses difficultés financières, qui entraînaient celle de Céline, qu'à raviver en nous l'espoir d'annihiler les quelque cinq mille kilomètres qui rendaient notre *petite Rigagneau* de jour en jour un peu plus invisible, qui écartelaient nos cœurs par son insupportable absence. Nous perdions pour la première fois et presque définitivement notre confiance en cet homme de foi, qui observait le mensonge avec condescendance. Il se dessinait lentement comme acteur d'un univers maléfique, dont nous distinguions sans certitude mais pour la première fois, les contours. Nous n'avions plus de nouvelles de Juliette, où se trouvait-elle ? Avait-elle rejoint l'équilibre protecteur des bras de Micheline ? Ou était-elle toujours baignée dans le mensonge et la folie de cette maison, dont la maîtresse n'avait de cesse de cracher un venin dont la plus savante combinaison nous échappait sublimement. Des millions de questions taraudaient nos corps difformes de souffrance, il paraissait impossible de reprendre pied, nous mourions.

## CHER MAGLOIRE

La nuit s'était abattue lourde et impalpable. Une nuit qui s'ouvrait sur l'inconnu d'une existence, sur l'improbable clarté à redonner à notre vie. L'humidité, pour ce troisième débarquement, envahit avec la même sensation d'oppression ma bulle corporelle.

Je retrouvais seul Yaoundé, le jeudi 9 mars, car cet endroit, car cette terre, recelait une bonne partie de nous. Parce que nous voulions savoir, savoir ce qui s'était passé autour de Juliette, savoir si, comme nous le supposions, l'argent avait conditionné le vol de cet enfant. Mais était-elle vraiment un bébé volé ? Nous cherchions à savoir si Micheline et Magloire étaient réellement opposés à l'adoption de leur enfant. Si tel était le cas nous trouverions une conclusion à notre histoire, en redonnant une identité de naissance à celle que nous avions serrée comme notre fille avec tant de conviction.

Aucune vérité ne nous était donnée en France, alors un simple bagage à main sur l'épaule, je sautai d'un continent à l'autre pour voir, pour savoir, pour retrouver, contenant difficilement dans mes entrailles le traumatisme des trois semaines endurées. Marie Jo restait accrochée au téléphone et notre histoire se voulait courte puisqu'il suffisait de savoir. Mes pas devaient me conduire jusqu'à l'hôtel Mont Fébé proche du monastère du même nom où j'espérais trouver Magloire. Notre vie française ne voulait plus rien contenir et Edmond nous mentait, nous voulions des certitudes. Nous voulions rétablir la vérité sur la terre de Juliette, retrouver les éléments qui nous permettraient de combattre tant de doutes qui bousculaient notre esprit. Et ceci en un saut de puce dans le temps, soutenu en France par nos amis et notre famille, partagés, étirés, autour de notre décision, nous étions jeudi, et je comptais repartir samedi.

Une escapade en quête d'un savoir, pour obtenir notre repos, faire le deuil d'une histoire.

Mon pas hésitant foula le passage douanier, habité de l'angoisse d'un face à face avec la femme policière, qui quelques semaines auparavant avait capturé Juliette, celle dont le regard méprisant comme une vieille douleur, m'habitait encore. Le cœur haletant et l'estomac serré, mon passeport et mon visa me permirent d'accéder au grand hall sans encombre. Mon regard n'avait de cesse de tenter d'attraper avec crainte l'image d'une silhouette connue et redoutée, car je savais l'Afrique faite de rebondissements. Cette première surprise, je la lus dans le regard et le sourire de mon Pierre qui gesticulait de ses grands bras en m'apercevant.

« Bertrand, te voilà de retour parmi nous ! »

L'aéroport était plus calme qu'au cours de nos deux dernières expéditions mais mon envie la plus viscérale était de me retrouver dans l'habitacle de cette Toyota jaune que je connaissais bien. Pierre avait été remis sur mon chemin, ma joie était visible, mais quelque peu masquée par le pas rapide qui m'entraînait vers le noir anonyme de la nuit extérieure à l'aéroport. Je m'assis pour la seconde fois au côté de ce taximan providentiel, il me fut à nouveau d'un grand secours et commença par me demander :

« Allons-nous chez maman Céline ? »

Non Pierre, surtout pas ! Et le trajet qui nous conduisit à l'hôtel fut l'occasion de résumer mon dernier voyage. Il regretta de ne pas avoir connu Marie Jo et porta un jugement sur Céline :

« Maman Céline était bizarre, elle se méfiait de tout, même de moi souviens-toi ! »

En effet, je ne pouvais qu'acquiescer, devinant qu'il compatissait et tentait de me rassurer sur la démarche qui allait occuper mes deux jours à venir.

L'hôtel Mont Fébé était extérieur à la ville, flirtant avec un golf parsemé de taches de terre rouge sur fond d'herbe verte, accroché au flanc d'une des sept collines de Yaoundé. Sa silhouette éclairée, rien à voir avec le Meumi hôtel mais bien plus coûteux, m'apparut alors que nous venions de traverser le rond-point menant au palais présidentiel.

Je me retrouvai seul dans cette chambre du quatrième. Pendu au téléphone, je rassurai Marie Jo sur mon arrivée. Pierre me retrouverait le lendemain à 6 heures, pour commencer notre attente devant le monastère. Nous scruterions l'heure de début du service des cuisiniers. Magloire avait ce titre. Cette nuit fut blanche. Les images qu'Edmond nous avait confiées de cet homme et de Micheline au cours de la cérémonie de don tentèrent de reprendre vie en mon esprit. Il me fallait retrouver physiquement Magloire, il était la clé et le seul accès à notre vérité, à Juliette.

L'air frais du matin m'envahit après que j'eus quitté mon univers fait de moquette et de décoration vieillissante. J'avais dans cette première nuit respiré l'espace et un confort d'un autre temps. Bien loin des chaînes hôtelières européennes proprettes, je découvrais le Mont Fébé. Le choix de cet hôtel ne rejoignait pas la motivation de confort de mes voisins. Mais il m'assurait une distance suffisante de Nsiméyong et permettrait d'éviter certaines rencontres dont mon imaginaire se faisait le jeu, surfant sur un intérieur tourmenté, ravivé par ces heures sans sommeil.

Pierre m'accueillit d'un grand sourire, agissant comme un pansement sur mes angoisses. Il rangea son chiffon, conservant en poche l'espoir de redonner la brillance passée à cette carrosserie jaunâtre. Nous nous engageâmes alors, par la petite route sinueuse, dans les hauteurs de la colline, pour nous poster devant le monastère du Mont Fébé.

Les heures furent longues avant que l'endroit daigne se mettre en mouvement. Je ne tenais plus. Aucune silhouette à l'horizon, ne ressemblait à celle de notre cuisinier. Je sautai alors de la voiture, revoyant en contrebas la grotte où, en novembre, une photo avait été prise en compagnie de Céline et de ses enfants. J'étais déterminé à explorer le monastère à la recherche des cuisines. Peut-être avais-je raté Magloire et gâché cette si déterminante première journée, mais au sein des bâtiments aucune trace de la clé de notre histoire. Le découragement me gagnait. Le soleil commençait à tisser son œuvre. Il frappait ma peau de blanc de ses rayons, alors que depuis une heure les longs trajets circulaires que j'effectuais dans la petite cour illuminée de la couleur des fleurs fraîchement arrosée, ne suffisaient plus à calmer mes angoisses. Lorsque soudain il apparut.

À son allure jeune et d'emblée sympathique, je le reconnus aussitôt. Il sembla étonné, marqua un temps d'arrêt, comprenant dans la lumière de ce jour qui j'étais. Puis son visage, à mon grand soulagement s'éclaira. Vêtu d'une chemise blanche, recouvrant un pantalon foncé, il avait fière allure le papa de Juliette, saluant cet autre papa qui m'habitait. Il était, comme nous l'avions perçu sur cette bande vidéo, un jeune homme sympathique. Je l'entends encore, avec cette pointe d'accent camerounais, me dire :

« Monsieur Rigagneau, c'est bien vous ! ! »

Je lui expliquai aussitôt la raison de ma présence au monastère craignant une attitude de rejet, je lui signifiai notre quête de vérité, je lui parlai du fax et arrivai, contenant mes émotions, à lui poser la question de leur position face à l'adoption.

Tout se passa rapidement. Magloire était attendu en cuisine, mais nos soupçons étaient bien fondés, le fax n'était pas d'eux. À son évocation, je le vis froncer les sourcils. Il n'eut que le temps, sans aucune hésitation, de réaffirmer sa position par rapport à Juliette, pour son adoption, pour son départ.

« Je n'ai pas changé, j'ai toujours été d'accord pour que Juliette voyage, mais il faut maintenant connaître la position du *Vieux* et je ne sais pas si vous le trouverez au quartier, mais Juliette doit être avec Micheline. Je viens de les quitter avant de venir prendre mon service. Elle va très bien votre petite Juliette. »

Il devinait donc mon inquiétude. L'information m'envahit de joie, Juliette était avec sa maman, elle avait quitté les bras malfaisants de Céline, pour retrouver la chaleur de Micheline.

La France nous avait déjà donné d'infimes informations dans ce sens. Elles restaient peu fiables. Elles émanaient d'une relation occulte, tirant des cartes, soi-disant habituée à la vérité. Cette relation gageait même de la réussite d'un voyage rapide avec retour en compagnie de Juliette. Aucun danger, ni problème n'assombrirait cette aventure, c'était évident ! Quand le rationnel devient invisible, impalpable, l'irrationnel et le langage des cartes piégent pour un temps l'éclairage de notre destinée. Cette femme pesa dans une balance faite d'avis amicaux, de conseils divers. Le plateau pencha vers ceux qui furent pour mon expédition. Le poids fut suffisant pour qu'aujourd'hui, de ces quelques lignes amères, méfiance et prudence émanent de tous conseils venus des étoiles et de ceux qui s'en inspirent.

Nos yeux étaient clos et paralysés sur l'image persistante de Juliette, prisonniers de notre inexplicable présent. Pourtant, quelques-uns de nos amis connaissant l'Afrique, nous avaient mis en garde. Le désespoir, celui qui peignait nos murs sans vie, nous accrocha à la recherche de certitudes, prêtes à dissimuler une réalité, à révéler quelques réponses logiques à notre vie blessée. Cette recherche s'exerçait à nous donner une direction, courant éperdument vers une nouvelle respiration. Nous avions donc voulu croire en cette *voix*.

Quant à Magloire, il semblait bien loin de nos considérations ésotériques puisqu'il décrivait à Pierre la solution imagée, faite de repères divers, pour se rendre chez Godefroy, qu'il nommait *le Vieux*. Je le quittai alors, espérant de tout cœur que le « À bientôt ! » que je lui adressais serait suivi d'effet.

Nous dégringolâmes la colline du mont Fébé pour regagner la frange urbaine de Yaoundé. Contournant le palais des congrès, nous quittâmes le goudron envahi de ses marcheurs, de ses taxis et autres véhicules pétaradant. Nous étions à la recherche d'un parking où cohabitaient trois ou quatre voitures en piteux état. Il était presque 10 heures, lorsque notre véhicule s'engouffra dans le quartier de Mbamkolo, qui abritait la famille de Godefroy. La fatigue, appuyée par la chaleur, commençait à m'envahir. Le quartier était fait de maisonnettes de tôle, imbriquées autour d'un carrefour regroupant cabine, épicerie-bar et baraquement de pari mutuel urbain. Nous étions accrochés au pied d'une colline, qui ressemblait fortement à celle que nous venions de quitter.

Nous nous arrêtâmes devant une petite bicoque, dont le blanc des murs, tirait sur le rose et témoignait d'une longue existence. Cette couleur donnée par cette maudite terre rouge, laissait sa trace sur chaque tranche de peau, de mur et de vie, imprégnant jusqu'à nos âmes. Cette petite bâtisse de tôle (rien à voir avec la villa de dame Minfoumou) admettait un espace plus important, entre la route faite de poussière et son entrée, ce qui la mettait en retrait de l'alignement chaotique du chemin. Elle abritait un parking occupé de trois carcasses rouillées issues d'un univers automobile lointain.

Je descendis de la voiture espérant trouver Godefroy. Malgré l'élan enclenché par Magloire, j'avais au centre de mon être la dure appréhension d'un accueil que je ne pouvais prévoir. Au milieu des taches sombres et géométriques formées par l'ombre des murs, de jeunes gamins profitaient de ce répit matinal. Ils jouaient bruyamment, armés de bâtons et de boîtes en ferraille, vêtus de restes d'habits poussiéreux, le cheveu emmêlé et rougi par la poussière et le manque de variété alimentaire. Leurs visages me firent face. Ils immobilisèrent brutalement tous jeux et expressions verbales. Dans l'encadrement privé de fermeture rigide et ouvrant sur l'intérieur intime de la maison de Godefroy se tenait, armée de ce même sourire que Micheline nous avait offert quelques semaines auparavant, une jeune fille encourageant de cet accueil ma demande :

« Bonjour, je suis à la recherche de Godefroy. »

Elle me fit entrer dans un intérieur composé d'une petite pièce principale où s'entassaient en cercle, quelques fauteuils à la mousse marron ayant jadis abrité d'anciens motifs fleuris. Une petite table basse en bois foncé finissait d'encombrer cette pièce, me rappelant étrangement le premier logis de Céline. Le sol fait de béton, conservait en sa couleur, les habitudes de passage de ses occupants. Une longue traînée rougeâtre conduisait à un rideau occultant une ouverture par laquelle j'entrevis une cuisine. Alphonsine, ma jeune hôtesse, me tendit un verre de jus.

« Mon père ne devrait pas tarder, il est parti pour ses affaires en ville. »

La jeune sœur de Micheline, au sourire tout aussi large et spontané, me fit patienter sur un des fauteuils, alors que les enfants s'étaient remis à jouer. La chaleur avait gagné en intensité et les ouvertures, couvertes de légers rideaux gris en guise de moustiquaire, n'amenaient plus aucune fraîcheur. Je posai quelques questions, et j'appris qu'il y avait parmi ces cris, les enfants de Pulchérie, l'aînée des sœurs. La plus petite, répondant au doux nom de Rosie, était une enfant de Micheline. Parmi ces six petites bouilles errant d'ombres en nombres, parmi les gamins du quartier qui se joignaient à la petite troupe, je ne pus repérer que Rosie qui d'un œil mi-clos semblait rêvasser, légèrement à part.

Godefroy ne semblait pas pressé d'apparaître, ignorant d'ailleurs très certainement ma présence, au même titre que Micheline qui habitait, indépendante de l'antre paternel, un peu plus loin parmi les bananiers, à flanc de colline. Alphonsine me proposa alors de m'indiquer le meilleur moyen de rejoindre sa sœur, et j'eus recours à Pierre, qui déjà somnolait comme à l'accoutumée derrière son volant, à l'emplacement de ce parking improvisé. Nous fîmes huit cents mètres d'un chemin de terre, montant au flanc de la colline pour nous arrêter près d'une poubelle réduite à un tas d'immondice. Il me fallut alors descendre un chemin impraticable, surtout en Toyota de Pierre, puisque chaque pas manquait de me voir glisser sur mon empressement de revoir Micheline et de sentir à nouveau Juliette.

Le chemin était maintenant large et dégagé de végétation, laissant la place à de petites cases abritées par quelques bananiers, qui me firent oublier la présence de la capitale camerounaise en contrebas. J'étais transporté dans un autre univers, celui de l'Afrique des villages.

Soudain un cri retint mon pas. Jaillissant entre les habitations, il se planta au plus profond de moi. Gravé dans la légèreté évanescente du souvenir, ce cri est prêt à resurgir habité de cette même joyeuse spontanéité, qui recouvre des mots, aujourd'hui transpirés sur le papier.

« RIGAGNEAU ! RIGAGNEAU ! TE VOILA RIGAGNEAU ! ! ! »

Dans ce cri remontant à ma rencontre, et à grandes enjambées cette colline, se trouvait par ce sentiment expulsé, l'existence de notre espoir et de nos doutes. Aucune colère n'était perceptible, aucune rupture n'était consommée. Micheline, revêtue d'un boubou couleur de cette terre, les bras largement ouverts, venait rapidement à ma rencontre, comme conduite vers une apparition. Aussitôt, arrivée à ma hauteur, elle se lança dans des explications :

« M. Rigagneau, nous avons essayé de vous appeler, mais nous n'avions aucune indication, Magloire est même allé à l'agence de la Sabena voir sa cousine, pour avoir vos coordonnées. Nous n'avons rien obtenu, alors nous avons pensé que vous aviez le numéro de fax de Magloire. »

Celui qui avait fini son existence dépecé sur le plancher d'un taxi.

« Venez vite ! Juliette est à la maison ! »

Sans répondre et sans même réfléchir, je suivis Micheline en dehors du large chemin pentu pour emprunter un petit sentier à flanc de colline. Notre route zigzagua entre des cases de terre rouge, dissimulées derrière quelques bananeraies, pour enfin contourner une dernière habitation très proche d'une plus grande, se resserrant autour d'un puits. L'intérieur de la petite case, comme toutes celles croisées précédemment, était obstrué par un bout de tissu rougeâtre de cette poussière, qui collait à ma peau mouillée par le soleil et par l'angoisse de l'instant. Au travers de ce tissu me parvenait la musique nasillarde de ce que je devinais être un mini-transistor, à peine voilée par les pleurs d'un bébé. Juliette était bien là. Je reconnaissais ses cris, elle m'accueillait de sa plus belle voix, ne soupçonnant certainement pas mon arrivée. Lorsque le rideau se leva sur cette unique pièce encombrée de rien, son visage vint à nouveau percuter mon cœur. J'osais à peine la regarder, capturé par la peur de faire remonter les vieux démons d'un passé attaché au nom de Céline. Son visage s'éclaira lorsque Micheline l'extirpa d'un petit lit improvisé entre deux fauteuils qui occupaient la moitié de la pièce. Elle atterrit devant mes yeux encore éblouis de soleil. Avec Juliette près de moi, un biberon déjà prêt tendu par Micheline, je pouvais raconter pourquoi et comment je me trouvais à nouveau ici. La colère d'avant l'aéroport, la venue de Godefroy, le départ et l'arrachement effroyable de leur, de notre, petite Juliette. Puis, je résumai, comment la vie avait tenté de reprendre ses droits en France. La promesse d'aide de Ndzana, le fax qu'ils avaient écrit ainsi que le message de Godefroy, notre attente, et enfin notre décision de les retrouver malgré le numéro de fax volatilisé, émietté par Céline. Micheline m'écoutait avec une grande intensité, son œil semblait s'éclairer peu à peu, esquissant de petits sourires montrant les corrélations faites avec son vécu. Elle prit son élan et commença une longue palabre :

« M. Rigagneau, maman Céline est une mauvaise femme qui a tout fait pour que nous ne puissions pas nous voir. Magloire avait accepté tout cela et avait dit au revoir à Juliette, mais lorsque ce vendredi soir où vous êtes partis nous avons vu revenir notre enfant nue enroulée dans une couverture chez papa Godefroy, nous avons compris qu'il se passait quelque chose. Il était à peu près minuit et Céline nous expliqua, que vous, les blancs, étiez de mauvaises gens et que vous aviez récupéré les affaires de notre enfant avant de repartir en France. Alors, avec Magloire, Godefroy et mes sœurs nous avons bien vu que tout ceci était des histoires. Godefroy qui vous connaissait mieux et connaît bien maman Céline, demanda à Magloire de retrouver votre contact, mais rien à faire. Malgré sa cousine travaillant à l'agence de Sabena, nous ne pouvions avoir de téléphone. Magloire essaya donc d'aller voir chez Céline, personne ne voulut le laisser entrer. Alors nous avons prié Dieu et attendu un signe. Et vous voici ! Je suis joyeuse, et Godefroy va être très surpris, surtout quand vous allez lui montrer le fax que vous me montrez là ! »

Comme nous l'avions soupçonné, elle ne reconnaissait pas l'écriture qui était posée sur la feuille que je lui présentais. Le fax au bout du bras, elle continuait à sourire, prononçant comme un refrain des « çaaa ! » très appuyés. Juliette semblait sereine, je retrouvais son calme et sa tranquillité.

L'heure de son bain nous précipita à l'extérieur, Micheline réaffirma alors comme une répétition la joie laissée par ma venue. J'oubliais la lourdeur de mes angoisses, n'espérant pas recueillir tant de spontanéité. Les paroles qui m'étaient données, dépassaient de loin nos plus secrètes attentes.

De la grande maison toute proche, sortit alors une femme plus âgée se déplaçant lentement. Elle m'adressa un salut furtif et prit en charge Juliette qui, totalement détendue, se laissa déshabiller tout en affichant de longs sourires. Sur le pas de la porte, ce bébé que je n'osais regarder comme ma fille, arborait autour de sa taille, un simple gri-gri composé d'un bout de ficelle destiné à la protéger. Micheline tira l'eau du puits formant un cercle noir sur cette terre. Elle se dirigea ensuite vers la maison qui m'était inconnue. Des problèmes de peau, de cette dépigmentation qui envahissait ce corps de bébé il y a quelques mois, ne restaient plus aucune trace. Je découvrais notre Juliette guérie et sereine. Ceci était en rapport avec l'ornement autour de sa taille et surement suggéré par son retour au côté de sa maman. Une bassine au plastique bicolore apparut enfin entre les bras de Micheline. La seconde femme, dont je ne connaissais toujours pas les liens qui l'attachaient à notre enfant, entreprit de l'immerger dans cette eau peu claire. Elle déclencha aussi rapidement que ses gestes étaient assurés, les cris de révolte de Juliette. Une fois propre et habillée chaudement, on me la déposa dans les bras. Elle semblait doucement oublier ses histoires d'eau.

Après quelques minutes savoureuses de calme africain, il fallut remonter le long sentier sous la chaleur de midi pour rejoindre Pierre et tenter d'attraper Godefroy, qui malgré ses affaires, avait l'habitude de venir se restaurer chez lui, en début d'après-midi. En compagnie de Micheline, de Juliette et de Pierre, la Toyota reprit son élan dans l'espoir que le grand-père accepterait de se prononcer sur l'avenir de sa petite-fille. Dans l'espoir peut-être, qu'il s'attarderait sur ce passé si proche, qui me hantait plus que jamais.

Alphonsine était toujours de faction, entourée des mêmes enfants qui semblaient n'avoir pas interrompu les jeux débutés en début de matinée. Tout ceci apportait un caractère statique au rythme de cette journée qui s'étirait vers tant d'inconnues. Installé dans les canapés, à l'abri de toute atteinte solaire, ma découverte familiale s'enrichit au fil des heures. L'aînée des sœurs, Pulchérie, fit son apparition en compagnie de son ami. Ensuite apparut mon homonyme, Bertrand, célibataire, sans enfant et taximan. Magloire prit ensuite place parmi nous, alors que Juliette passait de mains en mains. Je n'avais de cesse de conter notre semaine folle sous l'entremise de dame Minfoumou. J'exhibais comme des souvenirs de tourments, les échantillons de ce qui nous était envoyé en France. Godefroy se faisait attendre. L'après-midi chaud, donnait aux flux des marcheurs longeant la route, que je devinais au travers des rideaux rouges de poussière, un rythme moins soutenu. Cette attente réveillait de récentes tensions internes. Que faisais-je là ? Des doutes m'envahissaient à mesure que mes verres de jus, officiant comme un repas, disparaissaient lentement. Puis une petite silhouette très légèrement courbée, affichant une éternelle casquette et un blouson clair, poussa la porte-rideau. Le visage écarquilla de grands yeux en amande qui glissèrent immédiatement sur un sourire. Sans un mot, il me souhaitait la bienvenue, créant l'instantanée explosion du nœud qui m'habitait.

« M. Rigagneau ! Quelle surprise ! » Et son regard explora la minuscule pièce :

« Madame n'est pas là ? Dieu vous a conduit jusqu'à nous ! ! ! »

Il donna quelques ordres en *Beti* et se retrouva en face de moi armé d'un grand verre qu'il but d'une traite.

« Il est de coutume, chez nous, de boire jusqu'au bout ! Je suis heureux de vous voir ici. Nous avons tant peiné pour retrouver votre contact. Il n'y avait pas un soir où vous n'étiez pas présent avec madame Rigagneau dans nos prières. Nous n'avons pas compris ce qui se passait et pensions que vous étiez en colère après nous. »

Je le rassurai à ce sujet et me mis à relater l'extraordinaire parcours qui me conduisait jusque chez lui. Il buvait mes paroles et déchiffrait les mots émanant de ce fax que je lui tendais. Il reprenait alors ce refrain qui devenait héritage familial : « çaaa ! ». Godefroy était sans voix et je conclus sur notre besoin de connaître l'histoire de Juliette, sur nos craintes de vol, d'escroquerie et de malfaisance entourant cette histoire.

« C'est pourquoi je suis ici, pour connaître votre position et tenter de comprendre quelles étaient les motivations et le but d'Edmond. Quel était le piège de Céline ? »

Godefroy eut besoin d'un long silence, d'une longue respiration pour intégrer tout ce qu'il y avait d'irréel dans mon récit. Son sourire restait figé sur ses lèvres mais le regard du petit homme en disait long sur le choc amené par ce chemin, parsemé de mensonges, qui me conduisait sous son toit. Il réveilla sa voix par un long « çaaa ! » jetant à nouveau son œil sur le fax posé devant lui tout en hochant de la tête.

Puis il tenta de redonner un peu de rationnel à nos destins partagés. Il éclaira quelque peu ces personnages qui ne nous voulaient plus de bien.

« J'ai connu Céline dans un groupe de prières auquel participait le père Edmond Ndzana. C'est un homme de foi et un bon prêtre. Notre première rencontre date de bien des années, je ne pense pas qu'il puisse être responsable de manigances, mais plutôt qu'il soit manipulé par Céline. Oui ! » Et son visage s'éclaira « je pense qu'il ne peut être atteint que de *célinisme* ».

On sentait bien que le vieil homme, avait besoin de s'inventer lui aussi son explication, et que les interprétations sur les motivations, ayant conduit à l'arrachement de Juliette dans cet aéroport, lui échappaient bel et bien. L'emprise de son ami capturé par ce *célinisme* réhabilitait l'image d'Edmond. Il continua ses explications :

« Céline est venue me trouver, alors que Micheline avait mis au monde cette petite. Elle semblait très attristée par la perte d'un enfant dans son orphelinat et m'expliqua les raisons de son approche, ainsi que son implication dans un établissement géré par le père Edmond. Cela faisait bien dix ans que je n'avais pas vu le père et lorsque quelques semaines plus tard, je le vis apparaître et m'inviter chez Céline à Nsiméyong, je fus très honoré. Alors il me proposa de m'aider et d'aider Céline, mais si j'avais su que je devrais voir cette petite revenir en pleine nuit totalement dépouillée ! »

La déconvenue semblait être à la hauteur de ce visage soucieux et grimaçant.

« Bref, j'acceptai d'aider Céline en accord avec ma fille Micheline et mon fils Magloire. Le père savait bien que ma fille à nouveau, ne pourrait élever cette petite, et que tout seul, ma femme étant au village, je devrais faire vivre tous les enfants. Je fus très heureux, quelques semaines plus tard, de vous rencontrer avec madame Rigagneau, au cours des premiers jours de votre arrivée, pensant que notre petite Juliette avait la chance de pouvoir vivre parmi vous. Mais lorsque je vous ai trouvés en train de pleurer, j'ai compris que quelque chose n'allait pas. Alors, en *langue*, Céline m'a demandé de partir et de revenir vers 20 heures pour répondre à ma demande d'explication. Ce que je fis, trouvant Éric. Je lui demandai où se trouvait le couple Rigagneau. Il expliqua que vous alliez voyager et que vous étiez à l'aéroport. Alors, me sentant trahi par Céline, je retournai à la maison pour prendre conseil auprès de mon fils Magloire. Après avoir appelé l'aéroport et appris que l'avion avait décollé, il eut la sagesse de nous demander d'attendre le lendemain, pour trouver des explications auprès de maman Céline. Quand à minuit, Juliette est réapparue, enveloppée dans une couverture, nous avons tous compris que vous étiez parti, mais sans l'enfant. Céline nous a dit que vous étiez mauvais et que tout ceci était de notre faute. J'eus longtemps l'impression que vous deviez être en colère après nous, que nous devions nous expliquer et comprendre ce qui se passait. Pourquoi étiez-vous parti sans Juliette ? Mais grâce au ciel vous êtes là. »

Juliette sautait sur les genoux de Magloire et souriait aux bruits que sa bouche dégageait. Cette petite était d'une force et d'une vigueur hallucinantes ! Vivait-elle ce que nous construisions à cet instant, cette minute où la joie et le soulagement de Godefroy s'imprimaient sur une bouche ouverte sur de larges dents blanches ? Cette petite vie ne cessait de basculer et avait commencé bien étrangement. Je la voyais pourtant se débattre, combative, mordant dans ce qui lui était donné d'une existence balbutiante, dans ce vécu hésitant à rejoindre l'identité qui lui était nouvellement attribuée. Sur ces canapés se trouvaient, des tantes, un oncle, un grand-père, deux papas, deux mamans, dont une vivant par procuration cette journée à cinq mille kilomètres, dans l'attente des paroles de Godefroy, qui déclencheraient mon retour avec ou sans Juliette. Dans cette perspective, je signalai à Godefroy l'existence de l'acte de naissance, il m'avoua de concert avec Micheline ignorer la manière dont celui-ci avait été obtenu. Il y avait bien manipulation, malgré l'accord symbolisé par la cérémonie de don, dans cette procédure d'adoption balbutiante, dissimulant quelques intérêts encore imprévisibles. Je me devais bientôt de lui exposer clairement le but de ma visite, même s'il semblait comprendre pourquoi mes pas foulaient à nouveau le sol camerounais. Je voulais voir clair et obtenir une de ces réponses qui n'admettent aucune ambiguïté. Je voulais qu'il puisse me donner au diapason de la posture de Magloire et de Micheline, un oui ou un non, dégagé de toute palabre et incertitude, afin que Juliette voie enfin s'éclaircir une entrée en scène, une naissance, entachées pour l'heure, de l'obscur intérêt des adultes. Nous nous étions préparés au non et cette alternative nourrissait notre capacité à faire le deuil de Juliette. Ce choix appartenait au grand-père, il nous suffisait de savoir pour vivre à nouveau.

## CHER DOUALA

La table dressée d'une nappe blanche sur une terrasse aux allures de pagode, transportait notre petit groupe vers un autre voyage que celui que nous avions à fêter. Godefroy, le même sourire accroché à la même casquette, vivait fièrement cet instant au côté de ses trois filles, de Magloire et de ce blanc, qui était venu pour eux et pour sa Juliette. Il en était sûr maintenant, elle traverserait son continent vers ce rêve, vers cette lumière (bien trompeuse) qui brillait au loin sur le continent européen. Godefroy aimait la France, il savourait la langue qui avait bercé son enfance et qu'il tentait de tourner le plus littérairement possible, au risque de faire risible. Il rêvait devant notre pays et avait réaffirmé quelques heures plus tôt son désir que cette enfant ait la chance de toucher ce sol. Il prenait des airs distingués, débordant de fierté face à nos six verres de coca levés, face à cette perspective de départ. Nous étions fixés sur le lendemain soir. Le samedi 11 mars, vers 20 heures, à l'aéroport de Douala, nous prendrions notre envol. Alors le *Vieux*, d'un ton officiel, déclara:

« Comme disent vos frères, Monsieur Rigagneau, je porte un toast à notre petite Juliette, à madame Rigagneau et à la France. »

Quelques plats asiatiques remplirent nos assiettes, la soirée fut joyeuse et toi, Juliette, tu concentras toute la spontanéité du bonheur d'un soir. Cette joie inonda aussi ce petit bout de France dont tu continuais à faire l'éloge cher Godefroy. Juliette redevenait et resterait notre enfant. Même Céline que nous avions pourtant tous aimée n'y pouvait rien. L'amour serait le plus fort et Juliette Rigagneau resterait notre Juliette à tous, pour que dame Céline Minfoumou s'efface de cet acte barrant la route à toutes ses convoitises. Cette évidence nous redonnait à tous la force d'exister et je savais mon père, en France, le soir venu, affairé à remonter dans le bon ordre, les pièces détachées d'un berceau, destiné à accueillir notre enfant. Demain soir, deux voyages se feraient en parallèle : de Douala vers notre capitale française et de notre petite ville de province jusqu'à nous, jusqu'à Juliette et son papa, pour tomber dans les bras d'une maman.

La nuit débouchant sur ce samedi, connut sa part de rêves et d'angoisses, le bonheur noya les doutes et la menace que pouvaient introduire Céline et Edmond.

Le matin s'ouvrit sur notre rendez-vous et sur la certitude que Pierre saurait nous amener jusqu'à Douala. Pourtant Godefroy tenait à faire bénir la Toyota à laquelle j'accordais déjà toute ma confiance. Mais Dieu devait être de la partie. Il devait nous aider à rejoindre la capitale économique camerounaise aux odeurs d'océan. À 11 heures, la chapelle était en vue. Le prêtre qui nous attendait déjà, nous fit entrer dans une pièce où une prière fut dite, suivie de la bénédiction du véhicule à grand renfort d'une eau bénite contenue dans de vulgaires bouteilles plastiques. La journée était déjà chaude, et les vitres baissées de la Toyota ne purent retenir de longs jets d'eau consacrée, qui eurent pour effet de me rafraîchir au passage. Nous sortîmes ensuite de la capitale, après que Pierre eut dissimulé, grâce à du chocolat fondu, son numéro de taxi de l'aéroport. Nous roulions déjà vers la France, vers Marie Jo qui nous attendait. Deux heures étaient nécessaires pour rejoindre le lieu de notre envol. La route goudronnée, empruntée par de lourds camions chargés d'énormes billes de bois exotiques, débutait par un péage à l'allure rustique. Il marquait d'une planche hérissée de clous, notre sortie de Yaoundé. Ces énormes engins gavés de bois que nous croisions alors, avaient pour effet, outre d'appartenir à l'aboutissement du processus de déforestation, de créer sur cette chaussée, par des passages rapides et répétés, d'énormes nids-de-poule ayant la capacité d'accueillir tout un poulailler. Ceux-ci forçaient Pierre à de nombreux zigzags, mettant à rude épreuve le confort serré de l'arrière du véhicule. La place du copilote avait été laissée au vieux Godefroy, crispé mais souriant. La chaleur et la faim envahissaient peu à peu l'habitacle et mon ventre. Ce dernier se lançait dans d'indicibles gargouillements. Après quelques kilomètres, la brousse s'ouvrit autour de nous. De ce vert épais et mystérieux, à tout instant, les hommes, les femmes et les enfants surgissaient en marche nonchalante et pleine de verdure, marchant en cadence sur le bord de ce ruban gris teinté de rouge. Ils venaient de nulle part, défilant en file indienne avec des bassines, des branchages, des fruits et des machettes en équilibre sur une tête droite, majestueuse. Disciplinée par cet ordre longitudinal dicté par l'étroitesse des sentiers de cette forêt équatoriale dense, la marche se poursuivait lente et silencieuse. De petits villages colorés d'espaces et de rouille bordaient cet axe économique et tranchaient étonnamment avec la monotonie verdoyante et fascinante de la brousse. La hanche de Magloire à chaque sursaut de la piste écrasait un peu plus les os de mon bassin. J'imaginais que Micheline était pressée par les mêmes douleurs. Pourtant, nous roulions dans la bonne humeur échangeant sur la vie en France. Nous nous projetions alors sur l'imminence de mon départ. Seule Juliette dormait, son front était occupé de quelques perles de sueur posées au cœur de cet écrin de douceur.

    Enfin, les portes de Douala devinrent perceptibles, avec l'apparition du fleuve, puis de l'océan. Les deux roues envahissaient les rues et venaient nous frôler, pétaradant sous le poids des passagers. Cette ville ne ressemblait en rien à Yaoundé. Après avoir laissé l'aéroport sur notre gauche, notre taxi s'enfonça dans le centre, pour bientôt se trouver face à la mer et à son port chargé de bateaux de marchandises qui indiquaient par leurs formes pointues l'horizon lointain. Cette ligne où se perdait le mer, était plus éloignée encore pour cette Afrique rêvant d'un ailleurs, d'un lendemain, d'une Europe idéalisée qui ne tiendrait surement pas ses promesses. Ce rêve lorsqu'il devenait réalité, déçu, souillé prenait une forme inavouable, inénarrable sur cette terre africaine faite d'espoir. Pour nous et pour l'heure, il était question de manger, car aucune des arachides grignotées pendant le voyage n'avait calmé mon estomac. Le quartier d'Akwa nous restaura.

L'après-midi devait couler lentement en adieux, car les 15 heures qui sonnaient nous laissaient tout loisir de flâner, malgré l'impatience qui m'étreignait. La plénitude gagnait notre groupe. Nous semblions nous connaître un peu plus. La joie de ces parents, de ce grand-père, de projeter notre Juliette vers un autre monde fait de modernité, de trains, d'autoroutes et d'éducation, résonnait sur nos pas. Sous les assauts du vent, nous rythmions de notre courte histoire commune cette promenade aux odeurs d'océan. La force qui nous habitait, contribua à construire en cet après-midi, un lien, peut-être ambigu, mais qui donnait accès aux sens de notre adoption. Magloire restait discret autant que Pierre qui surveillait son taxi. Godefroy paraissait fier malgré quelques silences, de cheminer, à mes côtés, le long de ce qui aurait pu nous conduire vers la France, le long de cet océan à perte de vue. La promenade était fréquentée. Quelques jeunes couples s'enlaçaient, alors que des chevaux efflanqués, montés à cru par de jeunes gens, martelaient de leurs sabots la poussière rouge du chemin bordé de petits arbres. D'autres adolescents chargés de glacières tentaient de nous vendre leurs crèmes glacées. Nous évitions à chaque sollicitation de stopper notre route construite vers notre amitié, vers mon départ.

Alors sonna le moment de remonter en voiture, de quitter Douala. La ville était peuplée, elle était la plus vivante, la plus diversifiée du pays et devait abriter la nuit à venir de mes compagnons. Cette nuit serait marquée par le voyage de Juliette et par ma promesse de nouvelles. Nous laissâmes l'océan et la mémoire de notre marche répétitive sur ce port, pour nous diriger à l'extérieur de la ville.

Quelques consignes de prudence plus tard, quant aux pickpockets habitant la petite salle d'accueil de l'aéroport, et déjà dans la nuit tombante nous nous quittions affectueusement, étouffés par la chaleur ambiante. Godefroy et Magloire donnèrent en Beti, dans ce dialecte qui devenait musique, les dernières recommandations à notre enfant mouillée par une température insoutenable. Alors, je glissai dans la file d'attente vers la salle d'embarquement. Juliette était posée sur mon ventre, maintenue par un porte-bébé qui contribuait à réchauffer une atmosphère chargée d'humidité et d'odeur de sueur. De longues mains et de longs bras s'agitaient derrière moi et déjà ta patrie maternelle, Juliette, s'évaporait derrière des barrières et des vitres que nous quittions au rythme du flot des voyageurs. Le spectacle de ce blanc, sur le devant duquel, était greffé un petit ange noir pouvait paraître curieux.

Pourtant, comme lors de notre premier départ, les regards qui s'arrêtaient sur nos deux vies, nos deux destins semblaient habillés de tendresse. C'était l'effet de ce bonheur que je faisais glisser vers cette salle d'embarquement. Ou peut-être l'aspect maladroit ou trop attentionné sculptant mon allure. En effet, je fus dans l'obligation de présenter mon passeport d'une main et de remplir la fiche de police de l'autre. Il me fallut ainsi réitérer un certain nombre de fois la présentation de ces documents, pendant que Juliette était de plus en plus gênée par la chaleur, la soif et la faim. Elle finit évidemment par pleurer. Inconsolable aux portes de la douane et de la salle d'embarquement, sortie du porte-bébé, je me retrouvai avec mon enfant sur les genoux, assis sur un coin de bac à fleurs, tentant d'attraper le satané biberon que nous avait préparé Micheline.

Alors, à cet instant périlleux, un homme en uniforme s'avança vers nous, vers notre banc improvisé. D'une voix n'admettant aucun recours ni répit, il m'ordonna de lui présenter l'acte de naissance du bébé. La difficulté initiée par l'ordre me parut insurmontable, puisque, aucune de mes mains n'était plus disponible pour plonger dans mon sac afin d'en extirper le document demandé. L'homme se montra pressant. Je ne pus m'exécuter que grâce à l'aide d'un couple, qui avait dû lire très nettement sur mon visage le débordement que m'infligeait cette situation. Le document dans les mains du policier, Juliette redoubla d'efforts et de cris pour réclamer un biberon que je n'arrivais plus à lui donner, alors l'homme me demanda de le suivre. Les minutes que je vécus à cet instant échappaient à toute projection, à tout contrôle. L'image qui me reste est celle d'un bureau rempli par ce gros bonhomme au front plissé qui me demanda où se trouvait la mère de l'enfant.

Puis il y eut cette course dans la foule des voyageurs, des spectateurs au décollage, avec ou sans Juliette dans les bras, je ne sais plus, pour retrouver à tout prix Micheline, celle qui saurait expliquer qui j'étais et que, elle, sa maman voulait que Juliette parte. L'alternative la plus terrible alourdissait mes jambes. Je pliais déjà sous l'émotion et sous la chaleur de ces lieux bloqués par une foule compacte. Cette question me taraudait : Que vais-je faire ou dire s'ils sont partis ? J'étais perdu. Mon œil fouinait dans les méandres des corps rendus invisibles par les lumières glauques de cet aéroport. Mon corps se frayait un chemin avec toute l'énergie du désespoir pour finir sur une terrasse où la foule attendait l'envol du grand oiseau blanc de Sabena. Dans un interstice de têtes, m'apparut alors une casquette connue. Un de ces fidèles appendices que ne quittait pas Godefroy me redonna espoir. Oui ! Micheline se trouvait auprès de son père et sans explication, était-ce utile, je lui demandai de me suivre. Le visage chargé d'inquiétude, mêlée d'étonnement, Godefroy imita sa fille et nous finîmes tous les trois en compagnie de Juliette, devenue silencieuse, dans le bureau du gros commissaire.

Il me semble avoir glissé au-dessus de la foule pour retomber lourdement sur cette chaise, incapable d'endiguer les flots d'un précédent traumatisme aéroportuaire si proche. Le grand-père sur la demande de l'officier s'empara du débat et s'exerça à conter notre histoire pour tenter de justifier la différence de nom entre la mère et celui inscrit sur l'acte. Il décrivait ainsi les mauvaises intentions de dame Minfoumou et son audace maléfique de s'être approprié ce document. Godefroy parla en lançant des « mon fils », au commissaire qui restait pensif devant la promesse du grand-père d'arranger ce bout de papier dès que je serais parti. L'homme enfoncé dans son grand fauteuil, jadis noir et devenu élimé, se frottait la nuque de manière répétitive, marquant sa difficulté à prendre une décision. Godefroy se mit à nouveau en avant :

« Mon fils, si tu laisses partir monsieur Rigagneau, je te promets, sur notre seigneur, de faire dès lundi le nécessaire pour obtenir un acte de naissance correct, où n'apparaitra plus le nom de dame Minfoumou. »

L'hésitation se lisait nettement sur le visage de l'homme et celui-ci nous proposa d'attendre quelques instants. Je pus, alors que nos regards en disaient long sur notre déconvenue, entendre Godefroy prononcer l'amorce d'une rage contenue :

« Çaaa ! ! ! Cette femme, cette Céline, quelle sorcière ! ! ! »

Ce qualificatif me parut soudain si juste.

L'annonce de l'embarquement, alors que le commissaire n'avait toujours pas réintégré sa place au sein de son fauteuil, nous éloigna un peu plus de mon départ et une profonde détresse m'envahit, éliminant tout espoir de sentir demain matin Marie Jo près de moi. Car c'était aussi vers elle que s'envolaient mes pensées. Une voix me tira de mon voyage intérieur alors que Godefroy m'indiquait de me calmer et tentait de me réconforter :

« M. Rigagneau vous êtes demandé au téléphone de Paris, c'est un homme ! Vous connaissez un prêtre ? »

Tout s'enchaînait si rapidement que je perdais tout repère, toute réalité. Un homme de Paris ? Un prêtre ? Ça ne pouvait être qu'Edmond ! Mais comment savait-il que je me trouvais au Cameroun ? À Douala et à l'aéroport ? Une folle spirale faite de vertiges, m'aspira alors vers un minuscule bureau mitoyen. Un homme me tendait un combiné que je collai machinalement à mon oreille. Le silence avait envahi l'écouteur.

« Il n'y a plus personne. Qui était cet homme ?

- Un prêtre qui appelait de Paris. »

Je n'en saurais pas plus, mais j'avais la certitude que si Edmond était informé de ma présence en ces lieux, il ne pouvait pas vouloir nous nuire. Mais certainement cette alerte, le sens, la clarté de ce coup de fil, de ce qu'il pouvait signifier, étaient brouillées par un lancinant : comment avait-il su ? À mon retour dans le bureau, Godefroy semblait avide d'en savoir plus. Se doutait-il du type d'aide que pouvait nous apporter son ami prêtre ? Il fut déçu d'apprendre que je n'avais pu parler à personne. Le commissaire était de retour, porteur d'une décision, celle de prolonger mon séjour au Cameroun. Il me permettait aussi, si je le désirais, de monter immédiatement dans l'avion, mais sans Juliette. Il ne manqua pas, devant notre désarroi, de préciser les raisons de sa position, et ce qui me permettrait de reprendre un vol la semaine prochaine :

« Grand-père, l'acte de naissance de votre fille est faux puisque ce n'est pas la bonne mère qui figure sur celui-ci. Je ne peux donc pas laisser M. Rigagneau partir avec le bébé. Par contre, si vous pouvez obtenir le vrai acte avec la maman ici présente, M. Rigagneau pourra tout à fait voyager, je ne pourrai pas m'y opposer. »

Je lui fis répéter cette affirmation une seconde fois et j'obtins la certitude que si l'acte comportait à la place de mère : Micheline, il donnait d'ores et déjà son aval pour mon départ. Ce samedi soir, l'avion qui aurait pu, ou aurait dû m'emporter, gagnait déjà l'épaisse masse sombre de la nuit. Nous sortîmes du bureau, l'air hagard, à la recherche de Magloire.

Le lendemain qui s'offrait à nous, ne me verrait pas sur le sol français, ni dans les bras de Marie Jo. Pourtant, une pointe d'espoir emergeait du côté de notre commissaire. Nous quittâmes pour cette nuit les bâtiments avant de nous jeter, décharnés de déconvenue, dans le noir de notre retour. Notre nuit serait consacrée à regagner Yaoundé, mais avant, dans un dernier sursaut de courage, j'allai pleurer avec ma femme sur cet avion manqué. Il me fallait faire revivre l'espoir d'un autre envol au bout de cette nuit, au bout de ce dimanche, au bout de cette semaine.

La première cabine en vue, inondée de cette même chaleur étouffante subie à l'aéroport, réconforta mon choix de rester en terre camerounaise. Le désespoir se lisait dans la voix de Marie Jo à l'autre bout, sur cet autre autre continent. Mais je repeignais d'une voix saccadée, cet espace-temps, fait d'espoir laissé par l'homme de l'aéroport de ce pays. Nous serions tous les deux réunis bientôt autour de Juliette. Nous ne pouvions faire autrement. Pour cela je quittai Douala avec Pierre, Micheline, Magloire, Godefroy et cette petite que je n'osais plus regarder tellement les épreuves traversées imprégnaient nos visages.

La route de nuit fut longue, pleine d'embûches et d'arrêts. L'inconfort du véhicule et la notion d'insécurité se firent plus présents, car Pierre était fatigué et les différents trous ornant notre chemin de retour lui laissaient peu de repos. D'incessants contrôles policiers ralentirent notre progression, puisque la voiture était systématiquement fouillée. Nous sentions la tension des hommes en armes planer autour de notre groupe à chaque arrêt. La brousse était noire, les phares peu intenses de la Toyota venaient se heurter sur d'immenses murs de végétaux, formés par cette forêt équatoriale humide, s'ouvrant sur de rares espaces palustres. Nous croisions par moments, des monstres de tôle roulant à des allures folles. Ils déposaient dans notre habitacle, à chaque passage, par les fenêtres entrouvertes, le bruit de leur moteur et des chaînes s'entrechoquant violemment sur la ferraille et sur le bois transporté. Ces longs vaisseaux d'acier et de bois, glissant entre les grands arbres de la forêt, ne pouvaient être stoppés par aucun obstacle.

Jusqu'à ce virage, où au dernier moment, des feux de camp allumés sur la route, arrêtèrent notre progression. Nous distinguâmes alors à la lueur des projecteurs, une longue colonne interminable de ces monstres. Pierre doubla ce long serpent, où des hommes étaient couchés. Installés sur des nattes, ils cherchaient un sommeil résigné. Des odeurs de bois brulé et de gazole s'entremêlaient et nous débouchâmes en longeant cette chenille interminable sur la cause de cette immobilisation.

Tout d'abord des cris et des pleurs nous parvinrent, l'odeur d'huile et d'essence mêlée à un parfum de catastrophe nous heurta. Nous découvrîmes enfin, jauni par les phares, un entrelacement de ferraille baignant dans la fumée. Au moins un camion était renversé au beau milieu de la chaussée. Des voitures ou des minibus bondés étaient venus s'encastrer sous la remorque qui avait laissé rouler ses énormes billes de bois et paralysaient ainsi cette unique liaison Douala-Yaoundé. Pierre malgré sa nonchalance physique coutumière, prit la décision rapide et sans appel de rentrer dans la brousse entre les arbres et les silhouettes penchées sur cette masse d'acier. Nous évitâmes miraculeusement, alors que la Toyota rebondissait sur des bosses infranchissables, la zone apocalyptique baignée de sang et de métal.

Nous restions sans voix face à ce que nous ne faisions que distinguer derrière ce chaos brodé de noir. L'étrange déviation fut efficace puisque nous retouchâmes l'asphalte mouillé d'essence. De l'autre côté de ce barrage de fer se rejouait le même scénario : De minute en minute les poids lourds venaient augmenter de quelques kilomètres cette longue attente, démontrant l'énorme fréquentation nocturne de cet axe. La vie autoroutière s'était arrêtée quelques kilomètres derrière nous, pour un temps plus qu'incertain. Nous n'eûmes plus la terreur de doubler ces mastodontes. L'entrée de la ville nous fut signalée par le péage, puis, par un barrage policier.

Je faillis cracher toutes mes tensions contenues, lorsque le gendarme armé de sa *Kalach*, nous ordonna de sortir. Il examina, de ses yeux brillants de fatigue ou d'alcool, l'intérieur du taxi de sa lampe torche. Il m'obligea à vider jusqu'à ma trousse de toilette. Que cherchait-il ? Était-ce un simple contrôle de routine ? D'après Godefroy, des événements horribles, avaient fait redoubler la vigilance policière. En effet, en ce mois de mars, Yaoundé était secouée par l'histoire d'un réseau de trafic d'organes, qui avait été en partie mis à jour. Si bien que sur cette même route, une femme avait été arrêtée transportant deux jeunes garçons ligotés et agonisants dans le coffre de sa Mercedes. La presse camerounaise avait relaté ces faits un peu partout dans le pays, et l'affaire avait fait grand bruit dans les villages et les quartiers. On évoquait la participation de blancs dans cette sombre histoire. Il était près de 4 heures du matin lorsque, libérés par les gendarmes, l'on déposa chez lui, Godefroy et ses enfants. Nous nous séparâmes jusqu'au lundi, laissant Juliette emmitouflée et endormie dans son porte-bébé, reconduite à son point de départ dans les bras de Micheline.

Le lit de l'hôtel Mont Fébé m'ouvrit à nouveau des portes douillettes. Le sommeil tenta de gommer cette terrible soirée de cauchemar. J'ouvris les yeux sur un dimanche bien morne et plongé dans l'immobilisme d'un hôtel sous le soleil. Ce jour fut nourri d'échanges téléphoniques réparateurs avec la France.

## CHER CAMEROUN

Le téléphone sonna et à l'autre bout, se trouvait Micheline, qui nous faisait ce don d'amour, le don de sa chair enroulée dans des motivations abstraites.

« M. Rigagneau, je vous attends à l'accueil, pour aller à la mairie. Ma cousine Jacqueline y est déjà pour une signature concernant l'acte de naissance de Juliette. »

Ce lundi 13 mars, en matinée, s'ouvrait sur la présence de Micheline dans l'hôtel et sur une semaine animée d'espoir et de déconvenue. Godefroy et Micheline semblaient avoir pris le problème à bras le corps. À 11 heures, les portes de la mairie du cinquième arrondissement de Yaoundé se présentaient à nous, pour que l'acte qui reconnaissait Micheline dans la réalité de son rôle de mère génitrice, puisse être établi. Ainsi nous gommions la supercherie du couple Minfoumou-Ndzana. Je fis la connaissance de Jacqueline, secrétaire au ministère du tourisme. Cela lui donnait l'avantage de bien connaître le maire de cet arrondissement de Yaoundé et donc d'obtenir des démarches dans un temps record. Je me retrouvai seul, avec ces deux femmes, dans un bureau à l'étage d'un bâtiment rempli à craquer de dossiers et de paperasses en tout genre. L'homme, employé de mairie, nous reçut avec beaucoup de déférence, et dans ce minuscule bureau chargé de classeurs engorgés, sur cette table où avaient été poussées les écritures en cours, se trouvaient plaqués là, les documents déjà prêts à l'établissement du fameux acte que je pensais encore sésame de notre bonheur.

Ma signature fut nécessaire sur un document annexe pré-rempli et l'homme passa de longues minutes à m'initier au lien de parenté qui le rapprochait de Jacqueline et donc de Micheline. Cinq minutes dans ce bureau furent utiles aux explications généalogiques et nous descendîmes d'un niveau, dans un autre bureau tout aussi encombré, pour attendre des signatures et la sortie de l'acte. L'atmosphère était à la gaieté, s'imprégnant de la facilité avec laquelle avait été rétablie notre vérité, notre volonté commune de faire de Juliette une petite Française élevée avec tout l'amour du *couple Rigagneau*. Une bonne demi-heure d'attente plus tard, le document arrivait signé, avec le tampon de la mairie, curieusement identique à ce faux que le prêtre avait obtenu à l'insu de tous. Identique à l'acte de naissance que j'avais eu dans les mains, à ce bout de papier qui alourdissait toujours mon sac d'un passé si proche. Nous avions négligé l'étrangeté d'une démarche dissimulée derrière l'explication et l'existence de cérémonies coutumières. J'avais entre les mains le document que réclamait notre commissaire au grand fauteuil. Je pouvais rejoindre mon univers, mon microcosme familial que j'apercevais déjà en marge du papier où existait à nouveau Juliette, Louise Rigagneau.

À la sortie du bâtiment administratif camerounais, je retrouvai Godefroy et Magloire qui arrivaient en taxi de l'autre côté de la rue. Alors que Pierre les saluait, j'entrevis deux visages crispés et fermés. Ceux-ci étaient bien étrangers à ce que je connaissais, bien lointains de la tranche d'histoire que nous venions de vivre avec Micheline. Leur pas se fit plus rapide en ma direction et Godefroy me lança:
« M. Rigagneau, pendant que ce matin j'étais parti de bonne heure faire des affaires, mes enfants m'ont rapporté que des hommes étaient à ma recherche, qu'ils se disaient de la police. Ils ont déposé une convocation à la maison. Il faut que vous rentriez à l'hôtel, j'ai bien peur que cette Céline soit derrière tout cela, le coup de téléphone du père à l'aéroport, ce n'était pas pour rien ! ! ! Venez vite ! Je vous accompagne, je crois que cette femme est capable des pires pièges. »
La joie distribuée par ce bout de papier qui pendait au bout de mon bras alourdi par la surprise, avait été de courte durée. Je quittai Magloire, Micheline et Jacqueline sans tarder, pour m'enfoncer en compagnie de Godefroy et de Pierre vers mon hôtel protecteur. Mais dans la dernière montée avant la barrière délimitant l'entrée, une voiture nous emboîta la roue, pour s'arrêter à quelques mètres derrière nous devant le grand porche du Mont Fébé. De l'arrière du taxi, sortit dans un même élan, un homme, plutôt jeune, en jean et tee-shirt, alors que, de l'autre côté du véhicule, je devinais, comme dans mes pires cauchemars, l'image de Céline. Que faisait-elle ici ? Je restais suffoqué par cette vision, ce ne pouvait être qu'une malheureuse et regrettable coïncidence, ou mes yeux me trahissaient, matérialisant toutes les angoisses contenues dans la peur de cette rencontre. Godefroy parut tout aussi surpris. Je l'entends encore prononcer :
« Mais que fait ici maman Céline? »
Je n'en savais encore rien, mais l'image était bien réelle puisque l'homme au jean s'approcha de nous, suivi de Céline en tailleur blanc, toujours affublée d'un horrible sac maladroitement tenu.
« M. Rigagneau ? » Renseigné par sa compagne, il n'attendit pas la réponse et me lança :
« Je suis de la DST, veuillez me suivre s'il vous plait. »
L'identité qu'il s'attribuait m'apparut quelque peu saugrenue. L'incohérence de la situation était amplifiée par la présence de notre sorcière Minfoumou, je ne pouvais croire en une DST camerounaise. Je négligeai donc son invitation, prétextant un doute quant à son appartenance improbable à une direction de la surveillance du territoire. La carte photocopiée qu'il me présenta, aux allures de papier froissé, destinée à annuler toute opposition de ma part, ne fit que confirmer mes doutes. Je me retrouvais, à cet instant, plongé dans ce même scénario vécu quelques mois plus tôt, avec Éric et cet homme à la convocation douteuse. Il ne m'était donné comme choix que d'ignorer ce personnage qui revendiquait toujours

son attachement à cette administration territoriale, transpirant à ce moment précis, la ruse, le piège, le mensonge et le *célinisme* comme l'avait qualifié Godefroy. *Le Vieux* semblait cloué par cette présence inattendue et je sentais en moi l'angoisse entamer son travail de démolition interne. La peur se mettait à exister plus douloureusement et la fuite dans ce grand hall d'hôtel, suivi de la menace de cet homme et de notre Céline, parut me protéger d'un enlèvement, d'un coup de force. Le directeur de l'établissement qui avait suivi la scène, me conseilla de monter dans ma chambre. Il dit à notre homme de loi :

« Monsieur, s'il vous plaît, veuillez laisser la clientèle de notre hôtel ! »

L'homme ne protesta pas. Il reporta son intérêt sur Godefroy perdu entre deux univers. Il préféra, réduit par la menace et le poids de la situation, suivre notre homme d'un pas discipliné plutôt que de répondre à mon invitation protectrice. Ses mots résonnent et ponctuent mes souvenirs en une rapide requête résignée mais pleine d'espoir.

« M. Rigagneau, prévenez mes enfants, nous nous verrons ce soir ! »

L'univers de ma chambre me cueillit dans mes interrogations alors que Godefroy s'éloignait sans que je puisse, dans ce présent, comprendre son choix. Extrait de mon univers, accompagné par Céline, *le vieux* s'envola dans le même taxi qui les avait conduits à nous. Je me trouvais seul face à cette Afrique, face à la folie, face aux menaces initiées par cette femme que nous avions aimée. Comment Céline savait-elle que je me trouvais à Yaoundé ? Quelle ruse préparait-elle ? Où étaient Micheline et Magloire ? N'aurais-je pas dû rester avec Godefroy ? Tous mes repères venaient de s'abattre sur un présent chaotique baigné d'un élan paranoïaque. Seul le téléphone et Marie Jo redonnèrent un sens à mon existence menacée.

Pierre, après avoir erré à flanc de colline, réapparut au Mont Fébé avec Micheline et Juliette. De cette tache jaune, formée par son véhicule vu du quatrième étage, je ne vis aucun signe de Magloire tassé par la distance et la chaleur de ce début d'après-midi. Il restait absent. J'eus à peine le temps de m'inquiéter et la sonnerie du téléphone m'annonça leur arrivée à l'accueil. Micheline semblait un peu perdue dans la pénombre de cette entrée et Juliette marqua d'un sourire mon arrivée. J'expliquai à cette jeune femme pliée sur son enfant, la décision prise avec Marie Jo de les loger quelque temps à l'hôtel pour les mettre hors d'atteinte d'une Céline pleine de perfidie. Elle parut soulagée, le message était passé, l'apparition de maman Céline laissait à son regard un étrange trouble, elle voulait en savoir plus. Elle ne croyait pas non plus en l'apparition de la DST dans les méandres de notre histoire.

Pourtant, la semaine qui allait suivre leur installation dans une chambre voisine, devait être l'amorce d'un nouveau visage à donner à notre aventure.

Magloire avait répondu à la convocation de la DST, il s'était rendu dans les bureaux abritant la bien réelle direction de la surveillance du territoire camerounais. Son objectif étant de vérifier la réalité de cette convocation, il avait rejoint, dans une attente interminable, un Godefroy dépassé par la situation. La soirée de ce lundi 13 mars abrita palabres et projections sur la journée du lendemain. Jacqueline, la cousine de Micheline, était venue nous rejoindre à l'hôtel, chargée de mangues. Ce cadeau fruité qui surgissait dans ma vie, allait me suivre, guérissant mes petites et grosses faims. Plus efficace qu'un tranquillisant, ce fruit avait pour effet d'amener en mon intérieur le sucre et le réconfort de mordre dans autre chose que ma vie et ainsi d'occuper un temps qui allait s'étirer en longueur.

Ma chambre était devenue bien petite pour abriter l'effervescence de ce conseil de famille marqué par un début d'explication de Magloire et de Godefroy. Au niveau de la DST, il y avait bien une convocation, l'acte de naissance fourni par dame Minfoumou était mis en cause. Céline témoignait de l'implication du grand-père, de sa fille et de Magloire dans l'établissement de celui-ci. Mon nom était cité et les policiers entendaient en savoir plus. Godefroy et Magloire avaient souligné qu'ils ignoraient cette démarche. Ils pointèrent l'intervention d'Edmond et de Céline contre leur accord, et réaffirmèrent leur position face à l'adoption.

Ma version était attendue, ainsi Magloire décida de se rendre à nouveau, le lendemain, à la DST, puisque nous y étions tous conviés. Il me conseilla pourtant de ne pas quitter la chambre. Godefroy approuva, m'obligeant à une forme d'assignation à résidence de luxe au côté de sa fille, de Juliette et d'un Magloire au courage sans réserve.

La noirceur d'une première nuit inondée de doute, s'était posée depuis longtemps sur notre petit groupe lorsque Godefroy s'éclipsa, l'air pensif, accompagné d'une Jacqueline pleine d'espoir et de promesses de soutien. Cette dernière, comme lors de notre passage à la mairie, promettait de nous trouver de l'aide au moment propice, auprès de ses relations à la présidence. Mais avant l'apparition de M. Bikele, joker de Jacqueline, Magloire devrait mettre à contribution tout ce qu'il possédait de conviction et de courage pour affronter les interrogatoires musclés des policiers avides de vérité. De cette vérité biaisée par les mensonges d'une Céline qui avait su pourtant polariser toute notre affection pendant des mois de bonheur et de plénitude.

Le mardi 14 mars dégoulina sur l'immobilité de minutes déversant une angoisse interminable. De ce lieu, des bâtiments de la DST que je n'imaginais pas encore, nous attendions un signe de Magloire, une communication avec Godefroy. De sa douce sérénité, seule Juliette nous aidait à ignorer les tensions qui nous habitaient. Dès le lever du jour, Magloire était parti vers la DST, et je n'avais fait que le conduire sur le pas de la porte, jusqu'à la voiture de Pierre. Je savais Marie Jo pétrifiée d'inquiétude, mais nos voix continuaient pour l'heure et par téléphone à s'entremêler dans l'espace de nos cœurs. Je la laissais m'imaginer auprès de sa Juliette. La présence de cette petite arrondissait le caractère tranchant de mes angoisses et nous mesurions avec sa maman française, plusieurs fois par jour, notre espoir mis à nu. Micheline exhibait de moins en moins souvent un sourire qui devenait chargé d'interrogations, d'inquiétude pour un Magloire tardant à réapparaître. Le début d'après-midi entamait sa lente progression lorsque Godefroy vint rejoindre nos murs abandonnés de toute vie. Micheline était demandée à la DST. Ils me laissèrent seul sur place, pour le reste de la journée. Mon esprit me poussait au dehors de notre forteresse avec la conviction forcenée de toute l'innocence de cette enfant, démontrant l'injuste présence de Magloire, de Micheline et de Juliette dans des locaux accusateurs. Ma méconnaissance des éléments de notre histoire, des raisons de l'intervention de la DST et de celle de Céline se transforma, après avoir caressé mes peurs les plus profondes, en besoin de m'exprimer, d'expliquer. Il allait m'en être donné l'occasion.

La voix de Godefroy, en cette fin de journée, sonna autoritaire. Il cédait à une peur mal contenue. Son ton pour la première fois se faisait menaçant à l'autre bout du téléphone :

« M. Rigagneau vous devez me donner l'acte de naissance ou la DST gardera mes enfants. J'arrive pour le récupérer. »

Les policiers se montraient pressants et parlaient d'emprisonnement. Que signifiait tout ceci ? Godefroy cédait à la panique. Il arriva dans mon antre, le visage défait par la tension, avec pour seul but de récupérer le document produit lundi par la mairie. La DST, par cette nouvelle demande, devait mesurer maintenant la complexité de l'affaire. Elle tentait de démontrer notre implication.

« Dame Minfoumou nous accuse d'avoir tout manigancé contre elle, et d'avoir nous-même établi le premier acte. Magloire, Micheline et Juliette sont pris au piège. Ils les garderont si je ne leur donne pas l'original. L'inspecteur Owona, en particulier, cherche à les accuser. C'est un cousin de Céline ! »

Captant l'angoisse du *vieux*, je tendis alors sans hésitation, tout ce qui m'identifiait et me reliait administrativement à Juliette, comprenant enfin qu'aucun de ces deux documents n'avait de valeur. Aucune issue à côté de ce qui me liait intimement à cette enfant, à côté de l'évidence de ce lien maternel qui l'unissait avec Marie Jo.

Le petit homme à casquette disparut de l'hôtel. Avec lui s'envolaient les mots de notre commissaire d'aéroport. Avec lui disparaissait la promesse d'un nouveau départ. Avec lui devenait utile ce document à échanger contre la liberté promise de ce petit couple et de leur bébé, devenu pour quelques jours notre enfant, baignant dans un univers fait de doutes et de mensonges. Je ne savais plus, je perdais tous mes repères. Mais l'absence de Magloire et de Micheline, leur existence même me souciaient profondément. Je ne pouvais pas sentir à ce moment la lente destinée insufflée par la vie, car l'essentiel se nommait Magloire, Micheline et au travers d'eux, Juliette déposée dans ce berceau tissé entre deux cœurs de parents aimants. La vie et les hommes, pris de balbutiements, s'adonnaient pourtant à un drôle de jeu dont nous étions les victimes. L'amour se faisait l'outil d'un profit ou d'une vengeance exubérante et démesurée.

Jacqueline s'interposa alors, à mes pensées partagées entre Yaoundé-centre, dissimulant les bâtiments de la DST, et ce petit coin de France caché derrière le flot d'une voix perdue, désespérée et inquiète, auquel je réaffirmais ma promesse de retour en compagnie de notre fille.

Jacqueline était porteuse du nom de notre sauveur, M. Bikele, personnage important de la présidence, attaché à la personne et au protocole de Mme Chantal Biya, première dame du Cameroun. Il saurait nous aider, connaissait bien Jacqueline et interviendrait au moment propice.

L'abandon de l'acte avait porté ses fruits puisque, alors que le jour disparaissait brutalement, Micheline, accompagnée de son père et de Juliette, franchit le seuil de l'hôtel. Rescapés tous les trois de ce lieu qui m'était encore inconnu. Magloire manquait toujours à l'appel, mais devait nous rejoindre bien vite, entouré du mystère de la nuit déposée sur nos âmes, porteur des traces de cette journée qui enfin trouvait un terme. Plus rien ne pouvait ni retarder, ni contrer, la nécessité de ma présence à la DST le lendemain. Car Magloire relatait l'interminable interrogatoire non loin d'une Céline déchaînée, prête à tous les mensonges : elle avait oublié d'avoir un cœur, elle continuait de porter la manigance sur le clan Godefroy.

Il était 8 heures lorsque Pierre nous déposa sur un parking de terre rouge. S'étalait devant nous un long mur d'enceinte, dégradé vers le sol dans des teintes rougeâtres. Au bout de cette longue traînée de béton se trouvait une ouverture affublée d'une cahute de bois. Dans cette cabane de planches, seule protection d'un soleil déjà harassant, la silhouette de trois jeunes gens en civil se dessinait. Leur rôle était de vérifier et de confisquer l'identité de chaque visiteur appelé dans cette grande bâtisse faite de balcons et de terrasses. Ces appendices, étrangers à tout équilibre architectural, cheminaient le long de murs grisâtres percés de grandes ouvertures béantes. Nous contournâmes, au rez-de-chaussée, quelques baraquements en planches et notre petit groupe monta les quelques marches qui nous propulsèrent dans un univers d'attente.

Cet espace, comme une grande terrasse couverte, avec son sol de béton et ses bancs fixés aux murs, avait des allures de préau d'école. Céline était déjà présente, immobile sur un banc. Elle m'adressa sans desserrer les dents, un regard rempli de haine. C'était notre seconde rencontre depuis que les hostilités avaient été lancées. La matinée allait se passer dans une longue immobilité douloureuse. Je trépignais déjà à l'idée de donner ma version des faits, révélant toute notre vérité de victimes, face à ces policiers tentant de comprendre ou d'accuser.

Une multitude de personnes semblaient attendre comme nous, alors que d'autres surgissaient, dégringolant l'unique escalier qui conduisait à un étage mystérieux. Des rires et des cris provenaient de ce niveau supérieur, alors que notre préau restait désespérément plongé dans un silence fait de tension. Cette salle d'attente en forme de patio, symbolisa ma première rencontre avec la DST. Ce fut un contact matériel dénué de toute rencontre humaine, simplement de l'attente. Quel signal espérions-nous ? Des hommes à l'allure nonchalante attendaient eux aussi. Adossés à une cloison en planches, au passé hétéroclite, ils sortaient revolvers et fusils, pour s'élancer ainsi armés, vers la sortie. Tout ceci modelait une atmosphère, catalysée par le visage et le regard de dame Minfoumou, que je ne pouvais plus croiser. Cette attente rajoutait son lot de fatigue à une nuit précédente interminable et sans sommeil. Ce mercredi 15 mars, Juliette était restée à l'hôtel en compagnie d'Alphonsine et je commençais à considérer cette décision comme des plus sages, ne sachant quelle tournure allait prendre cette journée sans fin, sans fond et sans but.

Vers 14 heures, l'estomac souffrant d'un vide qui gagnait tout mon être, il nous fut demandé de monter, de gravir cet escalier débouchant sur un minuscule espace aménagé de fauteuils troués, collés par manque de place, à un bureau de contreplaqué laissé à l'abandon. Une seconde attente débuta. On demanda à Micheline et à Magloire de redescendre et je restais seul dans ce minuscule univers frappé par le soleil. De manière incessante, hommes et femmes rentraient et sortaient de ce que je supposais être les bureaux.

Chaque passage me fit espérer que quelqu'un s'arrête à mon niveau. Aucun signe d'intérêt n'illuminait les visages que j'interrogeais du regard, jusqu'à ce qu'un homme en chemise bariolée prononce mon nom et me signifie que mon tour allait arriver.

Il était 15 heures lorsque je pénétrai dans un bureau pour expliquer par écrit, coincé entre une table et un mur, l'incroyable aventure qui me conduisait dans ces locaux. Plus la feuille se remplissait, plus ma conscience et mon regard se troublaient par l'éclairage que je donnais à notre aventure. Ma main consciencieusement, me décrivait clairement comment nous avions été abusés. Je m'appuyais, comme sur une bouée sur ces fax et échanges de courriers qui avaient rythmé notre vie faite d'imprudence et de confiance aveugle. On venait voir régulièrement, si mon récit se terminait. Le synopsis que j'achevai, finit par mouiller mon regard, souillant mon être de remords et de regrets, immobilisant mon esprit sur une procédure que nous n'avions pas maîtrisée, et où régnaient mensonges et incompréhensions. L'homme lut, sourit tout en dodelinant de la tête. Il sortit un long moment, me laissant dans le silence angoissant de son retour. Que se passait-il autour de mon récit ? Il mettait en relief et voulait faire comprendre notre attachement à Juliette, notre acte d'amour et l'infâme piège de Céline présente dans ces murs.

L'homme m'avait regardé écrire, pleurer sur mon papier sans qu'aucune compassion n'effleure les murs poussiéreux de ce bureau. Il repoussa la porte après trois bons quarts d'heure de vide et d'interrogation. L'inspecteur Owona déclara sur un ton autoritaire :

« M. Rigagneau, toutes les démarches qui ont été faites pour l'adoption de cette enfant sont fausses et même si vous n'en êtes pas le premier responsable, vous avez donné procuration, ce qui vous implique au premier chef dans cette histoire. De plus, sachez que l'adoption n'est pas possible par la procédure qui a été suivie, car vous n'êtes pas le père de l'enfant, donc vous ne pouvez en aucun cas le reconnaître ! »

Je revoyais nettement à cet instant, effectuant un pas en arrière vers un passé si proche, Edmond nous expliquer les complications financières et administratives qu'il avait eues à subir. Ces mots étaient relayés par le récit de Patrick et Solange sur l'adoption de Vincent. Edmond était garant de la procédure qu'il avait mise en place, il connaissait les méandres de l'Afrique. Il officiait sur une terre camerounaise habituée aux raccourcis. Nous allions bien plus tard, apprendre l'utilisation du tribunal coutumier pour l'adoption du petit Vincent. Cet espace judiciaire réservé aux citoyens Camerounais précipita, à son retour en France, l'errance de cet enfant dans les couloirs de la justice française pour que Patrick et Solange obtiennent une adoption légale. Aujourd'hui, il reste à Vincent l'essentiel, les bras aimants de ses parents. Mais se pose toujours la question des motivations ayant conduit à ce type de procédure et les raisons qu'elle dissimule.

Car cet enfant avait pu sortir de ce continent avec en poche un visa longue durée, donné officiellement par le consulat français à Yaoundé, au vu de documents qui n'étaient pas valides. Rien ne collait et Gilles et Claudine avaient dû sentir ces irrégularités pour refuser de se rendre au Cameroun chercher leur petite Mary. Je me trouvais donc être, à cet instant, dans ce bureau, le révélateur passif et piégé d'un système basé sur le contournement administratif. Cette chère administration héritée de la colonisation était enrobée, accommodée depuis les années 60, depuis les années d'indépendance, d'une bonne dose de corruption indissociable de cette terre faite de contrastes et de hiérarchie d'Etat. Elle ne pouvait résister aux liens ethniques et familiaux. La solidarité transversale savait détourner l'aspect vertical d'une organisation hiérarchique de façade.

L'homme à la chemise bariolée, d'ethnie *Ewondo* et en lien familial avec Céline, était là pour me rappeler les textes. Il me fixa de son regard noir sachant que dans ces rues tortueuses de capitale, à chaque instant, ce code dont il se faisait le représentant était bafoué. Il paraissait se délecter. Voir un blanc empêtré dans ce filet au maillage typiquement africain, l'amusait. Il me souriait.

Alors s'émietta peu à peu en mon âme, ce qui restait de ma confiance, de mes repères en notre tranche de vie partagée avec notre bienfaiteur. Tout ce que nous n'avions pu et n'avions pas voulu voir, s'éclairait maintenant d'une lumière sèche. Seules les motivations restaient floues, obscurcies par tous ces élans d'amour pour Céline, tous ces liens d'amitié avec un Edmond qui n'était que très peu cité. Alors pourquoi une telle débauche de haine, pourquoi ces attaques et ces mensonges ? Pour cacher quoi ? Protéger qui ?

Le mystère imprègne encore l'univers de mes émotions livrées à de longues failles. La mésaventure que je subissais sans relâche au creux de cette Afrique, restera de toute façon démesurée face à ce sujet fait d'amour, fait de ces parents auprès de cette petite fille débordante de vie.

Notre inspecteur Owona, lui, semblait satisfait de mes écrits. Il paraissait, malgré le désarroi figé sur mon visage, ne plus avoir de questions ni de mots de réconfort, puisqu'il m'informa, mais je le comprenais déjà, de l'impossibilité d'un départ avec Juliette sans adoption légale. Il évoqua rapidement les mois de présence nécessaire, ainsi que l'obligation d'effectuer d'autres démarches qu'un simple acte de naissance.

Mon statut administratif de père, venant de subir un assaut final, l'inspecteur Owona me permit de descendre rejoindre au rez-de-chaussée, ce lieu qui ne gardait pour moi plus aucun secret visuel. En effet, l'attente de cette journée m'avait laissé pour seul loisir l'exploration des moindres recoins de cet antre cousu d'imprévus et d'angoisses. Je regagnai ma place sur mon banc. Ni Micheline, ni Magloire ne se trouvaient dans notre préau, alors je repris ma posture de patience. Pour peu de temps, car Micheline fit son apparition. Elle m'entraîna, d'un pas léger, vers un autre couloir serpentant le bâtiment, pour déboucher dans une salle sombre éclairée par de petites lucarnes. Dans cette lumière hésitante, je me retrouvai avec stupéfaction nez à nez avec mon inspecteur du Mont Fébé.

Il était tout sourire, et moi, je me retrouvais liquéfié par le désespoir et la tristesse de la récente prise de conscience de neuf mois de trahison diffusée sur fond de Juliette.

« Alors M. Rigagneau comme on se retrouve ! », me dit-il sur un ton baigné d'ironie.

Il ne m'en fallut pas plus pour craquer et offrir quelques instants de délectation à cet homme que j'avais nié quelques jours plus tôt, dans son autorité et dans le pouvoir que lui donnait sa place au sein de la DST.

« Allons M. Rigagneau, restez calme, il y a peut-être une solution à votre problème, ne soyez pas triste. »

Le ton dissonait maintenant avec son accueil. Un sourire planté sur son visage, il semblait presque éprouver quelques signes de compassion face à la situation dans laquelle nous étions tombés.

« Micheline va vous expliquer ce que nous pouvons faire, elle m'a raconté toute votre malheureuse histoire. »

Elle m'entraîna alors un peu à part, détentrice d'un secret avouable seulement à voix basse. En effet le coup que je pris en plein cœur était à la hauteur de l'intimité, de la solitude extrême que je ressentis alors.

« M. Rigagneau » me dit-elle doucement « la solution proposée, et la seule qui puisse nous sortir d'ici, est que l'on se marie le plus tôt possible. »

L'annonce brutale et sans artifices pesa lourd sur mon être et je revis instantanément l'image de Marie Jo et de notre famille. Un électrochoc lançait le film de ma vie et le seul mot qu'il me fut donné de prononcer, ressembla à une longue plainte chargée d'incompréhension. Que me proposait Micheline ? Qu'est-ce que cela signifiait ? Me tromperais-je à nouveau ?

Ma réponse fut sans appel :

« Mais Micheline, j'ai une famille, et puis, je suis déjà marié ! C'est impossible ! Non, je ne peux pas faire ça !

- Ce n'est pas un problème, au Cameroun nous pouvons nous marier et le lendemain tout annuler. Il y a même des gens qui se marient avec de très jeunes enfants pour des besoins de papiers ou de visas, ça ne nous engage à rien ! »

Non ! C'était définitivement impossible, je ne pouvais même pas y penser, même pas entrevoir la démarche, je pensais à Magloire, à ma femme, à ma famille, qu'est-ce que cela signifiait ? Même si Micheline me décrivait la banalité du phénomène, démontrant l'aberration de l'existence de règles administratives, je ne pouvais pas la rejoindre malgré son insistance et la perspective de pouvoir voyager avec Juliette. Était-elle en train d'essayer de détourner notre confiance nouvellement établie ? Cette proposition me faisait froid dans le dos et une fois ma réponse négative définitivement glissée dans l'oreille de la maman de Juliette, cette question de mariage ne fut plus jamais évoquée. Elle laissait planer en moi la question sur l'intérêt de cette démarche.

La fin d'après-midi commençait à exister réellement dans la lumière de ce soleil qui peu à peu perdait de sa présence. Les portes de la Toyota de Pierre nous avalèrent Micheline et moi, alors que Magloire semblait avoir disparu dans les méandres du batiment. Il était près de 17 heures lorsque nous retrouvâmes Juliette et Alphonsine, accompagnées de Jacqueline toujours prête à s'émouvoir sur le déroulement de nos journées. La DST nous avait relâchés comptant sur notre présence le lendemain. L'absence de Magloire remplit la chambre d'inquiétude. Jacqueline se précipita vers le téléphone de ma chambre d'où elle contacta la personnalité susceptible de nous aider. Pour Magloire, nous allions utiliser notre joker...

En voiture climatisée, accompagné de son chauffeur aux allures de garde du corps, M. Bikele, dont l'élégance repassée se fondait à la moquette épaisse du grand hall, nous demanda quelques précisions sur la situation. L'absence de Magloire continuait à envahir mon esprit et nous soupçonnions ensemble une présence contrainte à la DST. L'histoire de l'acte de naissance, de notre amour pour Juliette, ainsi que l'aventure de Micheline, fut déballée devant ce jeune homme attentif et décidé à nous aider.

En l'espace d'une demi-heure, je me retrouvai à ses côtés dans un véhicule trop frais et trop neuf pour ce pays. Nous roulions à vive allure en direction du bâtiment de tous les secrets. Devant son statut d'homme attaché à la présidence aucune porte ne semblait pouvoir lui résister, peut-être un peu comme notre Edmond derrière son habit de prêtre. Une carte de visite lui suffit pour franchir le baraquement des identités et nous nous dirigeâmes d'un pas rapide dans le dédale des couloirs sombres de la sûreté du territoire. Je restai en compagnie de l'homme de garde, attendant devant un bureau clos où Bikele tentait de retrouver un chemin, un présent plus serein à ce blanc happé par les mystères de l'Afrique. Un quart d'heure lui fut nécessaire et il sortit du bureau la mine réjouie. Il m'annonça triomphalement, un peu vite, et certainement pris par trop d'élan de jeunesse, que grâce à son influence, Magloire venait d'être libéré. Que le lendemain un accord, un terme en ma faveur serait trouvé. Sûr de notre homme, je pus alors partager son sourire et saluer l'endroit qui continuait à attiser mes angoisses les plus profondes.

Le retour vers le Mont Fébé inonda la voiture, toujours aussi fraîche, d'images françaises, d'échange de carte et de promesse de visite. J'étais déjà chez moi, Air France avait un avion le lendemain, le jeudi dans la soirée. Marie Jo et moi connaissions bien cet horaire, pour y avoir subi les impostures de Céline, de cette sœur devenue sorcière, sans autre explication.

La porte de la chambre abritant nos protégés s'ouvrit enfin sur la présence de tous. Magloire était de retour et Godefroy avait retrouvé son sourire. Le petit groupe était de nouveau réuni et je fis monter des boissons, la fameuse bière consommée lors de grands événements par Magloire et Micheline : la Mutzig. Nous nous réunîmes autour d'un avenir meilleur, reliés à la voix de Marie Jo que tous voulurent embrasser. Nous reprenions en main notre avenir pendant que Magloire nous contait les méthodes d'interrogatoires de ses tortionnaires. L'électricité ou sa menace sur des parties du corps efficacement choisies semblait remporter un franc succès dans ces lieux peu fréquentables que sont les recoins de la DST. Magloire sut nous décrire les menaces qu'il avait eu à subir, parce que les policiers voulaient qu'il avoue avoir reçu de l'argent.

Toutes ces souffrances, pour l'amour d'une enfant promise à un avenir meilleur, dans une contrée aux chances économiques plus favorables.

Quelques fils électriques et des menottes avaient conduit à mettre à l'épreuve un Magloire sûr de sa vérité, mettant en péril l'échantillon de son corps promu au centre de son identité d'homme. Godefroy, Jacqueline et Alphonsine se retirèrent alors que les récits de *Magloire le courageux*, me laissaient un drôle de goût dans le cœur. La joie contenue dans la projection de ce dénouement heureux et dans la promesse d'une solution apportée par la DST le lendemain, nous donna l'élan de prendre un repas au restaurant. Nous étions accompagnés d'une Juliette endormie mais de retour dans mes bras protecteurs. Les projets de mariage s'étaient évanouis dans l'attente d'un petit jour prometteur.

Que rêvions-nous, chacun séparé par des cloisons aux tapisseries fleuries ? Quelle nuit agréable nous laissait cet espoir revenu ! Près de moi dormait Juliette, responsable d'un réveil matinal mais attendu, suivi d'un premier bain dans ce lavabo mystérieusement conçu pour sa petite taille. Quelle délicieuse sensation que d'être activement père, attaché à apporter une réconfortante chaleur à ce petit corps qui, pour la première fois au contact de l'eau tiède, souriait de bien-être. Je me trouvais bien loin du souvenir pourtant proche, d'un bain rapide à l'eau du puits. J'oubliai peu à peu l'angoisse des jours précédents. Nous arrivions au terme d'une première semaine faite de rebondissements étirant ces six jours en une éternité. Je croyais en notre journée, au bon sens de notre démarche et Godefroy qui nous accompagnait ce matin-là semblait illuminé de cet espoir. À nouveau il arborait ce sourire qui s'ouvrait sur un jour florissant.

Nous reprîmes place dans la même salle, dévisagée hier sous le poids de l'attente, examinée tout au long des jours noirs de notre semaine. Nous attendions ce matin une convocation, un appel que nous pensions imminent. Mais l'attente se fit plus longue et plus dure psychologiquement que la veille, impatients que nous étions de recevoir la formidable, et néanmoins mystérieuse, solution du directeur de la DST. Notre patience devenait insupportable.

La matinée fut comme la veille, placée sous le signe de la légendaire et bien réelle patience africaine. Les profils connus de nos inspecteurs traversaient la pièce sans même un regard, sans un mot. La solution rapide semblait disparaître sous le soleil de midi et une faim de plus en plus tenace habillait mes entrailles tourmentées par l'immobilisme ambiant. Au risque stressant d'ignorer une convocation, un signe, un appel, nous sortîmes de la DST afin de diluer une attente devenue intenable.

La petite cantine attenante au bâtiment de la sûreté du territoire camerounais se fermait en une cour intérieure habillée de chaises dont la peinture largement écaillée laissait paraître un bois sombre et crasseux. De petites tables de même matière à la couleur trop lointaine pour être visible s'entassaient sous des canisses, apportant l'ombre et la légère fraîcheur nécessaires à la mi-journée. L'endroit était peu fréquenté, mais les visages qui se présentaient peu à peu à l'entrée avaient un air connu, et semblaient tous appartenir à la même administration responsable de notre attente. La DST était en majorité représentée en ces lieux et à 13 heures, sonnait le moment du repas. Notre table, composée de Magloire, Godefroy, Micheline et moi, était envahie par le silence. Mon estomac était pétri par cette angoisse d'inconnu que n'auraient pas la chance de calmer les verres de coca que nous entourions. Qu'avait décidé la DST suite à l'intervention de Bikele ? Cette administration tardait presque volontairement à nous faire connaître la nature de leur réflexion commune et promise à notre homme de la présidence. Nous venions de voir passer quelques-uns des hommes rencontrés dans les couloirs. L'homme à la chemise bariolée, l'inspecteur Owona en charge de mes écrits avait surgi. Son regard noir se posa quelques instants sur notre tablée. Son chemin se poursuivit au fond de la cour, vers un amoncellement de planches érigées en bar, sur lequel s'accoudaient déjà une dizaine d'individus. Seul notre petit homme en jean en charge de mon arrestation nous salua en ajoutant :

« Pas d'inquiétude M. Rigagneau, nous nous verrons cet après-midi ! »

La lecture de mon expression semblait évidente, elle était clarifiée par la difficulté avec laquelle je dissimulais mes tensions internes. J'étais en effet extrêmement inquiet et j'espérais que très vite ces hommes se remettraient au travail, afin que l'un d'eux puisse nous expliquer ce que nous allions vivre. Mais que pouvaient-ils nous révéler, dans une période de notre vie où tout restait et reste encore à découvrir.

À 14 heures, nous regagnâmes nos bancs, marqués dorénavant de nos doutes. À 15 heures nous rentrâmes, accompagnés de deux inspecteurs dont notre homme en chemise multicolore, dans le bureau du directeur, où était déjà présentes, cinq ou six personnes. Il ne me fallut pas un quart de seconde pour reconnaître notre sorcière, accompagnée d'un Léonard au regard envoûté et tétanisé par le laçage de ses chaussures. Un homme de petite taille, mais à l'allure respectable, s'entretenait avec un personnage en uniforme, alors qu'un grand individu costumé semblait suivre la scène en cours. Des fauteuils avaient été disposés en cercle dans ce grand bureau au sol recouvert de tapis. Dans un coin, une table de taille imposante, éclairée d'une longue baie vitrée, marquait l'univers d'un homme d'importance. Seule une table basse séparait les fauteuils et ponctuait le centre de ce cercle en attente de ses protagonistes. Le directeur, stoppa sa discussion avec l'uniforme bleu ciel à grande casquette, pour s'avancer vers moi et pour, d'un grand sourire, me tendre une main chargée de réconfort. L'homme semblait jovial et me demanda d'une voix légère de prendre place à sa gauche près de notre inspecteur Owona. Godefroy s'installa à son tour près de moi, suivi par Micheline et Magloire s'asseyant à droite de Céline. Il s'agissait de faire le point, d'organiser une confrontation, et de trouver un arrangement à l'amiable entre les parties présentes.

L'œil de Céline était plein de rage. Étrangère à l'amiable, elle paraissait prête à bondir à la moindre occasion. C'est ce qu'elle fit lorsque d'emblée elle fut mise en cause par la DST. Elle se perdit dans des accusations envers Godefroy. Elle l'accusa d'avoir prémédité une trahison, cherchant du soutien chez Léonard, qu'elle finit par insulter en constatant la prudence avec laquelle il intervenait. Cet homme, malgré son implication au cœur de l'aventure, avait la décence de se taire pour ne plus mentir. Céline, prise dans d'interminables palabres se trouvait soudain esseulée. Cette posture fit éructer sa rage et relança une profusion d'insultes et d'attaques envers Godefroy et sa famille. Je ne fus pas épargné par les foudres de ce diable de bonne femme et appris dans un premier temps comment notre sorcière avait pris connaissance de ma visite en terre camerounaise :

« M. le directeur, c'est lorsque mon fils, en procession avec son école sur la route du Mont Fébé, me rapporta qu'il avait reconnu Rigagneau qui dévalait à grande vitesse la colline dans un taxi, que je compris que cet homme, présent ici, était venu voler l'enfant. Je compris qu'il s'enfuyait avec celui-ci vers un aéroport. Connaissant les mauvaises intentions de ce blanc, j'ai immédiatement prévenu la police des frontières en leur demandant de vérifier l'acte de naissance du bébé qui avait été trafiqué, à mon insu, par le grand-père. »

Comme le Cameroun était petit ! Deux jours de présence sur cette terre et j'avais croisé un groupe d'enfants comme il s'en promenait des milliers dans cette capitale africaine. Je me souviens très clairement de cette procession pliée sous la chaleur et sous l'effort de la montée. Une marche plus rapide aurait évité cette rencontre, un départ plus tardif m'aurait soustrait au regard de cet enfant, mais il y avait quelque chose d'un non-hasard, d'un fait exprès derrière tout cela. J'avais croisé le fils de notre sorcière sans m'en apercevoir au moment de rejoindre Godefroy, sans aucune intention de vol comme en témoignait cette chère Céline, mais plutôt avec l'envie de prendre un avion, qui ce soir-là me tendait peut-être encore les bras. Le discours si vorace de la démente femme s'éternisa. Trop pour notre petit directeur qui d'un ton autoritaire stoppa la furie, pour se tourner vers le grand-père qui confirma les manœuvres incompréhensibles de Céline. Dans tous nos discours, Edmond était épargné, effacé par la personnalité échevelée de notre sorcière habillée d'un tailleur et de son fidèle sac blanc, tournant ses yeux exorbités sur la trahison de Léonard, sur le discours du grand-père et sur le regard bienveillant que semblait m'accorder le premier homme de la DST. Mon tour vint, je repris sans surprise ce qui m'avait été permis d'écrire, notre inspecteur voulut abréger pour arriver au fait et surtout à ce qui semblait m'accabler :

« Monsieur, vous avez fait une procuration au nom de M. Biyon Léonard, ici présent, et de M. Ndzana Edmond leur permettant de faire toutes démarches nécessaires concernant l'adoption. Vous êtes donc responsable de l'établissement de l'acte, de plus vous précisez par écrit « *de ma fille* » ce qui est faux. Vous semblez ignorer que les démarches d'adoption ne peuvent suivre ce type de procédures. »

En effet, j'avais donné mon autorisation peu éclairée, à ces deux individus dont l'un m'était inconnu et l'autre notre ami. À la demande de ce prêtre à qui nous avions accordé notre confiance, qu'il avait lâchement bafouée et piétinée, j'avais donné des raisons à cet homme de loi de mettre en doute l'honnêteté de notre geste. Je me défendis de connaître l'utilisation qui avait été faite de ce papier et surtout je soutins avoir été tenu en dehors des démarches entreprises par le prêtre et dame Minfoumou, auprès d'une des mairies de Yaoundé. Je ne connaissais rien hormis ce que m'avait conté Godefroy des moyens utilisés pour rédiger cet acte. Godefroy très timidement et très poliment, comme à son habitude, affirma ignorer le moment de la supercherie.

Clarté serait faite auprès de la mairie du premier arrondissement de Yaoundé pour connaître les gens présents au cours de la démarche. Nos hommes s'en persuadaient et Céline crachait toujours sa version mettant en avant la présence du grand-père. Pour la tentative de conciliation, le constat d'échec était imminent. L'entente cordiale échappait à tout espoir. Céline restait tigresse et le directeur malgré des sourires d'encouragement, m'avertit d'une prolongation de mon séjour au Cameroun.

L'homme à la chemise bariolée, cousin présumé de Céline, se tourna vers moi et d'un ton sévère m'adressa un regard sans détour. Il prononça ces mots insupportables, trop dissonants face à la bienveillance dégagée par le directeur :

« M. Rigagneau ! Veuillez me donner votre passeport ! ! ! Nous sommes dans l'obligation de vous confisquer ce document.»

Malgré le ton employé, je ne pouvais croire en cet ordre. Que se passait-il ? Ces personnes ici présentes comprenaient que nous avions été victimes, notre innocence semblait acquise et notre bonne volonté démontrée, alors pourquoi cette demande ? J'hésitai longuement me liquéfiant sur mon fauteuil. L'homme dut reformuler de façon plus affirmée sa demande qui, maintenant me paniquait totalement. Je pris conseil et refuge dans le regard de notre directeur, qui m'indiqua la voie de la raison et surtout l'impossibilité d'échapper à l'ordre de son homme. Je tombai à nouveau plus profondément dans les abysses de l'irrationnel et le directeur dont jamais je n'ai distingué s'il était réellement bon ou mauvais, me rassura en me promettant que dès le lundi je pourrais récupérer mon document. Il conclut en m'affirmant que la sortie de ce week-end de trois jours nous donnerait satisfaction. Je tendis alors mon précieux passeport. Ses sourires et sa tape amicale me redonnèrent l'élan pour franchir le seuil du bureau et redescendre sans papiers, les marches de la DST d'un pas qui se faisait lourd et décontenancé.

Sur le parking de terre rouge, qu'un après-midi de mars avait chauffé à blanc, était postée notre Céline aussi rebelle qu'une hyène privée de charogne à déchiqueter. Sa voix transperça l'atmosphère polluée de cette ville ignorant mon désespoir.

En *langue*, dans son dialecte *Ewondo*, majorité ethnique de cette capitale, elle concentra son attaque sur Godefroy qui m'entraîna vers le véhicule en attente. La traversée de cet espace se fit sous les jets de venin de notre sorcière déchaînée, ameutant les passants. Aucun de ses mots imbibés de violence ne trouva de signification en mes oreilles.

Pourtant la tête en avant, le visage menaçant, Céline progressait à notre rythme, les mots semblaient glisser sur notre groupe. Nous approchions maintenant du taxi, quand Magloire se mit à répliquer. La haine de ce jeune homme fut propulsée d'une voix forte, contre cette femme à peine effleurée par l'attaque, accolée à un Léonard éteint et soumis. Magloire se dégagea de l'emprise de Godefroy, pour rejoindre notre jeune inspecteur marieur, qui franchissait le portail, alerté par le vacarme ambiant. Deux mots suffirent pour que notre homme fasse revenir le calme. Il fit fuir cette furie pleine d'une rage démentielle, destinée à nous écraser.

La route qui nous conduisait vers le Mont Fébé, s'étendit dans un long silence, tenu par une impression de peur et d'inquiétude déversée par les paroles de Céline. Enfin, on se décida, heurtés par cette semonce, frappés par cet éclat de colère, à me révéler les attaques en *langue Ewondo* de dame Minfoumou. Les mots semblaient durs, mais au-delà de ceux-ci, étaient prises très au sérieux les menaces de mort déversées sur la famille de Godefroy et de Magloire. Au centre de ces fulminations était mise en relief l'appartenance ethnique de Céline. Cette ethnie *Ewondo*, semblait une double menace pour la famille *Beti*. J'avais du mal à saisir l'importance de ces nuances, mais constatais l'effet dévastateur sur notre petit groupe. Magloire tentait de dissoudre une tension inhabituelle au personnage. L'évocation de la puissance de la famille de Céline ou de son influence sur son groupe ethnique me laisse au fil de ces lignes dans l'interrogation. Mes pensées restent encore aujourd'hui figées sur les causes de cette menace chargée d'influence et de soutien qui saurait faire trembler notre petite famille au cours des jours passés. Qui était exactement Céline ? La réponse viendrait avec son écrin de doutes et d'impasses infranchissables.

## CHER VICE-CONSUL

L'univers et la solitude retrouvés de ma chambre furent une longue promesse de réconfort et de contact avec Marie Jo. Nous devions nous repositionner ensemble dans cette aventure devenue folle et irréelle. Je lui offris progressivement ma vision meurtrie par tant de constats et d'inattendu. Elle s'attendait à une solution, je lui ramenais un problème. L'épreuve était tranchante pour un cœur de mère. Notre espoir s'effritait et nous ne parlâmes que très peu de Juliette, qui pourtant se trouvait à nouveau près de moi.

Quelle était maintenant notre position ? Au bout de ce week-end prolongé, puisque le lendemain, le vendredi, la fête du mouton paralysait Yaoundé, planait timidement la promesse déjà obtenue d'une décision, d'un aboutissement. Mais j'étais sans passeport, immobilisé et déjà prisonnier de ce pays. Pour l'heure nous planions dans des sphères hérissées d'incertitude. Godefroy croyait en notre petit directeur, en son coup d'œil compatissant, il voulait lui proposer un accord financier pour récupérer mes papiers, réflexe primaire d'une corruption envahissante. Ma décision de contacter mon consulat n'entrait donc pas dans le sens de la marche de Godefroy, il s'efforça de m'en dissuader considérant les affaires camerounaises comme devant rester camerounaises. Il me laissa enfin libre face à ce choix.

Par un numéro, obtenu d'un contact de mon père, qui lui-même avait un autre contact que je me hâtai d'utiliser, j'entendis que dans ce pays tout était possible, le meilleur comme le pire. Je me permis alors en cette fin d'après-midi irréelle, faite de l'écartèlement de mes décisions et de mon cœur, un coup de téléphone direct avec le vice-consul. Je me trouvai face à une voix qui dès le lendemain se matérialiserait.

Cet homme au ton enjoué, ne semblait pas considérer comme une difficulté la confiscation de mon passeport. Il semblait plutôt trouver là une occasion de faire la démonstration de l'importance de sa personne et de son statut. Ce coup de téléphone me laissa une drôle d'impression. La prétention avec laquelle ce personnage du consulat voulait récupérer dès le lundi mon document me rassura, sculptant en mon esprit et dans le même instant, une grimace dictée par le sentiment de supériorité de ce représentant de la France. Et si Godefroy avait raison ? Des montagnes de doutes s'accumulèrent dans mes entrailles soumises à de fréquentes douleurs, relaxées partiellement par la chair juteuse d'une mangue.

M. Viénot, vice-consul au consulat de France, daigna très rapidement écouter mon histoire. À peine avais-je évoqué une adoption et un contact catholique français, qu'il rattrapa mon conte africain en m'affirmant que nous avions eu ce contact sur internet. En savait-il plus que je ne racontais et comment était-il arrivé à cette affirmation ? Ce contact téléphonique ne me permit pas d'en connaître plus sur notre histoire et nous prîmes rendez-vous pour le lendemain, vendredi, fête du mouton.

Viénot arriva en milieu d'après-midi. Mon souvenir m'évoque une atmosphère sombre, marquée d'un ciel bas et sans soleil. Nous nous installâmes dans le grand hall vitré, donnant sur une piscine aux formes fœtales. Ponctuée de tables basses et de banquettes, cette large salle recouverte de moquette était coupée en deux par un grand escalier donnant sur le restaurant et la discothèque, cernée le soir par de jeunes prostituées. L'espace avait les odeurs prestigieuses d'un passé encore présent mais vieillissant. D'une salle proche, montait un lointain brouhaha entrecoupé du bruit des plongeons qui s'échappaient de la piscine.

Nous prîmes place face à face. Viénot, de forte corpulence, avait la quarantaine d'un homme marqué par les continents traversés. Le ventre tendu vers l'avant, il symbolisait, par l'insolence d'un physique blanc et rond, l'archétype du colon pris entre deux cultures. La sienne me sembla oubliée depuis longtemps et celle de son pays d'accueil inaccessible, par trop de fierté, d'assurance et de supériorité. Il allait m'en faire la démonstration. Il portait sous le bras de quoi noter, et moi, j'avais descendu les fax et e-mails en ma possession démontrant toute la réalité de l'escroquerie. Je lui contai à nouveau notre aventure à laquelle il prêta beaucoup d'attention et un certain intérêt. Il notait au fur et à mesure les détails de notre histoire. Lorsque j'arrivai difficilement et le cœur saignant aux chapitres des démarches effectuées par notre ami prêtre, il abandonna son crayon.

« M. Rigagneau, c'est une démarche d'adoption déguisée votre histoire et nous connaissons d'autres cas impliqués dans ce type d'affaire, vous vous êtes bien fait avoir ! ! ! »

Il lâcha définitivement son bloc-notes et sembla accepter notre statut de victimes. L'entretien sortit des sillons de l'interrogatoire.

« Nous sommes en ce moment, en train de faire casser un jugement d'adoption qui n'a pas été fait dans les règles. L'utilisation des tribunaux coutumiers et les trafics d'actes de naissance sont courants dans ce cas-là et dans ce pays en particulier. Vous en êtes les victimes, cette terre est pleine d'excès et de paradoxes. Elle reste souvent impitoyable. »

Il me tendit un journal camerounais :

« Regardez cet article en première page, il est dit que l'ambassadeur des États-Unis a reçu une balle dans le bras, alors que, en réalité, il a simplement faillis être assommé et s'en sort avec une légère égratignure. Ce pays est bizarre, insaisissable et dur ! Dans votre histoire, vous vous êtes très certainement fait assommer pour de l'argent. »

Je lui parlai de Céline, des menaces qu'elle faisait peser sur la famille de Juliette. Je lui racontai la DST et notre désir commun, avec cette famille mise à l'abri dans cet hôtel, de mettre en place une adoption légale. Il me parut ne pas bien comprendre ma position, rigoler de la place que j'avais réservée à ces petites gens, à ces villageois et ignorer totalement les liens qui nous unissaient à Juliette. Mais face au désarroi que je devais projeter sur sa chemise écrue, il consentit à me donner le numéro et l'adresse de l'avocat de l'ambassade, afin de me protéger de tout excès, de toute menace.

« Vous savez, M. Rigagneau, vous avez eu de la chance. Je connais le cas d'un couple en Amérique du sud, qui a été lynché par la foule pour avoir été pris dans une histoire d'adoption peu claire. »

Je mesurai la hauteur du danger que nous faisait courir Céline, et la peur lue sur le visage de Godefroy m'entraînant loin de cette femme.

Puis ce Français, à la stature imposante, voulut rencontrer Micheline. Il la tutoya d'emblée en lui précisant de très haut et de très loin, alors que nous avions rejoint la chambre :

« Pourquoi veux-tu que ton enfant parte en France ? Tu ne sais donc pas que nous les blancs nous mangeons les enfants ! ! ! »

Micheline baissa la tête et sembla protéger Juliette assoupie dans ses bras. Elle était seule dans cette chambre, je n'étais pas fier de l'intervention de *mon frère blanc*. À quoi servait ce contact ? Qu'avait-il à prouver ? Mille autres questions m'envahissaient l'esprit, assez pour ne pas m'arrêter aux fantaisies de ce gros bonhomme.

Dans ma chambre, Viénot prit encore un peu de temps pour me faire mesurer l'importance de son intervention le lundi matin à la DST. Puis il prit congé, remontant dans son Land Rover blanc. Le numéro du cabinet d'avocat Bétayéne trônait sur le petit bureau de la chambre, je décrochai alors le combiné dans l'espoir d'obtenir un rendez-vous. Hélas, la fête du mouton concernait aussi les avocats. Marie Jo eut la primeur de mon entrevue avec Viénot et je fis couler en son oreille, les solutions plus lentes mais indispensables à la réussite d'une adoption en terre Camerounaise.

Le week-end fut d'une lenteur indéfinissable, l'obligation de ne pas quitter l'hôtel donna à ces deux jours la dureté d'une liberté perdue. La présence de la famille de Juliette distilla, sur ces journées, un peu de douceur. Juliette était avec moi. Je reprenais à chaque instant, un peu plus mon rôle de père en plein cœur. Donnant les bains et les biberons, je la sentais renaître comme ma fille. Ces moments partagés réveillaient le paradoxe de mes ressentis. L'équilibre précaire entre la joie et la peine était exacerbé par ma réalité incertaine. L'injustice de mon immobilisation et le manque créé par l'absence de Marie Jo se heurtaient contre ce petit visage tranquille, étendu et assoupi à l'ombre des déchirements des adultes.

Les murs de ma chambre devenaient insupportables et la tentation de décrocher le combiné vers Marie Jo m'obsédait. Je voulais qu'elle voie notre enfant, perdue dans ce grand lit. Cette petite tache noire sur le blanc de mes draps m'émerveillait et mouillait mon regard de son absence. La télévision aidait les heures à s'égrener. Les conversations avec Magloire, Godefroy et Micheline ainsi que les visites de Jacqueline, d'Alphonsine et de Pulchérie écourtaient mon attente mais poussaient péniblement la lourde aiguille des minutes.

Le bord de piscine, ce dimanche 19 mars, me permit de reprendre une respiration extérieure et l'illusion de pouvoir m'évader, nourrissant l'oiseau de liberté qui sommeillait en moi. Étant enfant, je rêvais d'être une mouette, non pas pour la force, ni l'intelligence bien connue de l'animal, mais pour sa capacité à explorer différents éléments que ce soit l'air ou l'eau. Rien ne peut arrêter son voyage, la liberté est son élément. Ma mouette était pour ces trois jours en cage dorée.

Bientôt le soleil du lundi poussa ma porte. J'avais vécu trois longues journées de papa à part entière. Viénot était attendu avec impatience et je profitai de son retard pour prendre rendez-vous avec maître Bétayéné, avocate française de l'ambassade.

Nous devions nous voir le lendemain à 9 heures. Ce rendez-vous me rendait aussi impatient et trépignant que l'attente de la venue du vice-consul qui n'apparaissait toujours pas sur le parking que je scrutais de ma chambre. Il fallait pourtant que les choses avancent. Alors, je décrochai le téléphone en direction du consulat. L'apparition du Land Rover blanc à 14 heures, m'avait laissé toute la matinée aux prises avec mes angoisses et Viénot crut bon de me demander de ne pas m'inquiéter.

Mieux qu'avec M. Bikele c'est en 4x4 que nous dépassâmes la cabane de contrôle. Nous nous dispensâmes de toute identification. Je suivis alors les pas de notre homme, pour me retrouver, après avoir salué notre petit directeur, face à mon inspecteur à l'œil noir et soupçonneux qui, magiquement, marquait quelques timidités et tenait dans sa main mon passeport. Viénot jubilait, précisant que ce document, encore serré par la main de notre inspecteur Owona, était propriété de l'état Français. Cette précision fit glisser le petit livret marron en notre direction. L'homme du consulat s'en saisit et l'inspecteur fit entrer pour sa défense notre diablesse, dont la proximité corporelle dans ce minuscule bureau, me remplit soudain d'un malaise indéfinissable. La vision bouchée, j'étais protégé par la stature imposante de notre vice-consul. Dame Minfoumou, sans aucune invitation, se mit à débiter une histoire, au sein de laquelle, je reconnaissais une certaine véracité. Son récit était ponctué de quelques mensonges et agressions à mon encontre. Céline était bien cette dame Minfoumou que nous avions rencontré depuis peu. Les mots calomnieux et accusateurs coulaient encore une fois de sa bouche comme un torrent gonflé par l'orage. Je fus surpris par la cohérence de ses mensonges et tentai de la couper, lorsque le délire verbal prenait des allures romanesques.

« M. Rigagneau, je vous prierai de me laissez finir. Si vous avez des choses à rajouter, attendez la fin de l'histoire, cessez de me couper la parole ! »

Le ton était totalement impersonnel, faisant abstraction de tous les moments partagés dans un passé trop proche. Je ne pouvais de mon côté la nommer que par son prénom, Viénot semblait en avoir entendu assez, alors il ponctua le récit d'une voix ferme, redonnant un sens à toute cette aventure.

« Mme Minfoumou vous avez essayé, poussée par l'argent, de tromper et de profiter de M. Rigagneau. Vous n'avez certainement pas obtenu ce que vous désiriez, mais je vous conseille d'abandonner cette histoire et d'éviter d'être trop agressive ! »

Le visage de Céline se transforma, occupée qu'elle était à contenir les assauts d'une colère montante. Alors nous prîmes congé du petit monde de la DST.

Viénot en sortant me rendit mon passeport et je m'appliquai au mieux à le remercier de l'efficacité de son intervention. Le retour fut plus détendu, j'évoquai mon projet de départ et mon rendez-vous avec maître Bétayéné le lendemain.

À l'hôtel, je retrouvai avec soulagement l'univers de ce week-end écoulé. Il avait été animé par la petite famille et notre Juliette.

## CHÈRES AVOCATES

Ce lundi soir, et pour la seconde fois, au sein du restaurant asiatique devenu le symbole de nos séparations, nous méditions et nous angoissions en toute communauté sur les réponses qu'apporterait notre avocate le lendemain. L'adoption serait-elle possible et les démarches ne seraient-elles pas trop longues? Ma nuit fut pleine de cet écho, alors que Juliette sommeillait, berçant de sa respiration tranquille l'univers noir d'une chambre transpercée des lueurs électriques lointaines de la ville captant mon regard baigné d'insomnie.

La façade du bâtiment à deux étages, perdue dans un quartier résidentiel non loin de celui qui avait abrité mes premières découvertes africaines, arborait un vieux drapeau du Danemark. Le manque d'air de ce début de matinée donnait au morceau de tissu pendant, de fausses allures d'abandon. Car, peu représenté et dans un quartier éloigné des grands consulats, le Danemark existait sur ce bout de terre Camerounaise grâce à maître Bétayéné.

Accompagné de Micheline et de Magloire, cherchant du regard un Godefroy attendu, je poussai la porte qui indiquait le cabinet d'avocat. Un homme en costume sombre nous demanda de patienter dans une petite salle d'attente à l'étage, occupé par quelques fauteuils et par un grand plan de Yaoundé. L'endroit était silencieux. Á peine mon attention s'était-elle arrêtée sur la carte, que la porte s'ouvrit, laissant apparaître une jeune femme en tailleur. Son identité camerounaise ne faisait aucun doute et par-dessus son épaule, débouchant de l'escalier, je vis le sourire de Godefroy. Il nous emboîta le pas dans un large bureau éclairé par une grande baie vitrée, qui donnait toute sa lumière à un mobilier de valeur.

Derrière une large table en bois précieux l'ébène et l'ivoire cohabitaient sur ces deux visages. À bonne distance des fauteuils installés devant la large table, trônaient deux femmes aux allures distinguées. Il existait donc, lorsque les présentations furent faite, une Bétayéné mère et une Bétayéné fille qui par magie, se trouvaient physiquement si différentes. Maître Bétayéné, la mère, était une grande femme blonde élégante, peinte des lueurs de ses bijoux et brillant sous les couleurs d'un maquillage très présent, ce qui donnait à son visage très blanc un éclat d'un autre temps. Maître Bétayéné, la fille, avait la couleur de l'ébène. Grande, d'une élégance moderne, les cheveux coupés au carré, elle brillait d'une présence plus inaccessible et plus sévère. Toutes les deux m'invitèrent à m'expliquer sur les démarches que je voulais entamer. Elles me confirmèrent ensuite la possibilité de l'adoption au Cameroun et annoncèrent un délai de trois mois pour obtenir le jugement et l'adoption plénière. Je baignais ce matin du 21 mars, dans un univers tout différent de celui que m'avait ouvert Edmond.

Dans cette Afrique traditionnelle faite de don, comme alibi d'une tromperie, surnageait l'imaginaire machiavélique et calculateur de notre curé. Le discours et l'analyse rapide de ces deux femmes accusaient notre ami. J'avais la certitude, à ce moment précis, alors qu'une crainte m'habitait encore en franchissant cette porte, que l'adoption pouvait nous être ouverte sur cette terre. Notre histoire continua à séduire les deux femmes que tout séparait, hormis la détermination dans la conduite à tenir face à la mascarade réservée et attribuée à l'identité et à l'acte de naissance de Juliette. Mon seul problème se posait en termes de temps, puisqu'un mois serait nécessaire pour remettre en bon ordre la *parentalité* de naissance de Juliette. Il nous fallait repartir sur de bonnes bases, sur des éléments de vérité et de sincérité. La question de l'adoption plénière fut précisée à Micheline, Magloire et Godefroy. La coupure des liens avec les parents de naissance était totale, aucun de mes trois compagnons de cette quinzaine douloureuse, jalonnée de rebondissements, n'esquissa de pas en arrière. Leur décision très dépendante de la position du *vieux* restait inchangée. Juliette ne pouvait vivre avec eux. C'était économiquement et idéologiquement impossible. Le grand-pére ne pouvait pas se consacrer à l'éducation de tous ses petit-enfants

Ces dernières paroles déterminèrent l'abandon de mes documents et d'une provision de 250 000 francs CFA à nos deux femmes auprés desquelles j'accrochai ma confiance retrouvée.

La promesse d'un retour dans un mois au Cameroun saurait consoler Marie Jo, enroulée douillettement dans l'espoir du résultat d'une démarche rapide qui la rapprocherait d'une Juliette qui me manquait déjà.

Le soir effleurant déjà nos esprits, marquerait notre séparation, ma seconde coupure avec celle que mes yeux de père ne quittaient plus.

Ce soir verrait mon envol vers la France.

Gisèle, fille d'Alix Bétayéné, prenait désormais en charge notre dossier d'adoption. Elle gommerait légalement, ce que jamais nous n'aurions dû vivre, si notre cœur et la confiance en un homme n'avaient ébloui notre clairvoyance. Les régles de l'adoption et du cameroun seraient désormais respectées.

## CHÈRE FRANCE

Je donnai ce que je pouvais encore à Juliette. Beaucoup d'amour et l'accès à une visite médicale, à son premier vaccin en ma présence. Nous avions laissé Godefroy à ses affaires et à la recherche des documents demandés par maître Gisèle Bétayéné. Magloire, lui, m'avait annoncé qu'après notre repas traditionnel de séparation et ma rencontre avec *la Maman* (la femme de Godefroy revenue du village pour l'occasion) nous partirions ensemble en car pour Douala. Car Pierre était bien trop coûteux. Magloire en profiterait ainsi pour régler quelques affaires en cours à Douala, première ville économique du Cameroun. Mon projet de voyager seul avec Pierre, vers Marie Jo, s'évaporait à la vision des billets. Le départ de Yaoundé était prévu pour 15 h 30. La perspective que l'on puisse être ensemble jusqu'au dernier moment ne me déplaisait pas, même si les lignes de car me semblaient bien moins confortables et moins sûres que mon Pierre. Mais Magloire était décidé.

Le petit couple et notre Juliette voulaient me pousser dans l'avion, m'amener vers une Marie Jo qui me manquait cruellement. J'eus le temps, au Mont Fébé, de rassembler mes affaires, de régler une note un peu salée, de dire au revoir à un Pierre vexé de ne pas nous accompagner. Je me retrouvai ensuite, dans le salon, chez Godefroy, entouré de tous, réunis pour mon départ. *La Maman* était une vieille femme très douce aux courbes pleines de dévotion. Le côté moderne d'un Godefroy dynamique, tranchait avec la timidité de cette femme gardant au fond des yeux, l'odeur humide d'une brousse pleine de sa fraîcheur. Le repas se fit autour de bananes plantain pilées, accompagnées d'une viande en sauce.

Je me souviens très précisément de la joie qui entourait ce repas et de leur volonté qu'un peu de ce Cameroun, sous forme de cadeaux, revienne adoucir l'attente de Marie Jo.

Le premier signe d'une aventure sans fond allait me prendre au ventre lorsque, à 15 h 30, je me trouvai envahi du regret de ne pas être parti avec Pierre. Alphonsine et Bertrand le taximan, frère de Micheline, tentèrent de me rassurer sur l'absence de mes compagnons de voyage. Tout espoir de monter dans un bus était vain. L'horaire de notre départ venait de sonner.

Mon angoisse était montée crescendo depuis 14 h 30, pour devenir plus supportable à la vue du pas nonchalant de Micheline, les bras chargés de paquets, souvenirs fruités d'une terre qui m'avait déjà bien éprouvé. Il était 15 h 45 lorsque Magloire arriva, épris d'un calme contrastant avec une tension qui rongeait mon intérieur, torturé par la peur de ne pas monter dans un avion qui s'envolait à 22 h 30. Sa décontraction fit taire mes sensations internes et dévorantes :

« Ne t'inquiète pas, il y a un autre bus à 16 h 30, nous changerons tout simplement les billets ! ! ! »

Le lieu réservé aux compagnies de bus et à Central Voyage grouillait de voyageurs et de non-voyageurs, indistinctement chargés de fardeaux en tout genre. Dans cet immense hangar ouvert sur la route et puant le gazole déversé en particules sous forme d'épaisses fumées noires, s'alignaient cinq ou six bus prêts au départ. Parmi ceux-ci patientait le nôtre, car grâce à Dieu ou à la fréquence des horaires camerounais, nous embarquâmes à 16 h 30, transformées en 17 heures par cette vie qui tentait de se muer en organisation autour de nous.

J'ai le souvenir de cette odeur, de cette chaleur poussiéreuse dégagée par les sièges dans lesquels nous avions pris place, des visages qui se trempaient peu à peu d'une transpiration odorante et collante. J'étais resté au côté de Juliette et de sa maman. Magloire se trouvait juste derrière moi lorsque le moteur fit entendre un long vrombissement. Le moment du départ se précisait. Enfin l'air surchauffé, prisonnier depuis de trop longues minutes entre les vitres, pourrait s'échapper sous l'effet de la vitesse. Nos premiers tours de roues marquaient enfin un vrai départ, plus rien ne me retenait sur ce sol, le dossier de Juliette était cette fois entre de bonnes mains. Magloire me souriait. Il me glissa une main sur l'épaule, signe de la réussite de notre voyage mêlé à l'appréhension du départ. Les premiers klaxons se firent entendre et je scrutai les rues, les véhicules jaunes, dans le secret espoir de renouveler un signe avec Pierre que je laissais déçu de notre séparation trop rapide.

L'absence de réelle suspension se fit ressentir alors que nous gagnions de la vitesse. Notre position arrière rendait obligatoire l'utilisation des accoudoirs afin de rester collés au fond des sièges élimés par de nombreux aller-retour Douala-Yaoundé. Je décompressai enfin, et commençai à prendre plaisir à ce voyage. Pourtant le bus stoppa net après quelques minutes. Nous fûmes arrêtés, à la sortie de la ville, par un de ces barrages de police habituels.

## CHER ENFER

Des hommes comme ceux que nous avions croisés à notre retour de Douala, une semaine plus tôt, le fusil sur l'épaule, revêtus de treillis et chaussés de Rangers, contrôlaient les identités. Ils stoppèrent notre engin devant un amas de barbelés étalés sur le sol.

L'un d'eux, grand et maigre, monta à bord. Il commença à vérifier les cartes d'identité. Puis trop rapidement, une mitraillette à la main, un talkie-walkie à la ceinture, il se dirigea vers moi. D'un ton sec et menaçant, le policier me demanda mon passeport, ainsi que l'identité de Micheline. Un quart de seconde et un coup d'œil très rapide sur les documents, lui furent nécessaires pour décrocher son talkie-walkie. Il nous menaça alors de son arme, tout en prononçant cette phrase qui me propulsa dans l'incroyable irréalité d'une histoire, dans la folie d'un rêve éveillé.

« Ça y est ! J'ai l'oiseau, je vous l'amène ! »

Quel genre d'oiseau étais-je pour que sur un ton réservé aux meurtriers, ponctué par l'orientation d'une mitraillette prête à faire feu, il ordonne :

« Vite ! Levez vous et sortez de ce bus ! ! ! »

Magloire était resté à l'écart. Il échappait au contrôle qui capturait énergiquement notre couple et le bébé. Alors que nous approchions de l'avant du bus sous le joug menaçant du militaire, dans un élan fatal, il se manifesta, d'une voix courageuse et décidée :

« Où amenez-vous ma femme ? » s'écria-t-il

Cette intervention et son courage eurent pour effet de le précipiter avec nous, sous la menace de l'homme aux ordres et à l'attitude désespérément étranges et incompréhensibles. Nous traversâmes rapidement, sans encore en connaître ni le but ni la raison, pressés par le métal de l'arme, l'allée centrale, sous les regards interloqués des voyageurs intrigués et suspicieux. Sur une terre rouge, devenue invisible face à l'incohérence de la scène dans laquelle nous étions jetés, ma vision resta accrochée aux trois autres militaires armés, entourant une voiture prête à nous aspirer.

L'image reste gravée dans ma mémoire. Elle semble flotter sans aucun repère de lieu ni de temps. Aucun sol, aucun paysage, seuls des hommes enflammés par cette prise, entourés d'un terrible vide, animent encore mon esprit aujourd'hui. Mais nous ignorions encore tout. Nous fûmes poussés en bas des marches. Notre bus prit aussitôt son élan dans un énorme nuage de poussière faisant disparaître notre destination initiale. Restaient dans nos esprits sonnés, l'impression de devoir nous réveiller, l'espoir qu'une erreur d'histoire et d'identité si flagrante allait bientôt transformer ces visages marqués de haine et d'agressivité. Cet espoir m'inonda, me préservant, m'enveloppant d'un voile né de l'absurdité de ce tourbillon.

J'étais *encarapaçonné* dans l'éphémère de ce présent soumis à l'irréalité de cette arrestation.

Notre véhicule s'envola vers un inconnu promis à la violence. L'univers réduit de cette voiture militaire, qui résonnait de l'excitation des quatre hommes en armes, enchevêtrait nos pauvres corps devenus objets. Cet espace électrifié devait nous ouvrir l'impossible raison de cet enlèvement. Les visages fiers des gendarmes, leurs mouvements désordonnés dissimulant mal leur précipitation, auraient pu à plusieurs reprises, écraser notre véhicule contre les obstacles qui ralentissaient notre course folle.

La voiture, de même couleur que les treillis de nos hommes, traversa les embouteillages de la capitale à grand renfort de klaxon, faisant courir dans mon dos l'effroi glacé de cette capture qui transpirait l'erreur judiciaire. Au risque de ne pas rallier notre destination inconnue, la voiture virait de gauche à droite, ignorant l'existence des autres véhicules, et je fus précipité en quelques mots dans ce cauchemar, confirmant l'affreuse tromperie qui s'abattait sur nous. Sans que nous ne puissions protester, l'un des gendarmes s'adressa enfin à nous :

« Vous avez volé ce bébé avec la complicité de cette femme ! », en désignant Micheline écrasée entre moi et Magloire.

« Nous allons vous montrer comment nous traitons les voleurs d'enfant ! »

Nous n'étions ni accusés, ni présumés coupables, nous avions commis un crime.

Le minuscule morceau de siège qui m'était réservé pour accompagner les mouvements fous de ce véhicule, se déroba soudain sous moi au son de ces paroles chargées de haine. Cet homme laissait, de façon évidente, transpirer les efforts qu'il mettait en œuvre pour contenir tout débordement violent. Je basculai alors un peu plus dans cette irréalité africaine, qui là, me démontrait l'évidence d'une erreur. Un instant de panique m'inonda et une onde de froid m'envahit, défiant totalement l'ambiance surchauffée d'un habitacle trop étroit pour contenir sept adultes et un bébé. Nous étions en pleine méprise, en plein cauchemar, et ces hommes continuaient de nous entraîner vers un lieu inconnu, persuadés qu'ils détenaient la concrétisation de cette immonde vérité. J'aurais dû rester dans le bus de Central Voyage. L'erreur était trop folle pour que nous ne fassions pas demi-tour, pour que tout ceci ne s'efface dans un flot d'excuses confondues. L'homme reprit, plein d'assurance :

« On nous a signalé un blanc accompagné d'une jeune femme. Cette femme, votre complice tentait de voler un bébé vers le quartier Mbankolo. Vous avez été suivis jusqu'à Central Voyage et nous vous avons attrapés ! Vous allez payer cher ce vol d'enfant ! ! ! »

Ces paroles réveillaient l'écho d'un passé encore douloureux. Je voulus protester, essayer de démonter l'erreur monumentale qui se jouait depuis maintenant une demi-heure, comme quelques mois auparavant à Nsimalem. Magloire me conseilla de rester calme, semblant résigné ou connaissant mieux que moi les agissements de cette gendarmerie. Calme ! Comment était-ce possible si je n'avais été baigné dans la conviction que tous allaient ouvrir les yeux sur ces accusations tissées d'incohérence. Nous n'étions pas les voleurs que ces hommes désignaient. Les criminels qu'ils pensaient mener à leurs supérieurs ne nous ressemblaient pas, mais le ton et le discours du gendarme ne semblaient admettre aucun dialogue, aucune contradiction. Je réprimai en moi mon envie de crier. Je restais confiant en cette vérité qui allait faire surface.

Soudain notre allure se modéra. Nous quittâmes les grands axes goudronnés pour emprunter une petite route de terre rouge, plantée de baraques à l'aspect hétéroclite. Nous pénétrâmes dans un quartier aux limites de la ville.

Suivi par un nuage de poussière et par une foule déjà postée autour d'une maisonnette à peine différente des autres, notre véhicule immobilisé fut pris d'assaut par les curieux qui s'étaient déjà donnés rendez-vous. Cet attroupement ne pouvait pas être pour moi, pourtant il ne pouvait pas non plus être le fait du hasard. Alors ma peur se fit plus présente.

Les paroles du vice-consul remontèrent dans mon esprit anesthésié. Je distinguai instantanément l'image du couple lynché dans un pays lointain d'Amérique du Sud. Même le Cameroun, à cet instant, perdait de son odeur d'Afrique. Je craignais la suite. Les informations semblaient circuler de manière hallucinante. Assez rapidement en tout cas pour créer cette foule d'yeux grands ouverts, cette forêt de jambes qui poursuivaient notre route.

Le cauchemar prenait forme et m'envahissait, j'étais oppressé par la foule, happé par un univers m'enlevant tout contrôle de mes pensées, de mes mouvements. Les visages collés à la vitre semblaient vouloir m'attraper et c'est Magloire qui me saisit par le bras pour m'entraîner vers une maison à peine visible, cachée derrière des corps et des visages aux aguets. Cette multitude était venue pour nous scruter, pour sonder l'immonde substance des coupables, pour capter l'image de ce blanc aux yeux arrondis d'étonnement et de stupéfaction, au dos alourdi de cette vie qui lui échappait.

Lorsque notre petit groupe entra dans le minuscule bâtiment, dans la gendarmerie d'Efoulan, je retrouvai l'air que je n'avais pu aspirer lors des quelques mètres de traversée de l'extérieur hostile. Crispé sur mon corps, sur mon intérieur, les dents serrées, l'air n'avait pu atteindre mes poumons. Je me protégeais de tout ce qui aurait pu frapper mon enveloppe corporelle, tous ceux qui auraient pu blesser cet objet que je devenais désespérément.

La première pièce accueillit nos trois corps dans leur longueur, le nez dans la poussière, puisqu'il nous fut ordonné de nous allonger à même le sol cimenté. En guise de bienvenue Magloire fut salué par quelques coups de Rangers. Je me préparais au même accueil, retenant à nouveau mon souffle. Notre foule de curieux devenait rassurante par opposition au mouvement désordonné des cinq ou six personnes présentes dans cette pièce. Aucun pied ne vint me saluer. On nous propulsa sur le sol d'un bureau sans autre forme d'explication. Un homme exhibant quelques galons, était accroché au téléphone, parlant fort. Il nous observa reprendre une posture plus confortable. Assis sur un sol usé et sali par la fréquentation intensive du lieu, je ne suivais plus l'avancée irrationnelle de cette fin d'après-midi cauchemardesque. Toutes les paroles accompagnant notre progression dans cet autre monde se faisaient dans un des nombreux patois de ce pays. Ceci confortait mon état d'impuissance et d'incompréhension. Magloire frottait ses côtes imprimées de la haine gratuite qui m'était sans doute interdite de recevoir. Micheline serait une Juliette que la condition de bébé protégeait du souffle de folie qui nous frappait depuis une bonne heure. Aucun échange n'était possible entre nous, on ne nous laissait pas la parole, on ne nous faisait plus aucun commentaire, nous étions prisonniers, à la merci de ces hommes qui semblaient échapper à toute hiérarchie, à toute prise de décision. Redonnant à chaque mouvement un subtil mélange d'espoir et de peur, l'inconnu était face à nous, et l'on prit la décision de nous transporter, de nous offrir un nouveau départ.

## CHER ATANGANA

Le portail rouillé de ce lieu, au centre d'une Yaoundé pleine de vie, ouvrait sur une allée recouverte de poussière, entourée de murs. Nous longeâmes, sur notre droite, de petits baraquements de plain-pied à l'aspect miteux. Leur raison d'être échappait, ce soir-là, à nos yeux meurtris.

Dans ce nouvel endroit, où nous avions été transférés, l'espoir pouvait renaître et la vérité se devait de revoir le jour. La gendarmerie centrale de Yaoundé Ville saurait sûrement nous réhabiliter comme innocents. Mon avion pouvait encore me tendre les bras. Douala restait lointaine, mais pas inaccessible, il fallait vite qu'on leur dise, qu'on leur explique.

Au bout de cette allée, face à nous, une maisonnette se dégageait nettement des murs sans couleur laissés derrière nous. Une longue terrasse ceinturait ce bâtiment surélevé de quatre petites marches plantées en son milieu qui conduisaient vers une porte largement ouverte, encadrée de deux fenêtres closes. Notre véhicule rencontra, alors que sur notre droite disparaissaient les baraquements et que le mur d'enceinte se prolongeait sur notre gauche, un espace de terre rouge planté de massifs privés de fleurs. Ce minuscule parking faisait face au bâtiment où étaient garées deux ou trois voitures, dont une Renault 12 noire.

Le soleil de fin de journée perdait de sa puissance et nous fûmes assez rapidement hissés, par trois hommes, en haut des marches. Traversant un bout de terrasse, nous nous retrouvâmes, sans même pouvoir lever la tête, dans une petite pièce où trois bureaux en fer s'entassaient difficilement par manque d'espace. Dans le même élan nous franchîmes une seconde porte, pour atterrir dans un petit espace meublé de trois chaises dépareillées, de deux bureaux, disposés à l'angle droit, recouverts de ce qui avait été jadis une peinture grise. Les coutumes de la gendarmerie camerounaise me semblèrent éprises de répétition car le sol, toujours fait de ce même ciment, accueillit à nouveau nos postérieurs, devant l'ironique inutilité des chaises attendant de jouer leur rôle. Cette position à ras du sol m'empêcha de photographier mentalement l'espace et les individus qui nous entouraient, car peu de souvenirs visuels restent actifs, sauf la couleur souillée de misère de ce sol trop présent. Nos trois chaperons s'éclipsèrent. Nous ne les reverrions plus. Ils nous laissaient posés là sans possibilité de donner ou d'avoir des explications, abandonnés à notre condition d'objets accusés.

Une petite pièce vitrée, ressemblant à un cabinet de toilette, s'affichait sur ma droite. Après quelques longues minutes, s'en extirpa un homme imposant. Il remarqua notre immobilité, jetés là dans son univers, sans but, sans raison. Il s'approcha lentement. L'homme dans son uniforme beige me parut démesurément grand, vu du sol. Sa chemise, tirée sur un ventre arrondi, son visage poupon et souriant schématisèrent d'emblée le potentiel de sympathie dissimulé derrière cet aspect informe de bon vivant. Il devait avoir la trentaine notre maréchal des logis chef, il nous proposa de retrouver un peu de dignité en prenant de la hauteur sur les chaises. Il commença à s'intéresser à nous, à Juliette qui manifestait depuis peu son mécontentement, qui nous signalait l'expression d'une douleur interne, calmée par la seule douceur du lait.

Le gendarme Atangana interrogea alors Micheline et Magloire, cherchant à savoir qui ils étaient et ce qu'ils faisaient avec moi. C'est Micheline qui prit la parole, affirmant avec force qu'elle était bien la maman de Juliette, que le papa, en désignant Magloire, était présent à côté d'elle et qu'il y avait erreur sur l'accusation, que les faits qui nous étaient reprochés étaient pure invention. Le gendarme Atangana paraissait palper, peser la dose de vérité se dissimulant derrière les paroles de cette femme. Il ponctuait ses questions de longs temps d'arrêt suivis de larges sourires provoquant l'étirement d'une longue cicatrice qui barrait la joue bien ronde de ce visage aux yeux rieurs malgré eux et malgré le sérieux de sa tâche.

« Que faisiez-vous avec ce monsieur Rigagneau ?

- Nous partions le raccompagner vers son avion à Douala, car il devait voyager ce soir pour rejoindre sa famille. »

Mon cœur se serra à l'évocation de mon voyage. Je déployai des efforts minéraux, me faisant de pierre, pour ne pas céder à un long sanglot qui envahissait déjà mon âme brumeuse. Mais j'attendais que notre univers change de forme, trouve une autre orientation, l'espoir renaissait au regard de cet homme gommant l'agressivité précédente. Chef Atangana ou Cher Atango, raccourci d'un nom au centre d'une histoire, tu as fait en moi ce soir-là, revivre l'espoir. Je comprendrais plus tard que les coups qui m'avaient été donnés, tu en avais ressenti le vent et la douleur. Tu faisais partie de ceux dont le grand cœur a du mal à supporter l'injustice sans être meurtri. Je crois que tu étais bon, pas entièrement désintéressé mais plein de compassion. Grâce à toi, cette tranche de vie fut moins blessante. Tu poursuivis ainsi ton travail :

« Mais M. Rigagneau, pourquoi l'enfant figure-t-elle sur votre passeport ? »

Il semblait avoir effacé de son esprit l'accusation de vol de bébé avec la complicité de cette jeune camerounaise qui maintenant calmait doucement Juliette. Il confirma que l'information avait été donnée par une communication téléphonique anonyme et il fut convaincu assez rapidement des liens de sang qui existaient entre Micheline, Magloire et Juliette. Il suffisait d'imaginer une légère moustache à Juliette pour apercevoir son papa. Pourtant pesaient sur notre esprit, l'identité et les motivations de celle qui se cachait derrière ce coup de téléphone anonyme. Nous avions un début d'idée, mais était-ce possible ?

Il s'intéressa plus à cette étonnante inscription et à cette photo plaquée sur mon passeport, qu'à la teneur de l'information contenue dans ce coup de téléphone anonyme. Je tentai donc, de la façon la plus succincte, car le temps passait et la nuit recouvrait maintenant la gendarmerie, de conter notre longue histoire, à la lueur d'un néon autour duquel tournoyaient déjà de nombreux insectes piquants et vrombissants. J'essayai d'expliquer l'honnêteté et le bien-fondé de notre trio, construit sur l'existence de cette enfant, de l'amour pour cette petite Juliette.

Alors entrèrent au cœur de mon récit, Edmond, puis dame Minfoumou, la DST et notre avocate en charge de l'adoption, pour déboucher sur mon départ qui me paraissait encore probable. Atangana ne devait pas imaginer une telle complexité. Il nous proposa, alors que nous approchions des 19 heures, de passer dans le bureau du lieutenant. Il nous fallut sortir sur la terrasse pour pousser une porte extérieure où un homme mince, portant bien l'uniforme, nous accueillit dans ce bureau, collé comme un appendice au minuscule bâtiment qui nous détenait depuis plus d'une heure. Les quelques explications reprirent, mon passeport intriguait et l'homme, souriant, mais autoritaire, ordonna qu'on lui indique où se trouvait cette dame Minfoumou. Magloire décrivit le quartier abritant le pseudo-orphelinat et je sentis que le temps se prolongeait.

Une voiture démarra alors, pour se rendre chez Céline, *notre-ex-bienfaitrice*. Le lieutenant nous fit reconduire vers nos trois chaises, accompagnés d'Atangana qui me précisa que le vice-consul avait été prévenu et qu'il devait arriver. J'étalai alors tout ma déconvenue sur le bois d'une de ces chaises, en apprenant l'horaire qui avançait et l'impossibilité flagrante d'attraper mon avion, de respecter mon départ, de retrouver la France.

La lumière du néon explosa sur mon être et je finis anéanti par ce piège qui se refermait sur nous. Ne comprenant toujours pas ce que seraient les heures à venir, je perdais progressivement tout le refuge de ce cauchemar, tout espoir dans cet irrationnel et dans cette impossible aventure. Je me persuadais pourtant qu'elle ne pourrait s'ouvrir que sur l'évidence d'une injuste destinée, sur l'explosion de la vérité. Les minutes qui se bousculaient, faisaient douloureusement tournoyer mon âme dans une réalité chaotique, réincorporant peu à peu et malgré moi une histoire que nous connaissions si bien sans en maîtriser la marche.

Puis les événements s'enchaînèrent dans la pénombre de la nuit. Une attaque de l'ambassade des Etats-Unis appelait du renfort, Minfoumou était introuvable et le vice-consul Viénot tardait à arriver, alors notre maréchal des logis-chef décida de prendre ma déposition par écrit. Cela ne pouvait qu'entrouvrir un peu plus l'issue vers notre liberté. D'un œil bienveillant il se mit à écrire mon histoire sur la minuscule table qui ornait cette pièce vitrée à l'usage confondu entre cabinet de toilette et salle d'interrogatoire.

Une autre heure venait de filer, alors qu'au sein de cette gendarmerie mes instants passés à la DST reprenaient vie, m'entraînant sur un récit construit sur l'éternelle absurdité de cet amour passé envers Edmond et Céline.

Atangana posa son *Bic*, admirant le travail accompli. Il s'étira quelques instants. Puis il disposa ses mains derrière la nuque pour soupirer :

« Ce prêtre m'a l'air bien impliqué dans cette affaire. Pourquoi lui avoir fait confiance ?

- C'était un prêtre, nous le pensions honnête, prêt à faire notre bonheur, nous ne pensions pas qu'il visait le sien et servait ses propres intérêts. Nous ne pouvions pas penser qu'il serait capable de telles choses ! »

Alors mon maréchal des logis chef, ce premier soir de notre rencontre, me fit cette simple réponse :

« Un prêtre ! ! ! Il ne faut surtout pas faire confiance à un prêtre, surtout s'il est camerounais ! »

Atangana était fervent croyant, moi pas encore vraiment, ce monde tournait plutôt à l'envers.

« M. Rigagneau, ici les prêtres, par leur influence, savent mentir pour gagner de l'argent, pour dissimuler une famille, certains finissent même en prison. »

Cet aspect des choses, déversé sans haine avec l'appui d'un grand sourire, éclairait le monticule solide, mais peu reluisant, sur lequel Edmond était assis. J'avais soudain l'autorisation d'appuyer mes doutes sur l'idiote impossibilité de malhonnêteté de notre prêtre. Cela me démontrait au passage, l'imbécile prédétermination que forment quelques idées préfabriquées brouillant toute objectivité bienheureuse. Sans l'aide d'Atangana, je m'accrocherais encore, sans savoir pourquoi, à cette impossibilité, à cette interdiction pour un prêtre de côtoyer le mal. Flagrant délit de *foutaises* ! ! !

Atangana avait noirci trois ou quatre feuilles. Résumant à sa manière notre aventure, il conclut sur la responsabilité du prêtre et de sa femme. J'avais face à moi un homme qui comprenait, comme l'avaient fait précédemment Viénot puis le cabinet Bétayéné. Il me voyait rejoindre rapidement ma famille qui, demain, m'attendrait, ignorant encore où à cet instant l'on m'avait placé.

Je pouvais pour l'heure, me rapprocher de Magloire et Micheline, immobiles sur ces chaises, qui constituaient une étape vers notre réhabilitation. Soudain des cris et des coups de feux retentirent dans la nuit. On venait de faire, comme régulièrement dans ce Cameroun agité, une rafle. La rumeur et la violence du retour nous parvenaient en bruits étranges. Privé d'images, je me faisais difficilement une idée de l'action qui se déroulait, mais je sursautai à l'intensité des cris unis au claquement des coups de feux. Atangana disparut. À son retour, alors que Magloire avait risqué un coup d'œil vers la pénombre chargée de sang, habitée d'ombre et de corps traînés au sol, notre gendarme sentit l'obligation d'une explication gênée mais concise.

C'étaient des braqueurs. Un ou deux avaient tenté la fuite, mais ils avaient été bien vite rattrapés par les balles des gendarmes. La rapidité de l'explication me fit pour la première fois flairer un univers devenu évident, où les sentiments et le respect de la personne humaine résonnent d'un autre parfum que celui que nous côtoyons en Europe. Je m'apercevais que la mort rôdait au seuil de ces portes, devinant l'absence de retenue qui habitait ces hommes en armes. Ils se constituaient trop souvent en premiers exécuteurs d'une justice défaillante, dont nous allions bientôt faire les frais.

Nous n'étions, ce premier soir, qu'au début de nos découvertes des méthodes policières camerounaises. Les cachots de la gendarmerie abrités dans ces baraquements miteux entamaient leur brouhaha qui conduisait immanquablement aux chants plaintifs et angoissants des détenus, éveillant nos soirées à venir, surprenant nos réveils matinaux. Je frissonnais déjà.

Lorsque Viénot fit son apparition, tout était redevenu calme, plus aucun coup de feu, ni aucune plainte hormis celle des prisonniers chanteurs.

Mon avion, à cette heure avancée de la nuit, avait déjà bel et bien pris son envol. Il était plus de 23 heures. L'air surpris, avec cette même corpulence rendant son pas lourd mais assuré, il traînait à ses côtés un militaire à la présence sévère. Il m'honora d'un peu de compassion, je lui donnai en échange quelques explications sur ma présence inattendue en ces lieux qui restaient noyés dans le noir inconnu d'une nuit à passer. Il nous abandonna pour rejoindre l'autre bureau, accompagnant son départ par un encourageant :

« Ne vous en faites pas, je vais voir le lieutenant, nous allons arranger tout cela, mais je n'aurais pas dû vous rendre votre passeport, nous aurions dû faire un laissez-passer. »

En effet, vous n'auriez pas dû monsieur le Vice-consul ! Non pour l'utilisation que je risquais d'en faire, mais pour l'intrigue que celui-ci représentait. Pourtant c'était moi qui, immobilisé sur ces chaises de gendarmerie, payais ce manque d'inspiration. Si nous supposons qu'un laissez-passer aurait pu littéralement bouleverser le déroulement de cette nuit qui s'annonçait longue et imprévisible, cette simple initiative, aurait fait de vous, l'homme le plus admirable, sans que nous ne le sachions jamais. Car peut-être aurais-je été, comme je ne le rêvais plus à cette heure, dans les airs. Peut-être aurais-je été en route vers la France, si aucun coup de téléphone anonyme ne nous avait scotché sur cette terre.

Le retour de chez le lieutenant fut plus embarrassé. Entraîné dans le second bureau, je trouvai Viénot silencieux, laissant la place à notre militaire et à un discours qui se voulait explicatif. Je devrais être patient, la gendarmerie voulait faire son enquête, et la France ne pouvait pas intervenir, c'était une histoire de deux à trois jours, car les choses allaient lentement dans ce pays que j'explorais par le fond. Pourtant, l'étendue du pouvoir d'un consul ne s'arrêtait pas à ces simples mots. La France avait obtenu que, pour cette nuit étrange, je sois hébergé au Mont Fébé, que je retrouve ma fidèle chambre 623, après avoir fait la promesse de revenir pour un interrogatoire le lendemain matin.

Une bonne étoile devait m'éclairer ! ! ! Dans quel état étais-je ? Je ne le sais vraiment plus, certainement résigné à ce délai qui s'imposait à moi, ignorant que la nuit camerounaise ne saurait se finir aussi simplement. Enveloppé dans cet état passif, stoïque et assommé par l'impossibilité de contrôle et de révolte, je ne pourrais m'endormir sans que le Cameroun n'affiche son vrai visage. Sans que ce pays martèle de minutes infinies chargées d'imprévu le cours de ma vie qui s'était brutalement interrompu.

Viénot ne devait sûrement pas croiser la route du Mont Fébé, car il s'éloigna entre les baraquements agités des plaintes de ce lieu. Il laissa les hommes du lieutenant promettre de m'accompagner lorsque leur travail leur en laisserait le temps. Mon regard s'attarda sur Magloire et Micheline penchés sur une Juliette gênée par la chaleur et l'invasion des moustiques qui s'écrasaient sans vergogne sur les pales d'un ventilateur en charge de leur extermination. La nuit du couple n'était soumise à aucune promesse, je devais interpeller notre lieutenant, mais un véhicule fit irruption dans notre univers noyé de déprime et inondé de silence.

Céline réapparaissait dans notre histoire, elle revenait sur la scène, ornée de malfaisance, accompagnée de la cause d'un destin qui nous poursuivait. Elle était là notre sorcière, patientant sur la terrasse de notre prison. Elle attendait de jeter son venin de mensonges. L'allure résignée, adossée au mur extérieur, elle nous transperça de ce même regard métallique qui imprégnait encore les locaux de la DST. Nous la savions capable du pire, agitée d'une haine sans fond et sans relâche. Puis elle disparut, happée par les questionnements de notre lieutenant. Elle laissait Atango nous donner des détails sur l'arrestation.

« Dame Minfoumou a été cueillie au retour de l'aéroport en compagnie de son mari, le père Ndzana, arrivant de France. Elle seule a été embarquée par des collègues disciplinés, à la recherche de la dénommée Minfoumou et non d'un prétendu prêtre. »

La Renault 12 noire reprit à ce moment son envol, avec à son bord le lieutenant, en marche pour effacer le manque d'initiative de ses subalternes. Edmond devait répondre des dépositions précédentes, notre homme comptait bien le ramener dans son bureau.

La présence d'Edmond sur sa terre avait tout d'une immense interrogation baignée d'un espoir que seule ma croyance en la bonté de l'homme exacerbait. Si cet homme recelait au plus profond de son âme une parcelle d'esprit chrétien, quelques bribes d'un sentiment de repentir, de bonté et d'honnêteté, il était alors de retour pour rétablir la vérité. Notre fidèle vérité, à laquelle je m'accrochais pour donner des explications à cette immonde et rocambolesque histoire. Il était là ce cher Edmond, pour corroborer par sa présence nos sentiments de victimes. Il était là pour témoigner de ce qui restait de réalité, de cette vraie tranche de vie dont j'avais soif et à laquelle naïvement je croyais. Il saurait faire taire les mensonges de Céline.

Je devais rester quelques jours dans ce rêve, car à la pêche au prêtre nos hommes restaient bredouilles. Ils étaient marqués physiquement et mentalement par la colère laissée par ce mauvais tour qui leur était joué. J'entends encore notre lieutenant, alors que je sentais depuis plus d'une heure la présence de Céline dans le deuxième bureau jouxtant le nôtre, lui crier :

« Madame vous allez nous dire où se trouve votre mari ! ! ! »

Céline se taisait ou finissait par bredouiller de lancinants et monocordes « Je ne sais pas ! ». Mon lieutenant vous veniez de passer à côté de quelque chose, et moi je perdais de douces illusions sur les raisons du retour de notre père tant aimé. Il n'était pas là pour rétablir la vérité, il se cachait. Restait à trouver où. Et chez qui.

Les paroisses et les protections religieuses sont nombreuses dans cette Yaoundé de toutes les croyances, étirant ses méandres sur de nombreux terrains minés de sectes et d'églises parallèles. Il se cachait par crainte de la vérité, par peur de la justice des hommes, mais comment avait-il atterri ici ?

Marie Jo, à cette heure de la nuit, m'imaginait arpenter le ciel, hors de portée des âmes machiavéliques d'une *sœur* et d'un *père* devenus prédateurs. Alors, dans un geste de clarté et de bonne foi, pensant éviter que d'autres victimes ne longent le chemin et le piège tendu par Ndzana, elle avait déposé une plainte et agité l'évêché d'Auch. Elle avait créé le réveil de la solidarité, de la sacro-sainte protection de l'église. Le pauvre Edmond, élément trop visible d'une communauté qui se voulait sans hernie flagrante, continuant à répandre les escroqueries dans sa paroisse, s'était vu payer un billet d'avion pour, pensais-je, venir réhabiliter notre vérité. Aveuglé par ma naïveté ou par l'aura de ce personnage, je ne voyais pas que ses affaires et ses intérêts étaient vaillamment défendus par l'évêque qui avait désiré sa présence en France. Notre bon Edmond était ainsi renvoyé au pays, évitant à la justice française de savoir et de tenter de nettoyer cette mélasse dans laquelle il nous enfouissait. Merci Monseigneur de votre collaboration, Edmond était hors de portée, il avait suffi d'un petit coup de pouce au bon moment, pour qu'il laisse loin derrière, la justice des hommes. Il arrivait accompagné du poids de son âme alourdie d'une tromperie.

Mon père vous vous terriez, alors que moi, pauvre électron prisonnier, je refusais de voir que vous étiez simplement un homme, très éloigné d'un ciel dont vous vous faisiez pourtant le reflet pour mieux éblouir. Vous vous cachiez lâchement tandis que tout mon être attendait l'invitation de m'envoler vers l'hôtel, vers ce téléphone qui me rapprocherait de Marie Jo. Ce lien subtil et fragile qui pouvait nous réunir, avec comme base l'effervescence de nos frayeurs communes, scindées en deux continents, en deux histoires, pourrait donner du courage à notre impalpable désespoir.

Il était 1 heure du matin, nous étions donc déjà mercredi lorsque accompagné de son épouse, le lieutenant de la brigade de Yaoundé ville, monta dans sa Renault 12 noire. Il me demanda de le suivre. Il ruminait encore la disparition d'Edmond, puisque le début du trajet ne fut que la longue promesse de changer cette disparition en capture. Puis l'air s'emplit de détente et de curiosité quant à ma personne. La France semblait tous les deux les fasciner, comme beaucoup de leurs concitoyens. Notre pays devenait le centre d'intérêt de notre petite équipée. Je parlai de La Rochelle, de ses fruits de mer, de chez moi, ce qui apporta à mes épaules une soudaine légèreté. Cette bulle de détente était amplifiée par les affirmations de l'officier qui expliquait à son épouse notre position de victimes.

Nous faisions un arrêt dans une boulangerie européenne afin de satisfaire l'appétit de notre homme, lorsque la radio se mit à grésiller. Deux braqueurs venaient d'être éliminés, les deux gendarmes exécuteurs ne savaient pas quoi en faire. D'un ton énergique, notre lieutenant, armé de ses petites lunettes aux montures en fer, ordonna de les hisser dans le coffre de leur voiture. Les hommes trouvaient plus simple le mouvement qui actionnait la gâchette, que celui de débarrasser ces cadavres troués du macadam de la rue. Car les deux corps recroquevillés salissaient toujours le sol lorsque nous fûmes sur place. Ces gendarmes, capables de tuer aussi facilement, avaient des réticences à toucher de leurs mains la mort. Moi, je la touchais ce soir-là, de mes yeux neufs à cette terre. Je n'oublierai jamais les deux jeunes habillés de lambeaux de vêtements crasseux, que la vie des autres, de leurs frères camerounais, hésitaient à amener chez les morts.

La silhouette du Mont Fébé apparut enfin, nous laissions derrière nous les deux jeunes braqueurs reposer en paix. Un grand vide m'habitait. J'oubliai les promesses d'interrogatoires du lendemain et je me jetai, chambre 623, sur mon téléphone.

J'imagine aujourd'hui, que la surprise, très vite éliminée de la voix de Marie Jo, fut chassée de son esprit par des images qui, soudain, se bousculaient. Car, pour elle, il était impossible que je puisse avoir ce combiné téléphonique dans la main. La toute première évidence de mon appel s'intitulait : problème. Nous pensions raisonnablement les avoir tous surmontés. Alors, notre nuit ne fut qu'un long appel téléphonique, chargé d'émotions et de larmes. Nous voulions profiter l'un de l'autre, calmer notre peine par l'assurance d'un départ en fin de semaine. À bout de force, je finis par sommeiller. La voix de Marie Jo restait imprimée dans une de mes oreilles meurtrie par le plastique de l'écouteur. Je me réveillai quelques heures plus tard, confronté à la promesse faite dans les bâtiments des gendarmes. J'abandonnai mon dernier moment d'intimité avec ma femme, je jetai un dernier œil sur ce lieu confortable et m'engouffrai dans un taxi. J'étais confiant quant au déroulement notre affaire.

J'aurais pu, plutôt que me diriger vers la gendarmerie, rejoindre l'ambassade ou le consulat de France, non loin de la brigade. Avec un peu de recul, plus que pu, j'aurais dû. L'idée a frappé mon esprit bien plus tard, mais pour l'heure j'étais confiant. Je croyais en l'évidence de notre statut de victimes, réaffirmé par tous ces hommes et ces femmes qui nous entouraient. Alors comment douter de l'issue de cette affaire ! Comment douter de mes propres convictions ! Pourquoi échapper à une innocence trop flagrante pour être niée ?

Je retrouvai Magloire et Micheline marqués par cette première nuit à la gendarmerie. On les avait installés dans le bureau du fond. Ils évitaient les cachots si proches, en partie grâce à Juliette qui se retrouvait dans les bras de la bruyante Rosette, habillée d'un treillis militaire. Tous ces gendarmes semblaient peu à peu ralliés notre cause et le gendarme Rosette petite et ronde, extravertie, était là pour, avec Atangana, nous en faire la démonstration. Merci à vous tous d'avoir respecté et cru en ce que nous étions réellement.

Céline avait dû aussi passer sa nuit au poste, dans l'autre bureau, sur ce même sol qu'elle était chargée de nettoyer ce matin. La nuit avait été agitée, la gendarmerie avait dû recueillir le fruit de différentes rafles. On m'ordonna de m'asseoir sur une chaise et cette journée du mercredi se transforma en attente, alors que je l'imaginais prendre des allures de conclusion.

Atangana prit les dépositions de Magloire et de Micheline pendant qu'Alphonsine nous rendait visite. Elle nous amena du pain et ce gruyère fondu à l'effigie d'une vache rieuse destiné à calmer nos estomacs vides mais dépourvus d'appétit. Toute la petite famille de Juliette était en émoi face à l'injuste arrestation que nous subissions. Après de longues heures de vide interminable, aidés par la simple permission de nous aérer sur la petite terrasse, Atango me demanda d'appeler mon avocate. Au beau milieu de l'après-midi, les événements s'habillaient de complexité, le procureur de la République était saisi. Nous serions convoqués au parquet.

Notre futur n'était plus soumis aux mêmes éléments décrits par la représentation française, détaillés la veille par Viénot. Je comptais sur ce contact avec maître Bétayéné. Je vivais à cet instant un doux mélange : je ne comprenais pas la nécessité de l'intervention d'un avocat censé défendre, (mais me défendre de quoi ?), j'espérais qu'une de ces deux femmes pourrait clôturer cette journée positivement.

C'est maître Gisèle Bétayéné, qui eut la surprise de m'entendre. Je lui déversai dans un flot verbal incontrôlé, tentant pourtant d'être concis, le résumé de notre soirée. En retour, une réponse en forme de reproche sillonna douloureusement mon esprit. Pourquoi donc étais-je avec la petite famille Ebodé-Lewono ? Accompagné de Juliette, je m'exposais aux mauvaises intentions de certains esprits vengeurs. La jeune avocate conclut alors :

« Vous raconterez tout cela à mon associé, M. Rigagneau, je vais vous l'envoyer. »

L'entrée dans la spirale judiciaire camerounaise m'ouvrait grand les bras. Nous étions maintenant contraints de nous défendre de motifs d'accusations que nous ignorions totalement. L'enlèvement et le trafic d'enfants avaient bien vite été abandonnés. Il restait cet acte de naissance, avec reconnaissance en paternité, fait à mon insu, compliqué par celui établi dernièrement avec Micheline.

Nous devions répondre de ce crime. Dans un flot de désespoir, ouvrant les vannes de la folie qui m'envahissait, piégé dans l'incontrôlable pente de cet infini toboggan sur lequel on m'avait installé, je glissais dans le néant. Je posai une signature contrainte, au bas de ce document officialisant notre garde à vue le soir de ce mercredi 22 mars.

J'étais aspergé alors, de la matière même de cette injuste détention. Le sommeil, ce soir-là, ne me fut accessible que par la dose de Valium injectée par un jeune médecin de l'ambassade, appelé en renfort pour m'offrir l'oubli sur quelques heures.

Les trois chaises alignées le long du mur, m'évitèrent le ciment du bureau dans lequel, grâce à Atangana, nous avions été maintenus. Dépareillés, ces trois éléments de mobilier souffraient d'un heureux hasard, puisque, si deux chaises étaient en bois, la dernière que je disposai au milieu de ma couche, était faite de plastique gris soutenu par des ressorts qui amenaient une relative douceur à ma hanche, habituée au matelas du Mont Fébé.

Notre première nuit, réunis au sein de la gendarmerie, fut partagée avec notre maréchal des logis chef en faction. Une natte avait été posée sur le sol pour accueillir Magloire, Micheline et Juliette, alors que les bribes d'une prière à peine articulée provenaient du bureau abritant notre sorcière. La présence du néon qui diffusait sa lumière forte et blanche, ainsi que la proximité d'un marigot, me contraignirent à une nuit enveloppée dans la chaleur insupportable d'un blouson destiné à nos hivers français. Cette carapace soutenue par l'effort poussif d'un gros ventilateur bruyant permettait d'éviter les piqûres incessantes des moustiques. Leur nombre incalculable multipliait le risque de paludisme. L'invasion était révélée par les tâches de sang qui mouchetaient le drap de Magloire.

Cette menace serait visible, au réveil des nuits à venir, à la vue des milliers de points noirs qui jonchaient notre sol autour du socle du ventilateur. Glisser mes pieds en dehors de mes chaussures m'était interdit, car malgré la présence du tissu, ces maudits insectes, loterie du palu ravageur, réveillaient par leurs piqûres des démangeaisons insupportables.

Enfin, le produit contenu dans la seringue fit son effet et je partis loin de ce continent. Mon sommeil dissimulait la promesse d'un réveil surprenant.

Les silhouettes allongées et la lumière pénétrante du néon, frappèrent ma rétine, alors qu'au creux de mes oreilles des cris et des détonations se rapprochaient. Me tirant d'un rêve aux couleurs d'un quotidien français, une vague d'angoisse m'envahit presque aussitôt, et je mis quelques longues minutes à retrouver les raisons de notre présence dans ce flot de lumière. Cette remontée en conscience ouvrait violemment la porte de mon doux refuge nocturne. On venait de me jeter un seau rempli de la peinture, plein de la substance de notre réalité, et soudain tout en dégoulinant, les choses se remettaient en ordre. Le plafond jaunâtre se confondant aux murs sales, réapparaissait. Il me laissait supposer dans quel monde je me trouvais. Certainement à cheval, en équilibre entre rêve et réalité, le basculement prévisible fut un choc. Aussi violent, aussi présent, que celui construit par notre imaginaire, appuyé par ce qui se jouait à l'extérieur. L'indication de l'heure inscrite sur ma montre était sans aucun rapport avec l'impression physique qui me redressait. Mes sensations répondaient à la même inconnue que celle révélée par l'image de ce lieu. Une certaine énergie se mêlait au renoncement face à ce qui pouvait surgir de ce futur qui roulait douloureusement sur un présent immédiat et brutal. Le temps était ailleurs, était-ce le jour ou la nuit ? Magloire s'éveillait lui aussi, effaçant peu à peu ma solitude et mon abandon. Mon regard se posa sur lui, sur ce repère connu et rassurant. Pénétrèrent alors, dans le silence retrouvé, une dizaine d'hommes accompagnés d'un petit officier tenant à la main un long bâton couvert de sang.

Dans cet espace de 12 m², venaient de surgir, autour de deux hommes blessés aux membres et à la tête, huit personnages, torses nus pour certains, habillés de guenilles pour d'autres. L'odeur transportée par ce petit groupe était si forte qu'elle rajouta au mystère de leur présence en ces lieux. La transpiration, mêlée à une forte sensation de fumée, finit par me sortir totalement d'un sommeil suggéré par le Valium. Ils se retrouvèrent tous assis sur le sol, semblant épuisés par ce début de nuit dont nous ignorions encore le sens. Bien vite les âmes et les corps meurtris trouvèrent, conduits par une lassitude visible, l'aisance de s'endormir les uns contre les autres. Et malgré la promiscuité, parvenant à naviguer entre deux états, je distinguais près de moi les blessures et le métal des menottes qui marquaient les membres de ces hommes. Nos gendarmes nous abandonnèrent dans la pénombre offerte par un néon enfin éteint.

Il était 4 heures et la douce lueur d'un jeudi piétinant, allait dans deux heures, voir disparaître ce petit monde laissant les effluves et les traces d'une étrange nuit. Laissant sur notre sol, de sombres dessins géométriques produits par le relâchement des vessies. Ces hommes fourbus nous abandonnaient. Par la bouche d'Atangana, nous touchions à l'explication de cette fin de nuit :

« Soumise à une palabre nocturne et agitée, une famille dont quelques représentants avaient accompagné nos tentatives de sommeil, s'en était prise, à l'aide de bâtons à l'un de ses membres. Contraints, depuis leur village périphérique de la grande Yaoundé, d'accompagner, inanimé, l'indésirable à l'hôpital, ces hommes s'étaient fait attraper en même temps que quelques braqueurs, par notre officier et ses hommes des brigades spéciales. »

Les rafles nocturnes rentraient dans les mœurs, elles s'intensifiaient ces derniers temps. Elles donnaient tout pouvoir à une police et une gendarmerie éprises de répression. Se posant librement en premiers juges et exécuteurs, ces hommes en armes accéléraient parfois de leurs balles, une justice en panne de jugements et de décisions. Ainsi notre petit officier, spécialiste de la nuit, ramassait en masse et sans distinction, les populations sans papiers d'identité et les jeunes cambrioleurs, voleurs et tueurs, décidés à améliorer un quotidien insoutenable, dans la rigueur d'une urbanisation sans loi et sans pitié. À gauche en sortant de notre lieu de captivité, un petit mur blanc de deux mètres de haut, ouvert d'une minuscule porte de fer, portait les stigmates des exécutions sommaires. Il me fut impossible de pousser cette porte. Mais, du fond des quelques nuits passées dans cette gendarmerie, des détonations surgirent de cet endroit mystérieux, claquant à nos oreilles, transpirant de la fin de quelques gamins braqueurs aspirés par les rafles. Un Camerounais sans effroi, sans émotion visible, l'esprit dur, la voix pleine de fatalité me confirma l'utilisation supposée de ce lieu. Il me rappela que la peine de mort officielle et soumise à l'appréciation des juges existait encore au Cameroun. J'avais oublié que de telles sentences pouvaient être prononcées.

Je découvrais que la France n'était pas le monde. Je devenais un citoyen de la Terre. Je gardais au plus profond de moi, comme une blessure, cette douleur face à la vision de notre marche en avant, les yeux clos, dans nos sociétés protégées, capitonnées. Notre univers européen, cachant l'image de cette misère, est attaché à dissimuler, sous les néons clignotants de nos avenues, cette cruelle vérité. Nos pays *développés*, démonstration de belles démocraties, ont souvent l'arrogance des donneurs de leçons. Beaucoup, égoïstement, servent leurs intérêts, détruisant ceux qui ne savent plus où se trouve le leur, ceux qui conservent comme modèle trompeur nos belles avenues faites de lumières. Nos puissances modernes sont occupées à initier et à dissimuler un pillage quotidien organisé avec la complicité des palais de ce sud gangrené. Ces quelques puissants, intéressés à fouiller la profondeur des sols, font que richesse et développement échappent, avec toute l'immonde complaisance des états, aux peuples recouverts de la poussière des pistes. Ils leurs restent alors les quelques miettes oubliées par l'enrichissement des puissants. C'est la loi du plus fort empaquetée par le mieux pensant, qui rejoint le derrière de ce petit mur blanc d'où il ne nous parvint que des bribes d'explications, soulignées par de faibles échos d'agonie suspendue aux résultats des détonations.

Nous étions sur un même sol, un simple mur dissimulait ce qui ne pouvait être vu, ce que nous ne pouvions sûrement pas concevoir. Bien plus tard, les mots d'un français vivant l'afrique, ont tenté d'éclipser tous problèmes de conscience et d'équité mondiale:

« Ne racontons pas trop de l'Afrique au risque d'être pris pour des menteurs, au risque que les oreilles se ferment devant tant d'invraisemblances et d'extravagances. »

L'Afrique allait m'en révéler un peu plus.

Ce jeudi 23 mars s'étira comme le jour précédent. Aucune nouvelle de l'ambassade, seul le cabinet Bétayéné me fit cadeau de maître Seidou. Il déversa sur moi l'assurance d'une présence qui contribuait à ce que les choses aillent rapidement, afin d'accéder au plus vite au parquet. Il me permit de nous projeter dans un futur plus serein. Je ne croyais toujours pas que notre aventure allait être confrontée à l'autorité du procureur.

Je garde de Seidou le souvenir d'un homme élégant et discret dont l'efficacité n'avait d'égale que sa tranquillité. Sa manière sereine d'aborder la complexité de notre aventure m'envahit d'une confiance nouvellement susurrée. Car Seidou était bien présent au cours de cette longue journée, il était là pour faire activer la rédaction des auditions, prendre contact avec le procureur et sauver Atangana d'un penchant à l'éparpillement. Notre Céline avait, au cours de ces premiers jours, de fréquentes visites de son fils Éric. Il était accompagné d'un homme mince, presque famélique, dissimulé derrière un costume trop court, rééquilibré par un attaché-case, greffé comme une décoration au bout de son avant-bras. Nous n'avions par contre, aucune nouvelle d'Edmond. Malgré les sollicitations régulières adressées à Céline et les recherches entreprises par notre lieutenant de jour, ayant succédé à notre *rafleur*, oiseau de nuit, aucun vent de la présence du prêtre n'était ressenti. Il semblait, par sa disparition, ralentir le rythme de la procédure. Le temps coulait misérablement, éternel, s'écrasant sur chaque demi-heure. Cette attente nous ordonna bientôt, d'ignorer tout repère autre que la succession de nos nuits.

De France, aucune nouvelle ne me parvint. Je découvrirais plus tard, que Marie Jo survivait dans l'action depuis deux jours. Elle se démenait pour trouver des appuis, pouvant écourter cette garde à vue, teintée d'injustes motifs.

Mon aventure ne trouva pas de terme dans l'imminence de la fin d'après-midi, de ce jeudi qui se refermait. Revêtu d'un pantalon de velours clair et d'une chemise blanche, je prenais au fil du temps la couleur de ce sol qui me retenait.

Ces deux jours commençaient à laisser leur empreinte sur mon apparence, et entre Magloire, Micheline et moi, s'installaient parfois de longs silences, rompus par l'insouciance de Juliette. *Nous étions ensemble*, comme aime le dire les camerounais, preuve d'une même appartenance familiale. Et nos vies s'étaient arrêtées sur l'inconnu d'un avenir obsédant. Souvent nous évoquions la France. Nous faisions des hypothèses sur ma date de départ, ainsi que sur nos contacts à venir, sur l'adoption qui se poursuivrait. Nous semblions liés, et pourtant déjà naissait en moi le germe d'un champ de culpabilité, m'amenant à reconnaître ma responsabilité sur les changements opérés dans la vie de ce couple.

La nuit se fit dans la même position que la précédente, et le repas que nous partageâmes grâce à la famille de Micheline, donna un répit à cette interminable attente. Avec le noir, réapparurent les chants des prisonniers, serrés dans des cachots si proches et si menaçants. Ils faisaient planer sur nous le risque d'un virage meurtrier. Notre lieutenant interrompit à nouveau un sommeil saccadé, simplement utile à occuper le temps. L'épuisement opéra en m'imposant de petites parcelles d'endormissement, de petits espaces de liberté, m'évitant l'acharnement d'une recherche de sommeil évaporé. Souvent, dans cette nuit sans Valium, je penchais ma tête et mon esprit vers le sol pour distinguer dans la lumière du néon, ce couple et ce bébé qui démontrait l'infâme bêtise de sa présence en ces lieux. Ils étaient recouverts d'un simple drap aussi fin et ajouré qu'une moustiquaire trouée. Sous ce morceau de tissu, je ne percevais qu'une masse dessinant leurs trois corps réunis. Ils semblaient inatteignables.

Atangana, avant de rejoindre sa famille, avait lancé qu'un rendez-vous était pris ce vendredi avec le parquet. Demain nous serions présentés au tribunal. Qu'est-ce que cela signifiait ? Qu'allait-on me demander ? Quel était cet endroit ? Autant de questions qui ressurgissaient à chaque mouvement, à chaque bruit produit par notre lieutenant et ses hommes dans la nuit animée de milliers d'ailes bruyantes et tourbillonnantes, dans cette nuit abandonnée à toutes les tensions de mon corps blessé d'angoisse. Le rythme des arrestations fut semblable à nos premières découvertes nocturnes, brisant ou mettant entre parenthèses la vie de ces présumés coupables. Exposant au même traitement le tueur et le sans-papiers.

## CHER PARQUET

Après une matinée de doutes, ajoutés à l'incertitude de notre destination annoncée la veille, nous montâmes avec notre fée de l'adoption devenue sorcière, dans un taxi, sous bonne escorte, direction le parquet.

Le bâtiment, posé en plein centre de Yaoundé, avait par son architecture, tous les penchants inquiétants et déjà rencontrés du bloc de béton réservé à la DST. Un square arboré se dressait en guise d'humanité verdoyante, face à cette angoissante présence. La hauteur de cette forteresse était amplifiée par l'inconnue de notre destinée.

Une certaine animation se dessinait dans les murs. Un mouvement désordonné était perceptible autour de ce lieu et dans ce square, envahis par la population en attente de leurs proches, à l'écoute d'un dénouement ou d'une curiosité. Des hommes et des femmes en noir, rehaussés d'une pointe d'hermine blanche, semblaient attendre aux balcons. Je cherchais désespérément maître Seidou ou maître Gisèle en guise de soutien. Un camion surmonté d'une cage en bois pour animaux sauvages, fit couler de son flanc, une longue traînée d'hommes enchaînés les uns aux autres, poussés sur cette terre rouge, vers la porte principale, par des treillis verts alourdis de Kalachnikov. J'imaginais encore très mal de quel enfer ces hommes remontaient. L'entrée principale dissimulait un hall dans lequel on gravissait un escalier ridiculement étroit face aux dimensions du bâtiment. Aidés par Atangana nous gravîmes le premier étage, avant d'atterrir dans un couloir aux couleurs de crasse et de désolation qui s'ouvrait par des balcons.

Au centre de ce long courant d'air se dessinait sur un des murs, une lourde porte de fer, ajourée de quelques barreaux. Un espace plus large traversait le bâtiment pour rejoindre un autre couloir parallèle. Ceci créait un ensemble de circulation en forme de 8 qui ceinturait ce lieu de tous les jugements. Sur les murs tachés par le passage fantomatique des prisonniers, coupables, innocents et naufragés de cette société, se dessinaient des portes en bois ouvrant sur des bureaux qui contrastaient étrangement avec la silhouette rouillée de cette grille aux allures de cachot. Nous prîmes place à même le sol. Dans cet espace plus large trouant l'étage, se trouvaient deux longs bureaux de bois, réduits à quatre pieds et une planche, face à laquelle on nous présenta. Atangana obtint la faveur de nous poster tous les cinq, Juliette faisant partie du voyage, sur ce ciment noirâtre, devant ces bureaux ornés par deux gardes en armes.

Nous attendions depuis une bonne heure, tenus éveillés par les moindres mouvements vers notre petit groupe, par les questions des gardes que ma présence surprenait et intriguait. Soudain un homme, l'œil plus noir que ses camarades uniformisés, s'étonna, ou plutôt s'indigna de notre présence dans ce couloir. Un lieu était réservé aux criminels !

Et la lourde grille ouvrant, un pas plus loin, sur une porte de ce même matériau rouillé, nous happa, dame Minfoumou, Magloire et moi. Juliette et Micheline échappaient pour l'heure à cette épreuve.

Le jeune Camerounais et le blanc, accompagnés de leur (d)âme maléfique, glissaient vers cet enfer qui crachait, dès la porte poussée, les miasmes nauséabonds d'une humanité en péril, d'un monde animal soumis aux odeurs d'urine, de transpiration, de mort et d'étouffement, peint d'un noir profond. Dans une pièce en L, nous découvrîmes, après que nos yeux eurent sondé l'épaisseur du noir, entassées sur le sol, une cinquantaine de personnes adossées à des murs crasseux couverts de dates et de noms inscrits ou gravés. Certaines, recroquevillées au beau milieu, semblaient sans vie. Un silence se fit grave et pesant à notre arrivée. Alors que les visages, privés de tout sourire, étaient éclairés par un pan de mur ajouré de croisillons en béton. Ceux-ci déposaient sur les corps un jeu d'ombre et de lumière inquiétant. On nous dévisagea comme tout nouvel arrivant. Nous enjambâmes les corps enchevêtrés et fermés, sur ce sol taché de couleurs et d'odeurs inconnues, pour nous diriger vers un espace laissé libre, proche d'une grosse poubelle de plastique noir, qui marquait le sol d'un contenu aux relents suffocants, au parfum d'ammoniac.

Cet espace laissé libre, entraînant les hommes dans un entassement insupportable vu la chaleur et l'odeur oppressantes du lieu, était jonché de pisse. Car la poubelle faisait office de toilettes. Les hommes, sans précautions, malgré la largeur du réceptacle, urinaient à distance, tenant compte d'une direction approximative du cercle de plastique. Il allait m'être donné l'occasion de m'essayer à ce petit jeu. Je m'apercevais de la nécessité vitale de conserver une certaine distance, qui évitait aux narines de humer, et aux yeux, de découvrir l'infâme matière malodorante. Il ne nous restait plus qu'à prendre place non loin de ce récipient, jamais nettoyé, et vidé uniquement lorsqu'il ne restait plus d'autre alternative.

Je dégringolais et le pire restait à venir, mes pires cauchemars étaient loin de la réalité de ce lieu. Ma blancheur, face à leur noirceur que je ne distinguais plus, amena dans la cellule du parquet un silence interrogateur, et Céline prit la parole en *Ewondo*.

Au fur et à mesure qu'un flot de paroles dégoulinait de cet intérieur étonnamment calme de femme, perçue comme maman par une bonne moitié de l'assistance, je sentis, plus fort que les odeurs d'urine, les regards se poser lourdement sur ma personne. Les yeux arrondis, nous transperçant par moments, Céline d'une voix pleine d'assurance, tenue par la rage, construisait son monde. Elle tentait de retourner les hommes contre nous. Les regards devinrent soudain menaçants et cette pièce, dépourvue de lumière s'électrifia. Les corps allongés se déployèrent dans un mouvement ondulatoire. Un groupe d'une vingtaine de personnes, envoûtées par le court du récit, s'approcha de *maman Céline*. Nous étions dévisagés, alors que

Magloire, assommé par sa présence dans cette cellule, ne montrait aucune réaction. L'esprit engourdi, le corps recroquevillé dans la crainte d'une agression imminente, je ne saisissais plus le cours de notre vie. Le souffle coupé par l'espoir d'une intervention de Magloire, je devinais que Céline ne pouvait faire l'éloge de ma personne.

Alors le groupe s'épaissit, nous coupant de la lumière du jour et capturant un air déjà irrespirable. Dans un sursaut, Magloire intervint d'une voix forte. Bien que le contenu de ces palabres m'échappât totalement, je retrouvais un peu d'air chargé d'odeurs d'urine. Céline amplifia un discours devenu agité et mal contrôlé, donna certainement trop de voix et trop d'invraisemblance pour conserver près d'elle ce groupe d'hommes mobilisés face à l'ignominie de la description.

Nous étions des trafiquants, Magloire vendait son enfant pour une somme conséquente, et moi, le blanc, étais prêt à payer pour enlever un bébé de trois mois dont les organes serviraient à alimenter un trafic international. Céline était la victime, elle avait tenté d'empêcher l'horrible transaction.

Je ne devais, pour une grosse moitié de la cellule, pas avoir une tête de trafiquant d'organes. Magloire devait résonner d'une sincérité plus éloquente que la fantasque Céline, puisque les regards s'adoucirent et la pression physique du groupe se scinda, pour éclater. Les plus âgés vinrent m'apporter le réconfort d'un œil complice. La pression tomba presque aussi rapidement qu'elle nous avait adossés dans la première demi-heure à la dureté puante de ce mur. Céline, jugeant le piège consommé et la ruse mise à jour, s'évanouit dans le silence retrouvé de la cellule. Elle s'éteignit auprès de mon compagnon d'infortune entouré de ceux qui misaient sur sa grandeur d'âme. Les hommes vinrent partager avec Magloire et moi, les raisons de leur présence au parquet, laissant planer inexorablement et nouvellement sur nos vies, la menace de Kondengui. Ils étaient là depuis le début de matinée et attendaient d'être entendus espérant échapper à la prison. Par tous les moyens ils voulaient éviter d'être menés jusqu'à celle que l'on nommait Kondengui et qui jetait sur ces murs une ombre terrifiante faite de violence, de terreur et de mort. Certains, le corps et l'âme meurtris par leur passage à la gendarmerie, se retrouvaient pliés par la menace de cette prison, parce qu'ils n'avaient pas de carte d'identité. Ils paraissaient pourtant bien jeunes pour signer un mandat de dépôt, un aller simple vers l'enfer d'un lieu où rôdait la mort à grands coups d'images terrifiantes gravées en ces murs. D'autres étaient impliqués dans des escroqueries, dénoncés par leur voisinage, ayant trafiqué pour améliorer leur quotidien, emprisonnés par leurs dettes. Les plus silencieux, marqués de cette même crasse qui recouvrait le béton, savaient qu'ils n'échapperaient pas au mandat. Ils avaient tué ou braqué et souvent les deux à la fois, souvent l'un pour l'autre.

L'odeur de peur était plus forte que celle de la pisse, la violence des réactions et des rapports restait omniprésente. L'endroit, isolé par la porte de fer, était le lieu idéal pour la vengeance et les discussions entre bandes rivales. Les coups partaient. Pourtant tous semblaient résignés dans l'attente du verdict. Céline était pour ce jour, la seule femme du lieu. Le début d'après-midi fut rythmé par les hommes sortant pour être entendus, suivi de ceux qui réintégraient la cellule. La signature d'un mandat de dépôt était quasi-systématique, anéantissant tout espoir de vie. À leur retour, ces hommes résumaient leur désespoir en éruption de colère, de pleurs, de violence, rapidement éteinte par la peur de cet avenir bouché par la prison.

Pour l'heure, nous étions forcés de cohabiter avec dame Minfoumou. Une conversation était née entre elle et Magloire, sur sa responsabilité dans le coup de téléphone anonyme. Elle niait toute implication, me laissant troublé par l'inutilité de ce mensonge. Au beau milieu de l'après-midi, mon nom fut prononcé derrière le fer d'une porte d'où surgissait pour d'autres, la punition. Alors que je m'étais réfugié, pour contrer les effluves de notre poubelle pissotière, dans l'odeur diffusée par une ultime cigarette à l'eucalyptus conservée dans ma poche, je rejoignis l'espace entre la porte et la grille en fer. J'aperçus entre les barreaux rouillés, dans la lumière de ce couloir, un Seidou désolé, souffrant de me trouver dans cet endroit. Sa présence atténua en moi l'impression d'abandon, que tous ces hommes devaient ressentir, n'ayant personne sur qui compter à l'extérieur. Il déversa sur mon âme peureuse et meurtrie, la confiance qu'il réservait au déroulement de cette journée. Ce soir tout serait fini.

La nuit était tombée depuis deux bonnes heures, laissant un simple filet de lumière filtrer dans la cellule, par la lourde porte maintenue entrebâillée. Nos camarades devaient être transférés à Kondengui, et nous, nous n'avions pas bougé d'un sol qui s'imprégnait peu à peu de notre chair.

Soudain, une femme marqua de son ombre le rectangle de lumière délimitant l'accès à la liberté. Elle cria, une feuille à la main, dans cet espace maudit :

« Affaire RIGAGNEAU ! MINFOUMOU ! LEWONO ! Est demandé un complément de pièces. »

Puis elle tourna les talons, laissant circuler les encouragements de nos compagnons de cellule, qui nous sentaient soudain échapper à la prison. Mon esprit restait troublé, notre nuit ne se ferait pas à Kondengui, mais étions-nous libres ? Dame Minfoumou soufflait de soulagement. Elle qui nous avait menacés, tout au long de cet après-midi, de cette phrase sans fond :

« Si je dois mourir, je ne mourrai pas seule, vous mourrez avec moi ! »

Elle faisait planer sur nous, l'angoisse de nous pousser avec elle en prison. Cet esprit, habité par la folie, sentait le danger de l'emprisonnement. Contrant sa culpabilité par l'attaque, elle faisait la démonstration d'un comportement que je ne m'explique toujours pas. Ce souffle de soulagement fit tomber en elle le brouillard de violence dont elle nous inondait, provoquant un rapprochement avec Magloire qui, lui, restait méfiant.

Le couloir éclairé fut le lieu d'un mouvement, la possibilité d'ouvrir cette parenthèse de vie, paralysée sur la noirceur de la cellule. Dans cette lumière retrouvée, nous pouvions apercevoir la ville, ainsi que notre Juliette aux bras d'une Micheline au regard interrogateur. Nous fûmes alors alignés contre le mur, afin que, deux par deux, la froideur coupante du métal nous unisse par les poignets. Le hasard, joueur ou pervers ce soir-là, voulut que je sois menotté à notre sorcière pour qu'un passé nous liant dans les émotions les plus profondes, soit définitivement effacé par la dureté de ce lien métallique. Micheline échappait à ce traitement, elle était soutenue par maître Seidou. Tenu à distance, il ne put nous donner aucune information sur la direction que nous prenions.

En file indienne, le poignet cisaillé par le manque de rythme donné à notre pas commun, nos braqueurs, voleurs et étourdis sans papiers, dégringolèrent l'escalier, nous entraînant vers la nuit où nous attendait une partie de la famille Ebodé Lewono. On tendit un panier de nourriture à Micheline et maître Seidou trouva alors la possibilité de me glisser :

« Ils vous ramènent à la gendarmerie, nous nous verrons demain ! »

Micheline réincorpora nos rangs et nous prîmes, dans le silence, la direction du sol de nos nuits passées et à venir. Pendant ce temps, un camion engouffrait nos compagnons d'un jour vers l'enfer de la prison.

Le chemin du retour se fit en silence. Nous prenions conscience qu'un long week-end nous tendait les bras. Débarrassé des menottes, je retrouvai pour plus de confort mes trois chaises et la compagnie des moustiques, inséparables des nuits agitées de la gendarmerie.

Il était 21 heures et cette nuit allait être bien différente des précédentes. Deux événements marqueront notre soirée.

Atangana n'était pas là ce vendredi soir, notre accueil fut pris en charge par un petit bonhomme maigrichon, aux yeux injectés de sang et à la démarche trahissant une consommation excessive d'alcool. La main accrochée à son fusil, il nous examina prenant place dans ce bureau, qu'il ne semblait pas vouloir partager, puisqu'il m'ordonna de ne pas toucher aux chaises que j'essayais déjà d'aligner par habitude. Et notre petit groupe se retrouva à nouveau sur le sol, attendant que, d'une voix agressive et mal assurée, notre homme décide de notre sort.

« Qui vous a donné le droit de vous installer ici ? Vous allez dormir ce soir dans les cachots ! »

La gendarmerie semblait vide, et notre homme, à l'aide de son arme, paraissait nous indiquer la direction à prendre. D'un air titubant, avec des gestes saccadés, il me demanda de me lever, nous ordonnant de répondre. Le canon près de mon estomac, je bredouillai que l'autorisation venait du maréchal des logis chef Atangana. Il prit un long temps de réflexion, hésitant sur la direction à nous ordonner, puis miraculeusement il fut interrompu par des lueurs de phares percutant les murs du bureau.

La voiture du lieutenant, soudain rassurante, venait de surgir, banalisant ma réponse, puisque, dans le noir du parking, c'est notre père Edmond que l'on vit descendre du véhicule.

Cette présence infligea un long rictus au visage défiguré de Céline. Elle semblait ne pas croire en cette vision qui donnait à mon ventre plus de pression et d'angoisse que la scène précédente. Le deuxième événement majeur tombait sur notre début de nuit. Je pressentais qu'il bouleverserait le déroulement de notre futur proche. Comment Edmond se trouvait-il dans cette voiture ? Avait-il été arrêté ou venait-il spontanément apporter son témoignage ? Aucune menotte n'entravait ses mouvements, pourtant, l'inclinaison de sa tête ainsi que la raideur de son buste, trahissaient sa difficulté à entrer dans ce lieu, à pénétrer dans cette histoire. Venait-il pour que renaisse la vérité ? C'était un doux espoir.

Il rentra dans le bureau du lieutenant, suivi de la silhouette imposante et rondouillarde d'Atangana. Un quart d'heure plus tard, il en sortit. Céline fut conviée à le rejoindre et notre gardien alcoolisé disparut pour l'accompagner, ce qui réduisait notablement le risque de bavure au sein de la gendarmerie. Edmond et Céline se retrouvèrent, alors seuls, sous les étoiles. Un long moment de conciliabule s'écoula sur la terrasse, avant que le bureau ne s'entrouvre à nouveau, pour happer leurs témoignages communs, pour que cette soirée, et ce qui s'était dit, et ce qu'ils s'étaient dit, reste teintée d'un voile de mystère. L'éloquence de cet échange mystérieux, me fut révélée par Magloire au milieu de la nuit, alors que je m'étais effondré sur ma couche. Edmond était remonté dans la Renault 12 noire, il était libre, il s'enfuyait étonnamment. Seul restait audible le souffle de Céline demeurée captive. Je ne comprenais plus, ce n'était pas nouveau. Nous restions dans le noir répandu dans ce bureau, aspergés de l'immonde injustice d'une absence, de l'infâme constat de la fuite de notre prêtre !

Edmond, revêtu des couleurs indécentes de cette liberté souillant le noir de son habit d'église, viendrait, tout au long de ce week-end sans fin, hanter les extérieurs de la gendarmerie. La nuit fut étrangement calme. L'alcool avait fini par assommer notre gardien. Envahi de ronflements, il gisait, affalé sur le bureau.

L'arrivée du jour fut l'occasion d'un long plongeon vers cette réalité inconfortable qui maltraitait notre capacité de compréhension. Des réveils, inondés de douleur, donnaient à mon sommeil, court et saccadé, un caractère d'évanouissement, de perte de conscience. Seidou arriva avec le petit jour, apprenant l'entrée en course d'Edmond. Il passa une petite heure avec Atangana et s'enfuit, nous informant que maître Bétayéné passerait dans l'après-midi. Le soleil éclairait la terrasse. Les gendarmes nous permirent ce jour-là, de humer un peu d'air frais et d'avaler quelque nourriture contenue dans le panier récupéré la veille. Ce garde-manger rempli de bâtons de manioc, de bananes plantain, d'un peu de viande et parfois de mangues, était apporté par la famille de Micheline. Pulchérie, et plus régulièrement Alphonsine, tentaient d'arriver jusqu'à nous, pour nous donner le repas de la journée. Nous l'avalions lentement pour trouver un sens au temps qui s'étirait devant nous. Sans elles et sans la permission d'Atangana, il demeurait impossible de remplir nos ventres sans appétit, soumis à de fréquentes douleurs engendrées par la faim ou par l'angoisse. Le seul exercice autorisé était le déplacement du bureau à la terrasse, et l'accès à cet espace extérieur dépendait entièrement de la tolérance des gendarmes.

Ce samedi 25 mars, Atangana et Rosette nous avaient à l'œil, et nous pûmes profiter de la lumière bienveillante du soleil. Mon pantalon et ma chemise, suite à l'épreuve du parquet, avaient fini par atteindre la couleur déposée par cette terre et par cette crasse qui occupaient nos lieux de captivité. L'angoisse et la présence nocturne du père Ndzana, prêtre spiritain revenu au pays, envahissaient mon intérieur de tensions incontrôlables.

Sur quelle planète avais-je atterri ? Il me fallait refaire du lien avec Marie Jo. Et c'est grâce à la compassion de notre geôlier que je pus entendre sa voix. C'est grâce à sa confiance que je pus sentir la présence à mes côtés de mon épouse.

La cabine téléphonique construite de vieilles planches et de tôles surchauffées par le soleil de début d'après-midi, se trouvait à quelques cent mètres de la gendarmerie. Et c'est une voix lointaine qui s'écrasa sur moi. Je fus pris par le flot des sentiments et par l'impression de tout perdre. Marie Jo allait mal. L'arrivée d'Edmond la plongeait dans une profonde désespérance, elle préférait soudain ne plus exister, laisser couler cette injustice qui lui était intolérable. Je ne pourrais plus l'appeler. Elle voulait tourner le dos à tant de souffrance. Déserter cette aventure commencée ensemble.

Les murs de la cabine s'abattirent sur mon regard mouillé de cette infâme douleur qui m'arrachait les tripes. Je regagnai notre bureau, sans entendre la répétition des phrases stéréotypées de notre gendarme qui soupçonnait ma profonde tristesse : « ça va aller, M. Rigagneau, ça va aller ». Je devais écrire. Je devais dire à Marie Jo de tenir le coup, retrouver pour elle, un peu de cet espoir qui m'accrochait à la vie.

Les regards de Magloire et de Micheline se firent inquiets à la vue de mon visage. Alors sans plus réfléchir, je me levai. Je marchai rapidement vers le portail, vers l'ambassade, dont je n'avais plus de nouvelle, qui elle aussi me laissait tomber. Je n'avais plus rien à perdre. Mon seul espoir était de retrouver un peu d'humanité, pour permettre à Marie Jo de vivre, de survivre à cette épreuve, à la folie qui nous submergeait. La route se profilait à portée de pas, derrière ce simple portail de fer non gardé, ouvert sur le monde, sur la liberté. Sur le trottoir stationnaient des hommes et des femmes de toutes couleurs vestimentaires, attendant le passage d'un taxi, prêt à les accompagner vers des tâches diverses, vers leurs moyens de survie. Je traversai la rue. Je sautai au-dessus des hauts trottoirs destinés à canaliser les forts orages de ce coin du monde, dans l'espoir d'intercepter un véhicule qui me conduirait à l'abri de murs français. Les taxis étaient nombreux à cette heure de la journée et le soleil se faisait pesant. Je m'apprêtais à m'engouffrer dans un taxi jaune, qui avait stoppé sa course à mes pieds, lorsqu'une voix sévère et connue m'interpella :

« M. Rigagneau où allez-vous comme ça ? Vous ne pouvez pas partir ou je vais devoir vous enfermer. Pensez un peu à moi, c'est moi qui vais avoir des problèmes si vous partez ! ! ! »

L'argument stoppa jusqu'à mon idée d'évasion, jusqu'à mon envie de fuite par laquelle je trahissais cet homme qui croyait en nous. Atangana avait été posé sur mon chemin d'évadé, fuyant ce qui n'était qu'une pâle vision de mon futur. Je regagnai donc, perdant tout espoir de fuite et accompagné de mon gendarme confiant en mon avenir, notre emplacement dans ces locaux. Les gendarmes assommèrent mon retour et mon aspiration à la liberté d'une salve de solides menaces.

J'aurais dû regagner l'ambassade, mais le destin en décidait pour l'heure autrement. Habité d'une langoureuse désespérance, je me plongeai dans un long courrier destiné à redonner vie à ma femme. Je puisai dans un reste de ressources, nourri par la vision de Magloire et de Micheline penchés sur Juliette qui traversait paisiblement le temps. Magloire irait passer ce long fax ouvrant l'autoroute de mes écrits et portant le numéro de téléphone de la gendarmerie. Ce qui, avec l'autorisation exceptionnelle d'Atangana, permettrait de recevoir un appel discret, le matin avant huit heures. Destinés à calmer le bouillonnement incessant qui abreuvait les méandres de mon désespoir, ce téléphone et plus tard les fax, seraient des attaches me préservant d'une glissade vers l'océan de la déprime. Les quelques francs CFA prêtés gracieusement par le cœur plein d'élégance d'une Rosette au physique rude et à l'allure tranchée, suffirent à l'envoi de ce fax. Alors, du bout de cet après-midi, la courte absence de Magloire ouvrit l'enchaînement des visites et des événements qui contribuèrent à creuser la matière incompréhensible et irréelle d'un monde fait d'injustice.

La silhouette connue d'Edmond se posa sur les quelques marches collées au mur d'enceinte. À dix petits mètres de nos corps tétanisés, nous pouvions deviner et ressentir la difficile décontraction de l'homme d'église. Comme appuyé sur une armée prêchant l'innocence de l'enfance, il s'était entouré de Mary, d'Édith et d'Éric, pour cette rencontre au sommet. Au travers de la rambarde de béton, j'apercevais la scène familiale, muée en palabre interminable, n'autorisant aucune décontraction des visages. La concentration animait leurs membres. Elle plissait leur front dans une étrange complicité. Edmond, un stylo vissé au bout d'une main appliquée, inscrivait le plan secret de leur défense commune. Il était à portée de voix, à portée de mon œil. Submergé d'une vague surnaturelle abolissant les frontières de nos corps, je m'accoudai au rebord de béton qui délimitait notre espace. D'un regard chargé d'un appel, d'une interrogation qui parcourut les quelques mètres qui nous séparaient, je tentai d'attraper ce qu'il ne daignerait jamais redonner : une bribe d'humanité, l'éclair d'un regard chargé d'une réponse ou d'un peu de culpabilité.

Tout au long de ce tableau familial, débordant de tout mon être, dégoulinant sur ces marches d'un appel, nu de franchise, en attente de quelque chose, je me figeai là, l'appelant du poids de cette force que je sentais en moi. Il ignora cette présence. Cette proximité bousculait ses épaules. L'indication de notre direction lui restait totalement interdite ou trop dangereuse, par la crainte de se confronter non pas à mon désespoir, mais à ce qu'il était, au reflet transmis par ce miroir figeant son mensonge. Ce mensonge qui transpirait d'un corps dévié du sens de son habit, me poignarda peu de temps après. Lui, disparaissait avec son cheval de Troie, entraînant à ses côtés une enfant agitée de sanglots, regagnant sa liberté avec Mary qui nous adressait des regards mouillés.

Gisèle Bétayéné, arrivée dans la langueur de cette fin d'après-midi de mars, me confia, l'immonde démonstration de menace lancée par le couple. Le cauchemar se concrétisait dans la teneur de leurs dépositions. Il était hanté par des âmes sans remord, ni vie. L'introduction du récit qu'Edmond abandonnait en ce lieu, était semblable à mon témoignage. Il reconnaissait être l'instigateur de notre rencontre, il semblait faire preuve de vérité et d'honnêteté. Soudain la trame se hérissait de détails, l'histoire prenait une autre ampleur, une autre tournure, totalement inattendue et aussi incroyable que notre arrestation. À la question : pourquoi s'être opposé au départ du couple Rigagneau en février, la réponse devenait hallucinante. Elle m'amena à la lisière si mal définie de la colère et de l'effondrement. Je ne pus distinguer le visage d'où explosait l'horreur de la scène décrite, je dus m'asseoir et je mis longtemps avant de croire en Gisèle, en ces mots.

Gisèle venait de m'apprendre que nous avions été décrits comme des monstres habités de mœurs étranges et insoutenables, portés à la sorcellerie et à la pédophilie. Elle venait, en relatant les mots de Céline et d'Edmond, de jeter une nouvelle vague de cauchemar, sur mon visage déchiré par la chute vertigineuse dans un gouffre sans fond et sans repère, qui m'étreignait peu à peu. Gisèle poursuivait le récit fou de nos accusateurs. Édith, la fille de Céline, alors que nous étions hébergés chez sa maman en février, déclarait nous avoir surpris, un soir, Marie Jo et moi, enfermés dans notre chambre avec Juliette. Nous étions entourés, disait-elle, d'une dizaine de bougies allumées, engagés dans un rite étrange et répugnant. Les détails étaient précis. Elle relatait le caractère pervers et sexuel de la cérémonie en cours, puisque, aidé par mon épouse, le bébé était décrit nu, effectuant une fellation. La folie mensongère atteignait des sommets, destinés à me faire plonger dans les bas-fonds de l'ignominie.

Voilà peut-être la raison pour laquelle, le soir de notre départ, Juliette avait été rendue nue à sa famille, enroulée dans une simple couverture. De la tentative de contact, entreprise quelques heures auparavant avec Edmond, me restait l'infâme impression de trahison, banalisée par la force de ces témoignages devenus ébouriffants. Les récits d'Edmond et de Céline faisaient état tous les deux de cette soirée. La panique n'était pas le moteur de tels mensonges, une stratégie était en cours. Cette tactique expliquait l'horreur de l'homme blanc, et le sauvetage héroïque opéré par Céline. Pourtant, je ne pouvais me résoudre à considérer qu'Edmond calculait. Je m'interrogeais pour tenter de deviner s'il ne croyait pas en cette version déversée par sa femme, qui donnait une raison si légitime à son opposition à notre départ. Les pièces du puzzle restaient assombries par les brumes épaisses de cette brousse sans merci. L'absence de regard d'Edmond, confirmait la profonde répugnance exercée par ce témoignage.

Des relents de honte et de culpabilité germaient en moi. Mon postérieur était calé sur ce mur extérieur. C'est lui qui me maintenait à la verticale. Gisèle se dressait face à moi. Elle ne laissait paraître aucun signe de soupçon envers le comportement déviant dont j'étais accusé. Elle semblait confiante, nous distribuant à tour de rôle de larges sourires qui rappelaient qu'il était inutile de tenir compte de ces déclarations. Malgré la menace tout aussi effroyable de l'avocat de notre sorcière de produire le témoignage de la fille, elle restait positive. Je me souviens que d'un air léger Gisèle m'apprit que l'homme au costume trop court appuyé d'une avocate de la famille de Céline avait déclaré :

« Si ma cliente est inquiétée nous verserons au dossier le témoignage de sa fille ! »

Les informations glissaient sur les murs de la gendarmerie. Un espace de moins de deux mètres séparait les parties adverses. Malgré le soutien de Gisèle se mêlant à notre petit groupe de trois, j'étais envahi par l'obsession déchirante de démontrer l'infâme mensonge qui souillait mes épaules douloureuses et inaptes à recevoir de telles calomnies. Malgré l'aide de tous, je ne pouvais prendre de recul sur ces accusations. Je ne pouvais me soustraire au torrent tumultueux qui me projetait sur ces berges africaines. Le pendule de mon avocate, constitué d'un simple bracelet en or tourbillonnant au dessus de ma main, m'éloigna du précipice. Il donna vie à un espoir de libération qui redressait cette fin de journée. Je m'attachai à nouveau à l'irrationnel. Je renouais avec la certitude et la croyance plus concrète en une libération prochaine. Nous abandonnions ensemble, dans les cercles du bijou, dans le tournoiement des mailles en or, ces fausses déclarations que je voulais balayer par les enquêtes sociales et psychologiques faites pour l'adoption et pour notre travail. Nous nous accrochions comme un pis-aller aux faits réellement reprochés. Ceux-ci tenaient en un coup de crayon, en une signature au côté et en compagnie de

Micheline dans une mairie de quartier. J'avais, avec cette maman, reconnu par ma signature une enfant dont je n'étais pas biologiquement le père. C'était un délit que les quelques lignes du code pénal, mises sous mes yeux par maître Gisèle Bétayéné, condamnaient. Ce faux en écriture disparaissait dans l'ombre d'une machinerie plus sournoise. Juliette et l'amour que nous lui portions, ne symbolisaient que la surface visible d'un chemin restant inconnu et inavouable. Je pensai alors, que cette petite, que je recevais de plus en plus difficilement dans mes bras chargés d'accusations ignobles, avait dans ce monde plusieurs parents potentiels. J'imaginai le paralléle entre procédures d'adoption multiples, l'attribution répétée d'une seule et même enfant, d'une Juliette destinée à multiplier les contacts financiers pour le profit d'une sorcière, d'un prêtre et de leurs enfants.

La nuit fut longue, agitée des soubresauts et des inquiétudes versées par les paroles d'Édith, la fille de Céline. Elle bousculait mes doutes et mes certitudes dans un manége, interrompu par les intrusions au sein de mes cauchemars, de notre petit lieutenant habillé d'un éternel sourire qui soulignait le mystère sanglant de ses mains. Comme une présence bienveillante sur mon épaule, Magloire n'était envahi d'aucun doute. Il devenait, comme dans nos premières heures de cellule, un allié retenant ma descente aux enfers, me protégeant des menaces extérieures.

Le dimanche s'ouvrit sur un nouveau vide indécent, recouvert des mouvements d'allers venues d'Edmond et de ses enfants. L'arrivée d'un prêtre blanc, débordant de cette compassion malodorante envers une Céline au regard et à la langue affûtée par un comportement fluctuant entre l'abattement et l'expression de la haine, ponctua ces visites. Tout ceci finissait par étoffer, par submerger l'univers d'interrogation sur lequel j'étais assis. La famille de Micheline nous permit à nouveau de nous restaurer, au milieu d'une attente supportée par la perspective d'un lundi fructueux. Atangana semblait traîner toute la hauteur de son corps sur le surplus de travail donné par l'apparition d'Edmond. Il espérait mettre un point final à la rédaction des interrogatoires le lendemain matin. Il comprenait l'essoufflement auquel nous étions tous les trois soumis et l'impatience que manifestait de plus en plus fréquemment Juliette.

Le bout de ce week-end fut enfin palpable, avec l'apparition brutale d'une nuit jetant le bâtiment dans la lumière blanche et violente des néons. La chaleur d'un après-midi immobile s'éparpilla dans l'ombre pétrifiée et ronronnante des bâtiments des prisonniers. Les voix se remirent à hurler la douleur de leur condition. Des cris s'échappaient par les grilles des portes qui retenaient des corps trop lourds et trop meurtris pour entrevoir la lueur d'un avenir. Nous, tous ensemble, à la porte de ce lundi, nous avions confiance. La prière animait Céline, qui avait toujours su, dans les contes d'Edmond, saisir la main qui lui était tendue. Au fil des nuits, la dureté de ma couche marquait plus profondément encore mon corps. Je m'endormis pour rencontrer le début d'une autre semaine, avec l'espoir d'une sonnerie de téléphone qui m'apporterait des nouvelles de France.

Après un réveil déclenché par l'attente, depuis une demi-heure, je m'abîmais les yeux sur cette masse de plastique gris restant silencieuse. À 8 heures précises, la voix de Marie Jo interceptée par Atangana, vibrait d'une sonorité plus positive. Au cours de cette éternité, j'avais douté, ignorant quelle pente avait prise Marie Jo, quel versant l'avait happée tout au long de ce week-end. Le téléphone sonnait, c'était bien elle ce lundi 27 mars qui espérait dans le résultat de cette journée. Elle revivait et retrouvait espoir pour m'amener un peu de force et de chaleur.
La matinée fut ensuite marquée par la visite des blancs venant poser leur regard d'experts sur les cellules sombres des bâtiments voisins. J'espérais que l'on me voit, que l'on me parle, puisque le consulat et l'ambassade étaient silencieux. Mais mes bons gendarmes, alors que je tentais d'attirer l'attention sur la terrasse, prirent le soin de me clouer d'une remarque dans le bureau du fond, en attendant que cette journée s'éteigne.
Malheureusement, et malgré les efforts de rédaction d'Atangana et le renfort apporté par Seidou qui construisait nos heures à venir, nous n'atteignîmes pas le parquet ce jour-là. Le destin avait préféré une date plus évocatrice à notre retour dans la cellule du tribunal.

Après la trace pleine de tendresse laissée par la voix de Marie Jo au téléphone, mes parents s'étaient réunis pour que ce matin-là soit une autre journée, tissée d'espoir soutenu par un cri timide et décalé :
« Bon anniversaire mon chéri ! »

Ce mardi 28 mars devait être une fête. Gisèle avait promis à Marie Jo que ce soir-là, je soufflerais des bougies dans un restaurant de la capitale camerounaise.
Ce mardi 28 mars, mes parents dissimulaient derrière ce « Bon anniversaire ! » un rendez-vous pris au cimetière pour enterrer un grand-père.
Ce mardi 28 mars, la cellule du parquet nous ouvrait pour la seconde fois ses portes, Micheline était du voyage sans Juliette.
Ce mardi 28 mars, Edmond devait, je le crois aujourd'hui, prier pour se substituer à Dieu et organiser nos jours à venir.

## CHER COMMISSARIAT

Les odeurs acides de l'urine mélangée s'entrechoquèrent contre tous mes sens. Mes vêtements marqués aux plis de longues traînées rougeâtres reçurent à nouveau la trace de ce sol infâme. Mon corps cria et s'engourdit à la rudesse de cette pierre adoucie par les seules bouteilles plastiques que nous disposâmes comme des coussins sous nos muscles endoloris. L'endroit au milieu de ce palais de justice était toujours aussi répugnant et encore plus peuplé que vendredi. La chaleur de cette haute pièce déversait sur nous le brouillard irrespirable de notre attente. Nous avions beaucoup parlé tout au long de ce week-end et ce mardi, notre mardi, s'arrêta sur notre silence commun. Nous attendions avec angoisse, l'annonce de notre nom ou d'un verdict. Nous étions arrivés en fin de matinée et déjà la lumière baissait. La journée avait laissé passer son lot de violence et de réalité guillotinée. Malgré quelques passages confiants de Seidou et de Gisèle ce jour ne fut pour nous, rien qu'un silence devenant terriblement angoissant. Aucun signe de notre sortie promise, avant que la noirceur n'inonde totalement notre cellule. L'absence de mouvement pesait plus sur mon estomac tordu de spasmes incandescents, que sur mes membres engourdis par l'impossibilité de mouvement. Seul le trajet vers notre pissotière commune, qui formait un cercle déshumanisé dans cette pièce perdant son odeur impure sous le coup de l'habitude, permettait des déplacements au-dessus des jambes et des corps alanguis. Hormis cet exercice périlleux et puant, aucun bureau de procureur ne nous ouvrit la porte ce jour-là.

Cette journée d'anniversaire m'avait posé là, l'oreille à l'affût de l'espoir dont j'avais été nourri par Gisèle. Mais rien. Ce fut un jour de fête vide, entouré des mille inscriptions de ces murs crasseux, loin de celle traditionnellement tracée entre les bougies, loin de ceux que j'aimais. À aucun moment nous n'évoquâmes avec Magloire l'immobilité inattendue de cette journée.

La porte de fer claqua, on venait nous chercher alors que chacun était éclairé sur son sort. Nous seuls, alourdis par l'absence de décision, marchions vers l'inconnu. Dans la lumière du couloir, dans une chorégraphie établie, nous surgîmes en ligne, le visage fermé à l'idée de cette liberté qui nous échappait encore une fois. Seidou et Gisèle nous attendaient avec les gardiens et l'homme au costume trop court. Ils étaient les seuls spectateurs de cette danse de sortie. Le cliquetis des menottes qui s'approchait, nous fit tendre les bras alors que le groupe à destination de Kondengui descendait déjà vers un avenir exsangue de vie. Les sourires de Gisèle se faisaient grimaces. Ils traduisaient clairement ce que mon souvenir inscrivait sur ma rétine : un nouveau retour chez les gendarmes.

Pourtant ce soir-là, en guise de cadeau, nous nous dirigeâmes vers le commissariat, sans avoir eu auparavant, la chance, de saisir des mains de Godefroy, de quoi manger et reprendre des forces.

Un petit véhicule japonais nous déposa dans une cour sombre où une large porte éclairée nous ouvrait son *cœur*. Nous étions au commissariat central de Yaoundé. Nous échappions au traitement de faveur des gendarmes. Menotté serré avec Minfoumou, j'entrevoyais ce qui nous attendait.

Aprés la porte largement ouverte se dressait un long comptoir qui s'opposait à l'avancée des visiteurs. Des hommes en uniforme prirent livraison de notre arrivage pour nous pousser par un portillon, de l'autre côté de cette barrière. La lumière était semblable à celle de la gendarmerie, aussi blanche et violente. Elle émanait, à trois ou quatre mètres au-dessus de nous, des mêmes néons poussiéreux. Mon poignet, serré par le métal, était marqué par les à-coups successifs d'une marche saccadée, soumise aux poussées des policiers. Nous glissions vers les voix transperçant les quatre portes des cellules de l'endroit. Plaqués dans ce couloir qui prolongeait le hall d'entrée, nous étions observés par le regard mystérieux de ces portes ouvrant sur l'inconnu. De celle ponctuant le bout de cet espace réduit, surgissaient les menaces d'un homme s'adressant à moi :

« Hé ! Toi, sale blanc ! Approche un peu ta face blanche ! ! ! »

Dans la minuscule ouverture carrée qui transperçait le métal, se dessinait un œil dont je ne distinguais que le blanc, paradoxe d'une phrase chargée de haine raciale. Le bout de mes chaussures, griffé par le rugueux du ciment de nos journées d'attente, figeait mon regard perdu. Je n'osais pas affronter l'appel de ce panneau de métal rouillé. Un brouhaha et des bruits de cris résonnaient dans les hauteurs du bâtiment. Découpé par de lourdes cloisons de deux mètres de haut, prolongées par du grillage retenant la poussière et rejoignant une toiture en tôle d'où pendaient les néons, le commissariat central nous accueillait. Cet œil rythmait de sa voix notre découverte du lieu. Nos entraves furent enfin déverrouillées sans délicatesse et avant d'être jeté dans une cellule, j'entrevis Gisèle qui nous promettait une visite le lendemain.

La porte, après deux tours de clef, s'ouvrit bruyamment sur un lieu tout aussi malodorant que la cellule du parquet. S'étalaient là, sur des poches en plastique rayées, découpées en carré pour donner l'illusion de la douceur passée d'une natte, trois hommes, allongés sur le sol de béton inégal. Ils nous jaugèrent de la tête aux pieds, surpris de notre arrivée tardive. La cellule était un simple rectangle de béton de 12 m², noirci par le temps et la crasse. La hauteur des murs tranchait avec la largeur de l'endroit ce qui augmentait l'impression d'étroitesse de la pièce et donnait à la cellule et à ses occupants l'impression d'un vide vertigineux. Dans le coin opposé à la porte et à la somnolence des trois détenus, était percé dans le sol un minuscule trou, surélevé légèrement par une plate-forme de béton et séparé de la pièce par une cloison symbolique en planches vermoulues. Cet espace d'un mètre sur un, portait les stigmates des nombreux passages successifs d'hommes et de femmes contraints à se soulager. Incrusté dans le mur aux couleurs innommables, un robinet, à la fonction tout aussi symbolique que la cloison, se dessinait sans autre utilité que de rappeler son aridité permanente. L'absence, ou l'arrivée très succincte d'eau, donnait à l'ensemble une atmosphère et une odeur de purin, qui n'avait de cesse d'attirer d'énormes cafards. Ils crépissaient les murs de leur large carapace brunâtre.

On me réserva la place la plus proche de nos sanitaires. On nous proposa un sac plastique pour asseoir notre désespérance et je posai ma tête sur ma besace contenant les dernières traces d'une civilisation absente de ces murs. Allongé sur le sol brun de saleté, envahi de cette odeur irrespirable, j'étais soumis au contact corporel avec une Céline responsable de notre présence dans cet enfer. Dans ce rectangle de béton, les trois hommes gisaient près de la porte et perpendiculairement à leurs corps allongés, nous nous succédions l'un contre l'autre. Nous étions obligés de nous serrer, vu l'impossibilité d'occuper l'autre bout de la cellule, royaume conquis par les cafards géants. Je m'étais enroulé dans mon blouson, nullement par crainte du froid, mais pour m'aménager une carapace me protégeant de tout contact, animal et humain.

Je me souviens être resté longtemps les yeux ouverts cette nuit-là, surveillant nos trois voisins, ainsi que les mouvements rapides de nos codétenus insectes. Mon corps était meurtri par la dureté inconfortable du sol irrégulier, fait de creux et de bosses, qui transperçaient mes os. Mon œil et ma vigilance finirent par se mettre en veille et le sommeil m'ensevelit. Les bruits de mouvements rapides sur mon blouson, sur mon sac, à proximité de mes oreilles me tirèrent d'un sommeil craintif. Je me réveillai dans un long cri qui s'écrasa mollement sur les murs. Dans un réflexe instantané, je me mis, tout en restant allongé, à tuer de mes pieds tous ces insectes qui m'entouraient et m'escaladaient. Je finis ma nuit à l'écoute du mouvement de ces insectes qui étaient à la recherche d'un peu de chaleur humaine. Mes yeux parfois se fermaient, j'abandonnais les quatre ou cinq carapaces brunes paralysant mon attention sur ce mur. Je m'éveillais alors, quelques minutes plus tard, pour m'apercevoir qu'ils l'avaient déserté pour une escapade, et qu'ils m'entouraient à nouveau sur ce sol poisseux. Les cafards cette nuit-là m'évitèrent de penser au désespoir de ma situation. La nuit fut entrecoupée de micro-sommeils et je gardais de plus en plus difficilement ma confiance sur un lendemain, dont j'ignorais encore le contenu. La nuit n'était pourtant pas tombée sur ce lieu baigné de lumière, clos par cette porte et ces murs, qui masquaient notre vision de ses bruits extérieurs caressant nos angoisses.

Les trois détenus que nous retrouvâmes ce matin-là, plus vivants qu'hier, étaient dans cette cellule depuis plus d'une semaine sans avoir vu la lumière naturelle du jour. Pour nous, le soleil se levait sur l'espoir de notre sortie. Cette croyance, devenue notre aspiration de chaque minute, était peu à peu amputée par les récits de ces prisonniers. La peur rongeait mon ventre. La peur de ne plus revoir Marie Jo, de ne plus retrouver ma famille, de mourir ou de ne pas atteindre le bout du tunnel, de ne pas sortir de l'horreur. Et j'oubliais au fil des heures la faim qui brouillait peu à peu mon esprit.

À 5 heures du matin, j'abandonnai toute tentative de sommeil et l'attente se fit longue à espérer la visite de mon avocate. Nous savions tous les quatre que l'heure limite pour être présenté au parquet était fixée à 12 heures. Midi se trouvait sur un autre continent, le chemin qui nous y menait, paraissait interminable. J'abandonnai bientôt la surveillance de ma montre pesante d'immobilité. Pourtant, en proie à la fatigue et à la faim, terrassé dans cet univers, je vis surgir midi. De plus en plus proche, il sonna avec panique dans notre esprit. Nous étions abandonnés et nous allions croupir dans ce trou, comme d'autres, oubliés de tous. Magloire et Micheline semblaient contenir leurs peurs. Ils se livraient au seul destin et au seul doigt de Dieu. Dieu me serait utile pour garder foi en une vie qui s'éteignait lentement. Je me sentais coupable des souffrances que ce couple endurait. Ils pouvaient tous les deux concrétiser cet abandon qui m'envahissait, ils pouvaient me désigner responsable de notre réalité de détenus. Mais tous les deux restaient mon espace de survie, me permettant d'avoir accès à un peu de nourriture et de ne pas subir les agressions des autres détenus. Surtout, nous persistions, en cœur, à croire. Pourtant à quoi pouvions-nous bien croire ? Nous pensions, à l'heure indiquée par ma montre, que de toute évidence, aucun mouvement ne pourrait plus agiter cette porte de métal résonnant d'inconnu. Alors comme un couperet, 13 heures apparut sur le cadran du temps.

L'espoir allait pourtant renaître, tout était possible sur cette planète faite de barreaux, de portes et de cris. Une demi-heure plus tard, les deux tours de clef claquant la veille comme une sentence, retentirent à nouveau, pour nous précipiter dans le couloir et dans la lumière d'un jour qui frappa notre conscience. Nous partîmes vers le parquet, encadrés de deux hommes. Seidou croyait au dénouement de cette journée. Gisèle avait vu le procureur et le ministre, nous allions sortir. Un fax noirci pour abandonner la réalité de cette nuit de douleur allait partir vers Marie Jo, avec une ligne d'espoir griffonnée rapidement dans le couloir qui conduisait vers le soleil. Seidou et Gisèle se chargeaient de la transmission des nouvelles. Ils avaient dû payer l'essence de ce fourgon et très certainement la motivation des hommes en uniforme, pour que nous nous retrouvions assis sur cet autre sol crasseux et chargé d'un espoir renaissant. Un sourire redessinait nos visages éclairés par la confiance en nos avocats. L'irrationnel du bracelet de Gisèle, tournoyant comme un pendule quelques jours plus tôt, s'était embrouillé dans le calendrier. Il avait promis ma libération rapide. Le lendemain de mon anniversaire serait un grand jour, la lueur de mes bougies éclairerait la fraîcheur de ma vie retrouvée. Nous n'avions plus qu'à attendre. Je n'étais pas mécontent de ne plus revoir le commissariat et trouvais cette cellule du parquet presque réconfortante. Ça y était, enfin, on m'appelait ! ! !

C'était Gisèle ! Elle n'arborait aucunement un air de victoire. Son visage déclencha chez moi une profonde inquiétude. Elle me montra un journal au travers de ces grilles soudain resserrées sur ma libération. Le quotidien national « Cameroon Tribune » parlait de nous. Il citait mon nom au côté d'une large caricature. Elle me glissa l'article incendiaire, responsable d'un long revirement de notre affaire. Terrassé, je pris connaissance du texte et du trait de ma silhouette accrochée derrière mes lunettes sur ce papier minable. Je traînais un sac d'où s'échappaient le visage et les cris d'un bébé en pleurs. C'était bien moi, déboulant de ce papier miroir, peint d'un long mensonge percutant mon esprit. Je me penchai sur l'écrit. On pouvait lire :

### Un bébé de deux mois vendu à un expatrié

*C'est un coup de fil anonyme qui déclenche cette affaire à tout le moins écœurante et répugnante. Rigagneau le Français et Minfoumou une Camerounaise, se rencontrent à Paris au mois de septembre de l'année dernière. Minfoumou porte alors à l'époque une grossesse à terme. Rigagneau et Minfoumou se lient d'amitié. Pendant qu'ils conversent dans un café, Rigagneau confie à sa nouvelle connaissance son désir de vouloir « adopter » un enfant. Dame Minfoumou qui est à Paris pour des « congés » réagit instantanément en lui proposant le bébé qu'elle porte dans son ventre. L'affaire est facilement conclue. Minfoumou revient donc dans son Cameroun natal après avoir perçu beaucoup d'argent de l'homme. Mais voilà, au mois de décembre dernier, et malheureusement pour elle, elle accouche d'un mort-né. Dans la deuxième quinzaine du mois de janvier de cette année, elle fait connaissance avec une voisine de quartier qui venait d'accoucher d'une charmante fillette et lui propose ce « marché ». La jeune femme, Elouna Ebodé Micheline, approche son mari Lewono Onana Magloire et la proposition est acceptée. Dame Minfoumou, forte de cet accord prend aussitôt contact avec Rigagneau qui débarque quelques jours après à Yaoundé. En débarquant dans la capitale camerounaise, l'homme sait que c'est pour « adopter » l'enfant Minfoumou. Ce que Minfoumou lui fait justement croire en lui présentant le bébé de son « amie ». Une semaine après, Rigagneau tente de s'enfuir avec le bébé avec la complicité de dame Minfoumou en l'absence des parents. Cette tentative est un échec, car Rigagneau est arrêté par la direction de la surveillance du territoire. Relaxé après une intervention, il rejoint la France le lendemain.*

*L'homme n'accepte pas cet échec et avec lui bien sûr sa complice Minfoumou qui entre-temps, après concertation avec Rigagneau et à l'insu du couple Lewono Onana, va dans une mairie de Yaoundé, et se fait établir un faux acte de naissance du bébé au nom de Juliette Louise Rigagneau qu'elle expédie immédiatement en France avec des demi-photos du bébé. En possession de tout cela, Rigagneau se fait établir un nouveau passeport et y fait apposer la photo du bébé sur présentation de l'acte de naissance apparemment authentique. Son nouveau passeport en main, l'homme, pour la deuxième fois revient à Yaoundé le 18 mars. L'accueil que lui réserve Minfoumou est sympathique. Mais cette fois-ci ayant su que le bébé qu'il veut « adopter » n'est pas celui que Minfoumou attendait alors qu'elle était en France, Rigagneau décide alors de traiter directement avec les parents de « son enfant ». Au terme d'une journée de transactions, celles-ci aboutissent sur un accord parfait entre les deux parties. Aucune somme n'a été avancée. Les parents auraient accepté des subventions mensuelles dont le montant n'a pas été révélé. Mercredi dernier, 22 mars, le Français fait ses adieux au Cameroun et, avec son bébé reprend la route pour son retour en France via Douala où il doit prendre son vol à destination de Paris. Mais c'était sans compter avec dame Minfoumou qui, n'ayant pas trouvé son compte dans cette négociation, prend le téléphone et alerte la gendarmerie. Rigagneau portant « son bébé » est interpellé en train d'emprunter un car de « Centrale Voyage » pour la capitale économique. Les parents du bébé ont également été interpellés ainsi que dame Minfoumou. Il manque cependant à l'appel, un prêtre de l'archidiocèse de Yaoundé qui aurait également largement pris part à la transaction et demeure aujourd'hui introuvable malgré plusieurs descentes du côté de sa chapelle. De Rigagneau, il se dit qu'il serait pédophile et membre d'une secte ayant pignon sur rue en France. Après les différentes auditions, sieur Rigagneau, les parents du bébé et dame Minfoumou étaient attendus vendredi dernier chez le procureur de la république.*

## **Laurent Simplice NGOA AZOMBO**

Le choc fut radical (une autre version me tomba sous les yeux quelques mois plus tard où j'étais pédophile membre d'une secte rattachée à un réseau de trafiquants d'organes). Ce papier gras et répugnant déclenchait une nouvelle glissade vers un précipice qui semblait sans limite et qui écrasait l'espoir, réintroduit ce matin, de notre liberté. Cet article dans lequel les dates restaient vraisemblables était envahi du mystère planant autour de la source de ces informations. Mon regard se posa sur Céline recroquevillée dans son attente. Edmond semblait être désigné comme manipulateur, et la promesse faite par dame Minfoumou de nous engloutir tous dans la démence d'une mort certaine, versée par les geôles camerounaises, démontrait leur implication dans cet assassinat à l'arme journalistique. Une double menace prenait du relief sur cette page qui stigmatisait les témoignages d'Edmond et de Céline. L'affaire prenait une autre tournure. Elle adoptait ce que dictait notre sorcière à nos gendarmes au travers du regard de sa fille. Mais en même temps, par le message contenu en ces lignes, l'extérieur de cette cellule devenait pour ce pédophile, membre d'une secte, totalement menaçant. L'article serait lu par de nombreux Camerounais et je me retrouvais inondé de l'infamie des perversions les plus horribles. Nous étions loin de cette soirée de septembre où la fraternité prenait corps dans le halo d'une bougie, dans le rayonnement magique de nos cœurs. Céline et Edmond étaient-ils les initiateurs de ces lignes ? Avaient-ils contribué à ce second coup de massue ? Le doute subsiste encore aujourd'hui, laissé par la présence du nom de Céline dans l'article.

Je me tournai vers Magloire et Micheline, le regard perdu d'incompréhension, l'esprit envahi d'un questionnement butant sur la répugnance de ces murs habités de la seule réponse d'emprisonnement. Magloire et Micheline semblaient agités pour la première fois, torturés par le récit et la présence de leurs noms au creux de ces lignes. Nous ne savions que penser et l'effet provoqué ressemblait à de la panique. Nous abandonnions la liberté d'être maîtres de cette réalité. Emmenés au gré du courant de cette calomnie, il nous fallait soudain digérer le pire.

Dans l'après-midi Gisèle confirma l'angoisse et les doutes qui nous jetaient en lambeaux sur ce béton, cette journée n'était pas celle que nous avions espérée. L'article avait fait beaucoup de bruit et le procureur devait interroger son ministre à ce sujet. Notre libération était remise en cause, le Cameroun et son peuple risquaient de se faire juges. À 20 heures, avec quelques condamnés à la longue attente d'un jugement dans les murs de Kondengui, nous reprenions notre alignement dans un couloir, où les regards des gardiens trahissaient le résultat du journal. On nous menotta sans aucun ménagement, comme le méritait un trafiquant d'enfants habité de vices inavouables. Mon poignet fut uni volontairement à la rondeur du bras de Minfoumou et le gardien déclara :

« Te voilà attaché à ta complice, le Français ! »

Personne n'ouvrait plus la bouche, même Gisèle fit tomber son regard sur le sol, en signe de compassion ou d'impuissance. Plutôt que la liberté, on nous indiquait à nouveau le chemin de la cellule du commissariat.

À la cellule vide de la veille, on préféra ce soir-là, celle qui se trouvait au fond du couloir habité de l'œil malveillant et menaçant du détenu énervé par ma blancheur. Sur ces 12 m², cohabitaient sur les mêmes poches plastiques bicolores qui inondent l'Afrique, sept hommes plutôt jeunes. L'un d'eux s'étalait sur un bout de mousse crasseux semblant autrefois avoir été découpé pour faire office de matelas. L'homme était maigre et très grand, le crâne rasé, l'œil très rond. Il était vêtu d'un reste de jean lacéré par le temps. Il nous scruta de la tête aux pieds, alors que nous prenions place, assis serrés les uns contre les autres, contre le mur retenant les *sanitaires*. L'odeur qui habitait ces lieux était tout autre que celle de la veille. La chaleur et l'humidité frappèrent nos corps. La surpopulation de l'endroit, mêlée à cette température, laissait échapper de fortes émanations de transpiration. Une sueur qui certainement devait dissimuler le fumet pestilentiel des excréments regroupés derrière la même cloison que celle fréquentée la veille dans l'autre cellule. La moitié des hommes de la pièce se redressèrent pour mieux nous toiser du regard et Céline prit la parole, sur le même ton explicatif, introduisant notre première visite à la cellule du parquet. Micheline, avec autorité, lui imposa le silence et un homme trapu, le visage déformé par un œil crevé, habillé d'une imposante musculature, fit la démonstration que ces murs n'étaient pas étanches aux informations :

« Nous savons qui est ce blanc ! Nous n'avons pas besoin de vos explications, maman, vous êtes sa complice alors taisez-vous ! »

Ces paroles avaient été lancées sans émotion, sur un ton ferme, mais sans menace. Je n'osais regarder ce visage meurtri. Alors son camarade de droite se déplia pour abandonner en une enjambée son matelas. Il se retrouva face à moi :

« Je suis le chef de cellule, il faut payer les droits de cellule ! »

Il m'indiqua de son doigt tendu une inscription maladroitement tracée à la craie. Sur le mur était marqué : DROIT DE CELLULE 1000 F.CFA.

Je bredouillai apeuré et éreinté par la journée que je venais de subir :

« Je n'ai pas d'argent ! »

L'homme m'adressa un œil noir et menaçant :

« Comment parles-tu au chef de cellule ? Qu'as-tu dans ce sac ?
- Rien ! Des revues, un crayon… »

D'un geste rapide, il tenta de m'arracher la besace que je trimbalais depuis plus de quinze jours. Il voulait en vérifier le contenu. Entre les revues se trouvait une chemise pleine de notre correspondance avec Edmond, preuve de sa culpabilité que je conservais précieusement avec moi, ainsi que mes papiers Français et mon portable inutilisable sur ce continent. Magloire intervint alors dans sa langue. L'homme se dessaisit de mon sac et m'attrapa le bras fermement. Il avait remarqué ma montre qui valait bien 1 000 francs CFA.

« Donne-moi ta montre sale blanc ! »

Cet objet était un cadeau de Marie Jo et symboliquement représentait dans l'actualité de cette fichue tranche de vie, bien plus qu'une aiguille parcourant bêtement un cadran. Elle était le dernier lien qui m'unissait secrètement à ma femme. Je m'opposai donc autoritairement à sa demande. Son bras et son corps tout entier se firent plus menaçants, il tenta d'arracher l'objet convoité. Alors je dégageai mon bras de l'emprise de cet être prêt à toutes les violences. Sa longue main fit instantanément incursion dans ma bulle, pour venir percuter mon visage. Je restai sonné par le coup. J'oubliai la douleur mais je me souviens nettement du visage jouissif de cet homme n'ayant plus rien à perdre ni à attendre de la vie. Il était tueur et condamné à mort. Il étala, bien plus tard, son histoire d'enfant et de jeune homme guidé par l'idée de la mort. Ce soir-là, je n'eus pas le temps d'envisager avec compassion cette fin inéluctable, ni d'entrevoir ce qui avait conduit ce jeune homme dans ce trou. Ce qu'il représentait à cet instant, intensifiant un regard exorbité prêt à frapper à nouveau, n'appartenait plus au monde des vivants. S'apercevoir qu'un blanc tombait dans ce même trou lui tirait de longs sourires chargés de l'ambivalence de la lourdeur, de la haine d'un passé de souffrance.

Alors, l'existence encore aujourd'hui à mon poignet de ce petit objet de cuir et de métal, tient à deux facteurs : certainement ma couleur, mon appartenance nationale, mais aussi l'intervention de Magloire qui promit le paiement différé des droits de cellule. La pression tomba soudain. Je tâtonnai ma joue mâchée, et l'homme, le visage figé d'une colère imprimée sur sa vie, fut invité par son compagnon borgne à regagner sa place. Un long silence pesa sur la cellule, marquant les minutes et les heures qui suivirent, faites de l'imprévisible mouvement d'humeur de ces prisonniers. Je devais rester sur mes gardes toute la nuit, avec face à moi le regard de mon agresseur semblant échapper au sommeil.

Cette nuit fut bercée par les questions à notre sujet. Les avis les plus divers circulaient dans ces lieux : si j'étais le père du bébé, je devais alors me coucher en compagnie de Micheline sur la seule natte de la cellule. Céline devenait la méchante, celle qui condamnait la chance qu'aurait pu avoir cette enfant. Pourtant derrière ce qu'ils voyaient, n'étais-je pas le personnage du journal, l'acteur des rumeurs tapissant ces murs ? J'échappai à l'entremetteuse idée de me coucher auprès de Micheline. Magloire put alors partager avec sa fiancée une natte au côté de notre chef, alors qu'en face, je me serrais, contraint par le surnombre, auprès d'une Céline ronflante. Comme la nuit précédente, je fuyais le sommeil, l'œil tenu ouvert par l'insondable menace jetée par chaque personnage au cœur de ce huis clos forcé. Mon cœur débordait. À l'arrière d'une facture du Mont Fébé, j'écrivis à Marie Jo pour trouver du courage, pour me sentir un peu chez moi :

« *Encore une journée au parquet et aucune conclusion. Je commence terriblement à douter de cette histoire, l'avocate m'a donné l'article de journal ça m'a détruit, je ne sais plus où m'appuyer et toujours cette blessure ignoble ce grand vide, ce séjour que je vois sans fin...* »

Je fus épié, transpercé. Je fus observé tout au long de cette nuit que je passai dans les cris des rafles débarquant d'une vie nocturne, d'une ville en perpétuel mouvement dont seul l'écho lointain nous parvenait. Les malheureux qui tombaient dans les griffes des policiers étaient répartis dans les cellules. Des cris de femmes me tirèrent du refuge tapissé de sommeil vers lequel je voyageais enfin, dans lequel je m'enfouissais et qui faisait renaître la virtualité d'une vie plus forte que la pourriture de cette réalité. Le coup fut brusque, à la hauteur des protestations de ces Camerounaises déchaînées, jetées dans la cellule mitoyenne. Pourquoi étaient-elles là ? Jamais nous ne l'avons su, mais le sommeil fut définitivement proscrit de ce sol.

Le néon qui brillait continuellement jour et nuit éclaira sur ma montre préservée, 2 heures du matin. Nous avions entamé la journée du jeudi 30 mars dans les cris et les pleurs mystérieux d'une dizaine de femmes inconnues. Quand à 5 heures, j'étalai à nouveau au dos d'une facture à l'entête du Mont Fébé, l'océan de désespoir qui comprimait mon ventre et mon cœur, le silence était revenu. Il était plus pesant encore que les protestations des femmes n'acceptant pas leur sort. J'espérais des nouvelles de Marie Jo. Elles ne viendraient pas aujourd'hui. J'espérais notre convoyage vers le parquet. Alors allongé contre ce mur et contre ce sol blessant comme la rudesse de notre vie sans sens, je me mis en posture d'attente. Un gardien frappa à notre porte, laissant apparaître quelques beignets destinés à notre petit déjeuner que nous partageâmes en onze parts égales. Le chef de cellule justifia son titre, en commandant que chacun passe sous ce robinet d'où s'était mis à couler un mince filet d'eau. Il permit une toilette à l'endroit même où l'urine coulait à flot. Cet individu qui dans ces murs avait tout droit sur notre vie, profitat de ce moment pour mettre à contribution les droits de cellule. Il nous tendit de petites noix de savon.

L'eau froide coula pour la première fois depuis le 21 mars, date de ma capture, sur une peau marquée par ces lieux. Cette marque était pourtant bien moins profonde que celle faite dans mon esprit par les coups de machette successifs destinés à rythmer notre histoire. Ma chemise, autrefois blanche, recouvrit de sa lourdeur odorante une peau plus nette, mais déjà salie par l'image proche de cette femme. Céline, recouverte ce matin, de l'inquiétante présence immobile d'un corps et d'un regard replié sur des projets sournois et sans fond, restait silencieuse. Cette toilette, les pieds dans les toilettes, occupa une parcelle de matinée jusqu'à notre transport, menottés, dans un minibus vers le parquet.

Le parking ensoleillé de la police, était noir de monde, chacun semblait vouloir voir le blanc à lunettes caricaturé par l'article. Nous fûmes poussés à une quinzaine à l'arrière d'un Trafic, surveillés par deux gardes en armes. Les visages des curieux s'écrasaient sur les vitres grillagées. Chacun voulait nous apercevoir. Les commentaires battaient la poussière rouge de l'endroit, jusqu'au moment où une femme se précipita sur ma vitre alors que nous commencions à rouler :

« M. Rigagneau ! Vous êtes bien M. Rigagneau ? Quelqu'un vous attend au parquet je suis madame... »

Déjà nous quittions le parking et le souvenir de cette nuit de cauchemar. Cette voix nous percuta, intensifia l'angoisse laissée par la population regroupée au commissariat. Qui était cette femme ? Que me voulait-elle ?

Notre entrée vers 12 heures dans la cellule du parquet eut un autre goût. Le goût d'une autre journée, le choc de la présence de la mort. On nous confisqua tout d'abord nos bouteilles d'eau que nous serrions précieusement sur nos poitrines. Elles étaient destinées à contrer l'attente interminable dans cette pièce chargée d'odeurs muées en une chaleur étouffante et insupportable, déversée par les corps entassés. Puis on nous prévint de la présence d'un homme blessé, avec pour interdiction de lui donner quoi que ce soit, et surtout pas d'eau, car les trois gardes réunis devant la porte affirmaient avec assurance :

« C'est un homme qui s'est déjà évadé à plusieurs reprises ! Il est totalement interdit de lui donner à boire sinon il risque de s'évaporer encore une fois. Laissez-le tranquille ! »

Après que nos yeux se furent accommodés à l'obscurité de la pièce et que la lourde porte se fut refermée sur nos corps déjà imprégnés de l'endroit, nos pieds vinrent buter sur un espace laissé libre dans cette entrée où nous avions pris l'habitude d'étaler notre attente. Un homme recroquevillé sur lui-même, se trouvait au centre d'un vide marqué par le rouge de son sang. Ce liquide colorait le béton noirâtre et donnait à ses vêtements en lambeaux une couleur marron, d'où s'échappaient de petits râles. Le silence qui habitait la cellule, recouvrait d'angoisse chaque respiration de cet homme, dont les jambes avaient été transpercées d'une multitude de balles. Les projectiles, sortis du canon des gendarmes, avaient ouvert des plaies rondes et boursouflées, d'où le sang sortait lentement. Aucune parole n'était prononcée, chacun semblait touché par cette vision. Alors le petit groupe d'arrivants s'éparpilla en silence dans la pièce déjà surpeuplée. Nous rétrécîmes le cercle aménagé autour de l'homme agonisant. Je trouvai une parcelle de béton non loin de notre *roi de l'évasion*. Je distinguais son crâne rasé, posé à même la rudesse du sol. Son visage était cabossé. Sur cette tête difforme, apparaissaient des entailles parmi de nombreuses bosses qui modelaient son crâne. Ces déformations lui donnaient dans ce vide bétonné, un faciès tordu par un passé proche, abandonné à la douleur du moment. Ses yeux étaient clos. Sa respiration bruyante trahissait une douleur transperçant son état d'inconscience. Etendu dans cette cellule, l'homme avait des allures de géant. Il était d'une saleté repoussante et faisait à lui seul écho à notre pissotière. Des restes de tee-shirt blanc recouvraient son torse et un pantalon déchiré, taché de sang, cachait des cuisses blessées. Ses mollets étaient à nu et ses pieds gonflés par le plomb des balles menaçant sa vie. Cette perspective de mort donnait une odeur, une teinte à la cellule, qui refroidissait les corps pétris de l'angoisse et de la colère jetée par cette scène.

La grille prononça mon nom. Je me levai, avec à l'esprit, l'opportunité d'oublier la proximité de cette mort quelques instants. Un homme sautant sur place, parlant fort, avec une belle assurance, était face à moi. Habillé du satin noir de l'avocat, il m'aborda de toute son indignation :

« Monsieur Rigagneau, on va vous faire sortir d'ici ! Je suis maître Ntéppé, vous avez dû apercevoir ma secrétaire ce midi au commissariat. C'est votre papa qui m'envoie. Tout d'abord, je vais commencer par vous faire transférer ailleurs que dans cet endroit répugnant ! »

Une tornade déboulait sur mon début d'après-midi, sans que je puisse comprendre ce que signifiait cette arrivée. Je restai méfiant et lui parlai de l'implication de maître Bétayéné dans mon dossier.

« Je connais bien Gisèle Bétayéné, je lui ai parlé de ma démarche et de celle de votre papa. J'ai un fax de celui-ci m'expliquant l'affaire. »

Le papier qu'il me tendait, portait bien l'écriture de mon père.

« Nous allons commencer par faire publier un démenti et mettre en avant la responsabilité du prêtre. Avez-vous des éléments à m'apporter ? »

Je lui tendis alors, presque machinalement, face à l'enthousiasme et à l'assurance qu'il posait sur cette grille en fer, une partie de la chemise qui contenait les fax d'Edmond et les courriers de Céline. Ces écrits démontraient clairement leur implication dans notre aventure. Il disparut avec les documents sous le bras, m'abandonnant, terrassé, seul devant les explications à fournir à Magloire et à Micheline. Je me mis à conter cette tornade qui laissait une trace vaporeuse dans notre espace vide d'air.

Tous les deux ressortirent inquiets de ce passage et Gisèle devait quelques minutes plus tard, imprimer de sa susceptibilité l'arrivée de Ntéppé.

« Je connais bien Ntéppé » me dit-elle « il fait toujours beaucoup de bruit et dans la situation actuelle, il vaut mieux manœuvrer avec douceur et finesse plutôt qu'attirer l'attention. C'est ce que nous essayons de faire en prenant des contacts avec le ministre et le procureur. Mais si ton papa n'a pas confiance, il peut demander la présence d'un autre avocat qui ne peut, j'en suis sûr, que ralentir les conclusions. De toutes façons, maintenant que tout est fait et que nous nous approchons d'une réponse que je pense positive, Ntéppé n'aura plus qu'à aller se vanter de cette belle victoire ! »

Elle me laissait là, derrière cette grille, supposant que les choses s'arrangeaient et que Ntéppé pouvait retarder les conclusions. À l'extérieur la vie continuait sa toile sans que nous puissions en changer la trame. Pour nous, dans la pénombre de la cellule, c'était la trace de la mort qui se posait lentement sur l'homme blessé, maltraité, qui essayait lourdement, dans un élan de conscience, de s'appuyer sur ses pieds troués. Il ne supportait plus cette douleur envahissant jusqu'à son âme. Les hommes le portèrent vers l'endroit où il pourrait uriner, lui gémissait plus fort, écartelé par ses souffrances. Le temps du retour le long d'un de ces murs sanglants, la nuit s'était rapidement abattue sur la cellule. Notre prisonnier s'était de nouveau écrasé sur le côté, sa tête plaquée contre le sol crasseux. Ce soir ne semblait pas nous conduire vers une quelconque attention dirigée vers notre libération. Nous agonisions à notre tour dans les souffrances de l'oubli, ne devinant pas encore qu'une voix, qu'une avocate saurait remplir notre nuit d'un soleil nouveau, venu briller sur un futur promis.

Comme chaque soir depuis le 24 mars, ces hommes, qui peuplaient nos journées, étaient traînés vers leur déchéance, vers la mort lente, vers l'oubli que la prison leurs jetait au visage. Ils suintaient d'expressions, de grimaces, abandonnés à la peur pour les plus jeunes, aux silences pour les récidivistes. Nous, comme lors de nos soirées précédentes, nous retrouvions le commissariat. Gisèle nous attendait derrière cette porte qui s'ouvrait sur la survie de notre mourant traîné vers une destination inconnue par deux gardes. Le sourire de notre avocate que l'on croyait à jamais perdu, révélait de bonnes nouvelles. Elle se tenait près des militaires en faction. Elle conversait avec eux. Elle m'invita à la rejoindre. Je pus alors, exceptionnellement, sortir de cette traînée humaine laissée par l'effondrement d'une nouvelle journée chargée de doutes. Seul, au bout de ce couloir, sans menottes et grâce au portable de Gisèle, je parlai à Marie Jo pour lui répéter des mots d'un espoir fou. Demain je sortirais. Gisèle tenait ce résultat du bureau du ministre, le calvaire se métamorphosait en conclusion heureuse pour nous tous. La vie allait reprendre son cours, nous sortions de cette parenthèse d'objets manipulés pour reprendre la direction de nos vies. Une nuit nous attendait encore au commissariat, mais elle disparaîtrait bien vite grâce au dénouement que nous n'osions plus rêver.

Deux femmes présentes dans ce couloir, étrangement informées de nos déconvenues, m'engagèrent à ne plus jamais prendre de contacts directs avec des pseudo-orphelinats privés. Elles me conseillèrent d'utiliser ceux reconnus par l'État. J'étais prêt à suivre tous les conseils, si la liberté me laissait les utiliser.

Le trajet vers notre cellule de nuit serait, ce soir-là, moins cruel. Quelque part, quelque chose renaissait. Gisèle trouvait l'audace de nous accompagner jusque dans ces locaux qui sentaient l'abandon. Ils s'éclairaient miraculeusement ce soir-là d'une dernière nuit, d'un dernier espoir.

Nous retrouvâmes nos camarades de la veille. Deux nouveaux visages repliés sur un physique las et meurtri, rajoutaient à ce mur, la surcharge des corps écrasés les uns contre les autres. On nous dégagea le même espace que la nuit précédente. Notre chef de cellule s'amusa de notre retour :

« Vous ne deviez pas être là, vous deviez être dehors ! ! ! »

Demain ! Je l'espérais. Gisèle avait obtenu le droit de me faire installer une natte dans un bureau, évitant ainsi les agressions passées. Mais cela impliquait que je quitte Magloire et Micheline. Je ne m'en sentais ni le droit ni le courage, nous n'étions pas faits différemment et l'existence de notre vécu commun diminuait ce sentiment de solitude apte à noyer notre espoir. Magloire savait croire et nous ne pouvions que cultiver à trois ce sentiment qui distribuait un peu de lumière au creux de nos cœurs. Des nouvelles de Juliette glissaient dans ce trou qui échappait à la vie. Elle avait dû être hospitalisée, sa tranquillité, sa sérénité inhérentes à son début d'existence n'avaient pas su écarter les attaques d'un inconfort jeté par les adultes et leur monde humide et râpeux. Elle retrouverait bientôt les bras de sa maman, et pour elle, encore une nuit, la dernière, je veillais sur ses parents. Un silence confiant marqua notre réponse commune face aux interrogations de notre chef de cellule. Alors cet homme s'intéressa aux autres détenus...

Le bruit sourd des poings rencontrant la matière protectrice du nouvel arrivant, du nouveau codétenu, alluma d'une violence électrique l'entrée en communication de notre chef de cellule. Il nous négligea donc, au profit de ce bonhomme trapu qui était resté la tête baissée, atteint d'un trop-plein de timidité, alourdi par le fardeau de la honte. Malgré les injonctions du chef, les mots bredouillaient entre ses lèvres qui tenaient prisonnières les réponses éclairant les raisons de sa venue dans ce trou. Sa tête était large, prise dans la masse, dissimulée dans le repli de ses épaules. Son corps, recroquevillé, était posé à quelques centimètres de moi, séparé par une Céline éteinte. De cet amas de muscles se dégageaient deux mains, d'une largeur impressionnante, hors normes. Ces mains étaient chargées d'une histoire de travail, d'un dur labeur dans la brousse. Le passé de cet homme se lisait dans la démesure de ces outils capables de broyer n'importe quel être vivant. Il s'apparentait à la force et à l'innocence d'un Lenny chez Steinbeck, ils étaient de la même famille, et lui, ce soir-là, se contentait de marmonner sous la mitraille des questions du géant, chef des lieux. Notre demeuré, affublé de ses larges mains maladroites et rendues douloureuses par les punitions des jours passés, mâchait la honte de son attirance pour les très jeunes filles. Alors, après s'être déplié lentement et méthodiquement dans cet antre de violence, notre géant, maître de ces 12 m² de terreur, fixa notre Lenny. Le vent, l'odeur et la chaleur précédant les pulsions agressives du chef de cellule tinrent l'assemblée dans un silence prémonitoire qui paralysa nos regards sur ce qui devait arriver. Un poing jeté à vive allure vint se loger dans la nonchalance abrutie de notre villageois. Les coups partirent dans un seul et unique sens avec une frénésie folle, faisant sonner la mâchoire et les côtes de notre homme sans qu'aucune réponse ne soit esquissée. Cette tempête laissa un homme recroquevillé sur un sol complice de la dureté du présent. Silencieux dans ses habits sales et déchirés, le corps résigné, il accepta ce mauvais sort.

Notre borgne stoppa alors son camarade et notre benêt gonflé et rougi par les coups retrouva sa position initiale, sans broncher, recouvert des plaies d'un châtiment instantanément occulté. Le déploiement de cette énergie avait collé chaque spectateur à l'espace de béton qui lui était réservé et une longue nuit de veille et d'observation commença dans ces murs peints de violence. Rien dans notre univers n'indiqua l'arrivée du petit matin. La lumière du néon était immuable dans cette nuit entrecoupée de sommeil, de cauchemars et de retours au sein de mon quotidien françials, si éloigné de cette réalité. L'aiguille de ma montre indiquait 7 heures et l'arrière de mes factures du Mont Fébé allait encore une fois, être le réceptacle de mes sentiments envoyés vers Marie Jo. Accompagné de l'angoissante attente du mouvement bruyant de cette porte qui ouvrirait sur notre libération, je lançai sur papier ce que serait notre avenir. Je savais depuis notre brève conversation de la veille, ma femme inondée d'un désespoir consumant peu à peu ses forces. Je me devais de lui offrir tout ce en quoi je croyais, tout ce qui motivait mon impatience de retrouver le parquet et son affreuse cellule. J'écrivis alors :

« *Aujourd'hui est un tournant important, il faut attendre ce soir et si dans l'après-midi c'est OK, je prends le premier avion et nous serons enfin ensemble. (...) Le dossier est chez le ministre, il est en notre faveur et doit redescendre aujourd'hui. (...) Croyons ensemble très fort en ce 31 mars, à sa finalité heureuse et positive...* »

Le noir dans lequel s'était engloutie progressivement la cellule du parquet pesait de plus en plus sur nos quatre âmes restées seules, ce vendredi 31 mars. Dans ce lieu, ratissé par les gardiens qui conduisaient nos malheureux compagnons vers leur destin de prisonniers, régnait un silence surnaturel, inhabituel à cette terre criante d'injustice. Aucun de mes compagnons d'infortune n'osait ouvrir la bouche. Les esprits étaient touchés par une journée éprouvante qui laissait des traces de désespoir matérialisé par notre mutisme. Les prédictions de Gisèle étaient poussées hors de ce temps qui se figeait dans nos chairs. Cette journée avait un goût tout autre, mais notre liberté ne s'était pas faite au grand jour, au beau milieu de l'après-midi promis. La visite de Viénot et l'absence inquiétante du cabinet Bétayéné constituèrent l'unique mouvement. Aucune information ne nous parvenait, nous paraissions oubliés, coupés de tout, partis pour que cette cellule enferme notre nuit à venir. Je m'accrochais à l'assurance de nos avocats, à la bienveillance amicale, à l'espérance devenue vérité de Gisèle qui avait disparu. Mon intérieur souffrait, pris par l'effort fourni pour nier cette réalité imbuvable.

Il fut bientôt 21 heures et notre séjour qui s'éternisait dans ce trou devint démesuré pour nos quatre petites vies qui semblaient par son hésitation, humer une liberté se traînant dans les méandres d'une administration engluée de lenteur. La porte grinça soudain, amenant le souffle d'une conclusion. On nous fit entrer dans le couloir inondé d'une lumière aveuglante.

La scène prit forme peu à peu sur ma rétine, douloureusement exposée, pour avoir été trop longtemps maintenue dans le noir de notre trou. Nous fûmes plantés tous les quatre, debout, collés à un mur, devant la longue planche qui servait de bureau aux gardes. Ils avaient laissé l'espace vide, l'endroit était plongé dans une profonde attente. L'air chargé du picotement angoissant des regards gênés donnait à cette fin de journée, à ce début de nuit, le goût d'une direction, l'imminence d'un changement. Il allait enfin se produire quelque chose, notre journée semblait aboutir sur un résultat. Peut-être devrais-je m'expliquer à nouveau. Je levai la tête et je pus instantanément lire dans les yeux de Gisèle une infinie tristesse. Son regard me remplit d'effroi. Je m'accrochais alors à son visage, je me suspendais à mes questionnements et à ma peur de devoir comprendre. Gisèle ne pouvait soutenir mon regard interrogateur, elle baissa les yeux pour s'appuyer mentalement sur moi pendant quelques secondes, dodelinant de la tête dans un « non » terrifiant et chargé de désarroi. Près d'elle sur les marches de cet escalier qui conduisait vers la liberté ou vers la prison, on distinguait la présence d'une partie de la famille de Céline. Édith était présente avec Éric, cachés derrière l'homme au costume trop court, ersatz de défenseur habillé d'un regard sombre.

Enfin, de l'autre couloir parallèle, venant de nulle part, un homme et une femme chargés d'importance et de dossiers, pénétrèrent dans cet espace improvisé en salle d'audience. Je luttais contre mon imagination prête à anticiper la scène qui allait se jouer. Je m'appuyai encore sur les yeux de Gisèle pour y trouver une sombre tristesse parée de la honte déposée par le souffle de la défaite. La désolation ornait ce joli regard noir habitué au sourire. Le greffier, dans le silence de cette nuit qui enveloppait le bâtiment et notre futur chancelant, plongea son nez dans les feuilles et appela Micheline. La voix était faible et mal assurée. La rapidité de la scène tentait d'occulter l'importance de la décision, ce qui trahissait la contrainte d'un rôle mal assumé. Les faits qui lui étaient reprochés furent énoncés sans possibilité de défense. On lui indiqua l'endroit où signer. Micheline prononça un « oui » timide. Elle reconnaissait les motifs d'accusation, sans que sa réponse n'ait déclenché de mouvement, ni d'expression, chez cet homme et cette femme, perdus dans les lignes d'un dossier à expédier. Elle signa son mandat de dépôt et fut maintenue en liberté conditionnelle. Juliette allait retrouver sa maman. Au mouvement des lèvres de Gisèle, je devinais maintenant les lettres qui s'égrenaient lentement. Cette gymnastique faciale venait bondir sur mon esprit, faisant souffler le vent de la panique, paralysant mon corps habité de tensions incontrôlables, délivrant ces six lettres frappant mon âme : P-R-I-S-O-N. Contre ce qui tombait sur moi aucune parade n'était envisageable, il aurait fallu m'arracher la tête pour ne plus penser, pour ne pas comprendre. Je glissais plus profondément encore dans ce trou qui semblait s'être ouvert sur ce chemin parcouru depuis notre droit officiel à l'adoption.

Après Magloire et Céline je posai ma signature en bas de ce document nommé mandat de dépôt. On m'accusait de « *faux en écriture publique et authentique, atteinte à la filiation* ». Assommé sur ce sol qui pesait de toute l'injustice du moment, je ne me rappelle plus avoir pleuré. Je me souviens très nettement de l'ombre de Kondengui qui s'abattait sur nous. Elle était encore mêlée à l'espoir, que cette décision puisse rejoindre une vérité toute différente. Ne pas croire pour survivre, pour éviter que ma tête n'explose. Seule la silhouette de la prison sut démontrer l'absurde réalité. L'enfermement dans cet inconnu terrifiant et tant fantasmé au cours de ces semaines de cellule, sut créer pour cette première nuit le soulagement de ne plus lutter, l'impression de s'abandonner à une réalité qui ne nous appartenait plus. Je faisais de cet état d'objet dans lequel je prenais place, le moyen d'échapper aux plus effroyables de mes émotions, je croyais encore en cette erreur, ce qui créait l'espoir d'un changement de notre destinée. Pour l'heure, lorsque rapidement, et presque honteusement, le greffier et sa secrétaire se retirèrent, je vis des larmes couler chez Micheline et chez Gisèle. De la colère et des pleurs remontèrent également sous forme de cris, par l'escalier qui abritait le clan Minfoumou. La promesse faite par l'avocat de Céline de me gifler, marqua notre départ, notre progression vers un devenir incertain. Ne m'avait-on pas dit que l'on ne survivait pas à Kondengui ! Alors Édith hurla. Elle renoua, dans cette même comédie dramatique, avec un pan de notre histoire. Ses cris sortaient de la mémoire d'un aéroport, diffusant déjà des odeurs de prison. Ce pays ce soir-là, officialisait l'incroyable, l'insoupçonnable dénouement issu de notre rêve de parents.

## CHÈRE PRISON, CHÈRE KONDENGUI

Nos vies se trouvaient encore un peu plus entre les mains de nos gardes, armés de nos mandats d'arrêt, de l'ordre de nous soustraire de la vie des hommes. Je jetai dans cet escalier mes derniers objets personnels. Ma montre, mon sac, tombèrent entre les mains de Gisèle. Elle nous accompagna jusqu'à la dernière limite, jusqu'à l'enceinte de la forteresse qui kidnappait nos vies. J'étais perdu. Je pensais à l'espoir envoyé ce matin-là à Marie Jo. Micheline quittait nos rangs. Elle rejoignait Godefroy qui attendait une autre version à l'extérieur du parquet. Une conclusion bien différente faisait écho à la promesse de cette journée.

Ce vendredi 31 mars, alors que nous nous précipitions vers 22 heures dans un minibus Toyota, je rêvais que rien de tout cela ne puisse être teinté de réalité. Pourtant, nous étions sur la route de l'incarcération, nous roulions vers un autre inconnu plus terrible que notre passé qui s'effilochait déjà en une longue traînée de souvenirs. Godefroy et Micheline, entraînés par Gisèle et Seidou, devançaient notre route soumise à l'évidence d'une lente agonie.

Trois condamnés à une mort certaine, liés entre eux par cette aventure, par ces bracelets de métal, retenaient leur désespoir sur les banquettes d'un véhicule emmené par trois gardes guillerets. Un dernier signe d'espoir, de résurrection, traversa notre chemin. Nous fûmes soudain secoués par les trépidations d'un moteur lassé de sa complicité à l'emprisonnement. Une avenue montante et notre route s'arrêta là, au beau milieu du bitume déserté. Le démarreur résonnait de l'écho d'un répit, peut-être d'un changement. Les gardes agacés par la malchance d'une soirée interminable, perdaient doucement leur bonne humeur, pour se coincer sous le capot d'un moteur refusant notre sentence. Nous étions conduits vers ce qui serait peut-être notre mort, alors ce signe devenait notre espoir. Il trahissait pourtant des instants bien plus douloureux que ce poignard déjà en place, puisque dans une fumée noire, renvoyée par les faisceaux des lampadaires, un ronronnement chaotique se fit entendre. Notre destinée continua à avancer. L'espoir s'évaporait dans des vapeurs d'essence. Ce répit de courte durée, nous traîna par saccades, aux pieds des murs chargés de barbelés et de miradors de la masse éclairée de Kondengui.

L'horreur du lieu était rendue visuellement par l'imposante silhouette esseulée du bâtiment au mur d'enceinte sali par sa fonction et par le désintérêt de l'état envers cette forteresse d'un autre monde, d'un autre temps. Aucune des structures internes n'était visible, seul le mur vaguement blanchi par les néons de l'éclairage public, dominait de ses quatre mètres de haut la route qui le longeait. Devant cette longue trace blanchâtre laissée par ce mur blanchi à la chaux, était collé un espace de terre rouge, vidé de toute habitation, sur lequel patientaient déjà nos défenseurs. Des barbelés rouillés ponctuaient les crêtes rectilignes des murailles maladroitement et trop anciennement peintes. Les tours de garde marquaient de leurs toitures de tôle les limites de cette masse carrée. Soudain, par la vision de cette forme abritant notre avenir, le repli physique qui s'était opéré en moi depuis de trop longues semaines, s'intensifia encore, inscrivant au plus profond de mon être la sensation d'écrasement jetée par ce bâtiment qui allait nous aspirer. Ce lieu engloutissait mon espoir de retour à la vie. J'étais porté par la dynamique de nos trois corps réunis pour le pire, se dirigeant vers une porte de fer entourée de deux cabanes en bois. Des treillis verts, lourdement armés montaient la garde. Le tambourinement des hommes dans le fer résonnant de l'ouverture, eut pour effet de nous introduire dans ce lieu, dont on évite de prononcer le nom dans ce Cameroun imprévisible. Gisèle et Seidou par leur présence rapide dans cette nuit troublée, avaient eu le temps de prendre contact avec l'intérieur de la prison. Ils avaient pu glisser quelques consignes à Kabila qui devait nous servir de guide et nous offrir l'hospitalité d'un lieu, de toute évidence inhospitalier.

De loin, ils nous virent être avalés. Ils restaient sans mot, sans geste, stoïques sur ce parking rouge, alors que nous fûmes engloutis par cette masse endormie. Lorsque le portail qui marquait la limite de notre liberté fut franchi, on nous abandonna dans une cour intérieure cerclée de portes et de bureaux. Mes pensées allèrent s'écraser bien vite sur un prêtre, qui échappait à cette épreuve et qui m'en infligeait l'horrible douleur à sa place. Je doutai alors des pensées chrétiennes d'Edmond, je m'accrochai aux miennes pour plus d'espoir, pour plus de vérité, pour supporter cette nouvelle descente vers un trou sans fin, sans fond. À l'opposé de notre point d'arrivée, se trouvait face à nous, à une vingtaine de mètres, un mur plus bas. Il était coupé dans son milieu par une cage grillagée d'où se dégageait une porte fluette et symbolique, une ouverture sur un autre monde. Pour atteindre ce second mur, il fallait traverser une cour au sol bétonné, vidée d'humanité à cette heure avancée de la nuit.

Les différentes portes qui entouraient cet espace abandonné, étaient surmontées de pancartes peintes à la main. Elles révélaient l'identité de leurs occupants : intendant, directeur, secrétaire. Nos yeux longèrent sur la droite, ces bureaux agrémentés de quelques vieux bancs tordus, accolés au mur. Mon regard se posa sur la seule lumière diffusée par l'entrebâillement d'une porte en fer où nous attendaient deux hommes au physique radicalement opposé. Tous deux portaient le treillis kaki qui indiquait leur fonction d'hommes libres, d'hommes autorisés à toutes les exigences. Le premier à venir à notre rencontre, était tout en largeur. Petit, le crâne rasé surmonté d'une casquette, il souriait, se présentant comme notre guide Kabila. Le second, sec comme la lanière de cuir qu'il agitait nerveusement, paraissait immense et représentait la première menace décrite les jours précédents, par les postulants au voyage vers Kondengui. Les gardiens étaient tout aussi menaçants et dangereux que les prisonniers, ceux du minibus nous confièrent à ces deux-là. Le grand nous interpella bruyamment, ponctuant sa phrase de sourires amusés, alors que trois hommes semblaient attendre leur sort, résignés, assis le long de ce mur :

« Le Français ! ! ! C'est donc toi qui viens voler nos enfants ! ! ! Tu vas voir moi c'que j'en fais des voleurs d'enfants, tu vas goûter de ma chicotte ! ! ! »

Il claquait sa lanière de cuir sur le sol, poussant des cris que les murs faisaient rebondir sur mon corps vulnérable. Je compris immédiatement la trace laissée par les articles de journaux qui m'avaient précédé. Mon incarcération représentait pour moi une réelle menace dans cette jungle refermée sur ces murs, par cette porte de fer qui obstruait toute perspective d'horizon. Même le ciel sombre et sans lune, agissait comme un couvercle sur les parois miteuses de cette cour. Kabila, mandaté par Gisèle Bétayéné, prit en charge notre progression dans cet espace. Nous fûmes fouillés, le plat de bananes plantains donné à Magloire par Godefroy fut examiné. On nous confisqua les couverts, tout en précisant le danger que représentaient ceux-ci de l'autre côté. Puis cette chère Céline franchit avant nous, accompagnée d'une femme en uniforme délavé, la cage grillagée, vers cette jungle inconnue. Je vis sa silhouette au déplacement lourd, amaigrie par les semaines de garde à vue, disparaître derrière le grillage de la porte qui conduisait aux cellules. Ce fut une des dernières visions de notre sorcière. Elle laissait en moi l'héritage d'un vécu commun qui abritait de longues plages désertiques, peuplées d'incompréhension me tenaillant toujours aujourd'hui.

Nous fûmes cinq ce soir-là, accompagnés de notre *ange* gardien, à franchir la cage, à débouler dans cette noirceur inquiétante. Nous tombions dans une cour goudronnée, cernée de bâtiments crasseux s'élevant sur deux étages et recouverts de tôles. Ils étaient entourés de murs sur lesquels nous distinguions dans la pénombre, des hommes circulant le fusil à l'épaule. Des silhouettes parmi les ombres de la nuit semblaient allongées sur le toit de certains bâtiments. Nous nous dirigeâmes sur la droite, traversant cet espace deux fois plus grand que la cour précédente. Ma vision de l'endroit restait floue et épisodique, tellement le poids et la peur de mon arrivée exerçaient un repli sur le centre de mon corps menacé. La crainte de la découverte de cet inconnu, pesait sur mes épaules recroquevillées, sur la lueur fragile d'un petit bout de vie préservé, calfeutré au fond de mon être. On nous fit bientôt pénétrer par une porte en fer dans une courée de trois mètres de large sur huit de long. Nous arrivions dans la cellule de passage. Le chef des lieux, dans un grand sourire de bienvenue financière, nous tendit aussitôt deux nattes en raphia.

Il régnait dans cet espace coupé en son milieu par un profond fossé destiné aux eaux usées, un doux capharnaüm. Face à la porte d'entrée était organisé un campement constitué d'un lit et d'une foule d'objets en tout genre, recouvert d'une étoffe formant une tente, reléguant ses occupants à de doux rêves de nomadisme. C'était le domaine, le campement du chef de la cellule de passage, lui-même prisonnier et installé en ces lieux depuis trop longtemps. En faisant trois pas sur la gauche, pour éviter le fossé nauséabond qui recelait le croupissement d'un liquide visqueux et blanchâtre, on pouvait suivre un long abreuvoir rempli d'eau qui rejoignait un mur blanchi limitant la gauche de la cour. Ce petit bout de béton était ouvert de deux portes en bois et faisait face au campement *nomade*. C'était ici que s'entassaient les prisonniers, comme nous en attente d'être affectés dans des quartiers classés en trois catégories : populaire, militaire et spécial. Au-dessus de ces baraquements, de ces toits de faible hauteur, recouverts de la tôle récurrente à l'Afrique, on distinguait, dans le noir, la présence toute proche d'un bâtiment. C'était le quartier militaire qui s'élevait sur deux niveaux. Il était parcouru d'un long balcon qui surplombait notre minuscule cour.

Nous étions dans un îlot noyé de béton et cerné par des étages qui abritaient des cellules débordantes de cris et de corps. Les trois jeunes hommes, introduits en même temps que nous, furent jetés derrière la dernière porte et l'on referma d'un coup d'épaule le panneau de bois, bloqué entrouvert par le trop-plein des corps dégoulinant de cet espace devenu trop réduit. On entassait les prisonniers là, en attente de pire. Magloire et moi avons eu le privilège, dû à notre avocate, de franchir la première porte qui s'ouvrait sur un box de trois mètres sur quatre. Cet espace était maculé d'inscriptions en tout genre. Il était occupé par quatre hommes sommeillant en silence, éclairés par une faible ampoule dont on pouvait distinguer le filament jaunâtre. Nous avons déroulé nos deux nattes l'une près de l'autre, à gauche d'une porte close qui nous inonda d'un noir redevenu angoissant. Nous nous sommes allongés sans rien dire, sans rien respirer, sans rien manger, à la recherche d'un sommeil qui s'installa précipitamment. Sans crainte, abandonnés à notre état d'objets, soumis au piège de ces murs qui se refermaient sur notre projet d'amour, d'adoption, nous avons dormi. Notre sommeil arriva avec l'épuisement, avec l'aide de la pensée, de la projection, que demain notre destinée allait connaître des changements.

L'impression d'être perdu, de ne plus reconnaître les lieux, ni savoir dans quel monde j'évoluais, frappa avec violence l'ouverture de mes yeux. De longues minutes furent nécessaires pour quitter mes rêves de France et distinguer dans la pénombre de la pièce, la silhouette endormie de Magloire. Les raisons de ce réveil brutal frôlaient encore mystérieusement mes oreilles, avec la découverte de ce chant douloureux prolongé à l'unisson. Des voix montaient du béton, de l'ouest, de l'est, du sud et du nord, les cœurs des prisonniers se répondaient avec la même douleur, aiguisée par le spectre de l'enfermement. Ces voix montant de nulle part s'unissaient harmonieusement sur de longues plaintes psalmodiées à l'infini. Elles déclenchèrent d'étranges frissons dans mon être. J'étais réveillé à la réalité de notre condition d'éléments prisonniers parmi cet essaim d'hommes en souffrance.

Il était 4 heures et je restai blotti sur cette natte qui distillait inefficacement la dureté du sol. J'étais renvoyé ce matin-là à l'enfant effrayé au fond de son lit, j'attendais, l'oreille aux aguets, que la menace vocale, que l'évidence des âmes torturées s'éteigne avec l'arrivée du jour. À 5 heures, une voix, cette fois esseulée, déchira à nouveau la fraîcheur sombre du petit matin. La présence de prisonniers musulmans me fut révélée par ce premier appel à la prière. Un long « *Allah wakbar…* » lancé par un muezzin prisonnier baignerait dorénavant mes réveils quotidiens. Plus que mes oreilles, c'est mon ventre qui reçut l'angoisse de ces manifestations invisibles.

Cette prison hier éteinte, se mettait soudain à vivre avec une force phénoménale et insupportable. Cet amas bétonné prenait vie, pareil à une masse grouillante, qui ensevelissait par sa puissance incommensurable, le minuscule espace qui retenait notre air. Lorsque le silence fut de retour, Magloire et les autres prisonniers reprirent péniblement leur existence dans un souffle langoureux. Des bruits caressaient notre univers, du plafond jusqu'à la porte demeurant fermée, ils jetèrent en mon âme l'infinie terreur de mystérieux mouvements invisibles et menaçants. Afin de calmer nos estomacs de la faim et de l'angoisse d'une journée imprévisible, les bananes plantains abandonnées la veille dans leur plat, nous offrirent un petit déjeuner réconfortant.

Ce moment de partage dans la tradition d'une Afrique solidaire, fut l'occasion de découvrir nos compagnons de cellule. Les présentations donnèrent un visage à ce que la nuit avait occulté et capturé. Assis face à moi, se tenait un gardien devenu prisonnier sans raison avouable. Il était installé depuis de longs mois sur ce béton qu'il avait organisé. Il avait pris racine dans cet espace qui ne devait être qu'un passage. Les trois autres restaient tout aussi discrets sur les raisons de leur emprisonnement. Ils semblaient se méfier de ce blanc et de cet ex-gardien voilé d'un mystère silencieux. Celui qui restait encore allongé, près de moi, le crâne rasé et le vêtement propre, entreprit pourtant de nous évoquer son Cameroun et les raisons qui l'amenaient à être mon voisin. Une certaine courtoisie, de la gentillesse se dégagèrent rapidement de cet homme. Il me confia bientôt sous la forme d'un livre de poche décollé et froissé, le moyen d'exterminer des heures qui s'étiraient vers un horizon inatteignable. Je passai quelques heures avec mon premier livre de prison (« *Les Enfants de l'aube* » de Patrick Poivre d'Arvor). Lui, mon bibliothécaire d'infortune, continuait à évoquer son Cameroun. Le schéma qu'il me dessina de son pays, variait d'une situation visible, au travers de la pauvreté d'une majorité de ses concitoyens, vers une injustice flagrante, distillée par une minorité qui s'enrichissait et alimentait des comptes à l'étranger. Le pouvoir et l'argent échappaient à cette démocratie d'apparence, soumise à la bienveillance du regard occidental. Ce pouvoir, parfois autoritaire, restait en dehors d'une collectivité, d'une majorité, partageant un idéal commun, celui de survivre dans un quotidien crépi d'injustice. Le pouvoir et les hommes servaient l'enrichissement et l'intérêt personnels. C'est pourquoi il se trouvait parmi nous. Accusé par un voisin aux intentions et à l'influence maléfiques. Assuré d'un appui familial bien placé, cet homme l'avait fait jeter en prison, après un passage dans les cellules du commissariat. La liberté, dans cette société, avait une odeur de précarité et nous étions beaucoup dans ce lieu à en faire les frais. Nous étions tellement d'ailleurs, que la prison débordait de prisonniers en préventive. Seuls trois cents de ces hommes étaient passés devant un tribunal et ce béton insalubre, sentant le croupi, regorgeait de trois mille quatre cents détenus dans des murs n'affichant que huit cents places. Alors chacun partageait nourriture et maladies, misère et violence. Tous modelaient un espace à respirer et à survivre dérisoirement petit. Chacun espérait revoir la lumière et sortir debout de ce camp qui explosait de la paralysie et de l'incompétence d'une administration égoïste et dépassée. Je pris ainsi mes premiers cours de justice et de prison dans une matinée qui tardait sur l'ouverture d'une porte, sur la promesse d'une visite de Gisèle pour déjouer un avenir qui butait finalement sur ces murs.

Ma présence intriguait les hommes. Ce qui me liait à Magloire résonnait après explications, comme une promesse de survie en ces lieux. Ainsi l'arrivée de la lumière du jour fut baignée par le récit de notre histoire avec Juliette, par notre aventure commune, qu'il m'avait été conseillé de ne pas trop ébruiter entre ces murs. Pourtant dans cette amorce de matin, le miracle de la gendarmerie se renouvela, la vérité suintait d'évidence. Ces hommes semblèrent de leurs oreilles attentives, prêtes à toutes les distractions, assembler spontanément les pièces du puzzle. Nous échouâmes ensemble sur l'intérêt financier, sur le besoin d'exclusivité recherché par le prêtre et sa complice. Était-ce de la part de ces hommes de la compassion ou de l'opportunisme ? Plus rien ne serait clair par la suite.

Le samedi 1er avril s'ouvrit sur ce qui aurait pu être une farce, un poisson d'avril. Mais la lumière qui inondait soudain le béton sali de misère de cette pièce avait une tout autre couleur. Des rayons jaunâtres qui recouvraient jusqu'à cet univers d'oubli, donnant à notre destinée des couleurs moins déprimantes, s'échappait une chaleur progressivement chargée de bienfaits. Ce soleil se pencha alors sur cette scène, que l'entrebâillement du panneau de bois qui servait de porte à notre cellule, offrait à demi apparente à mon regard frappé d'effroi. Une petite ouverture laissait passer l'odeur d'un lent cheminement vers une mort frappée d'évidence. Calé sur ce mur sombre, je devinais l'agitation qui occupait la cellule voisine.

Des cris de douleur provenaient de la porte ouverte et j'eus l'infâme surprise de retrouver notre agonisant de la cellule du parquet. Aidé par quatre hommes, notre *roi de l'évasion* était étendu sur le béton. Ce titre lui avait été décerné par ceux qui avaient stoppé sa fuite. Il justifiait à lui seul l'utilisation d'armes policières marquant d'une multitude de trous le corps du malheureux fuyard. L'homme était nu sur ce bord de trottoir, près d'une porte qui retenait le trop-plein de corps entassés. Des apprentis infirmiers qui s'affairaient autour de lui, tentaient de nettoyer à grand renfort de seaux d'eau, les plaies boursouflées de pus laissées par les impacts des balles. Chaque pression exercée sur les blessures, afin semble-t-il de faire sortir le liquide blanchâtre, résultat d'une infection qui gagnait du terrain, déclenchait de longs râles inconséquents face à la douleur que devait assumer ce corps inanimé. Ses yeux étaient clos et ses membres habités par moments de tressaillements incontrôlés. La toilette que lui infligeaient ses camarades, faisait rayonner l'admirable dévotion de ces détenus marqués d'un même emprisonnement. Pourtant, leurs gestes répondaient à la nécessité de masquer toute odeur de mort émanant de ce corps quittant peu à peu la vie, d'enlever à cette cellule surchauffée où l'espace vital avait été oublié, toute odeur fétide. Au cours des premiers jours de ma détention, seule une sœur espagnole, qui venait me saluer à chacun de ses passages, sut lui apporter quelques miettes de médicaments en sa possession. Le sort de notre homme, ou de ce qu'il en restait, semblait pourtant être conclu. Ce reste de vie, qui chaque matin et chaque soir s'affichait, s'effilochant au cours du temps, abandonné par une famille sans moyens, oublié par une administration pénitentiaire débordée et qui ne pouvait s'arrêter sur l'importance d'une existence, s'amenuisa peu à peu sous nos yeux révoltés mais prisonniers. Cette prison qui débordait jusqu'à la gueule de trois mille quatre cents individus, se trouva, un matin, soustraite d'une vie qui échappait à la justice des hommes. Ce fil de vie s'évada entre deux détenus. La bouche était ouverte par une lente agonie de huit jours, notre *roi*, sur une civière, se dirigea vers la liberté que lui offrait la mort, compagne sournoise des abandonnés, des blessés, des sans-familles.

Le premier matin, lorsque notre homme fut rangé, on m'autorisa à recevoir, à l'aide d'un seau rempli à l'abreuvoir, l'illusion d'une douche destinée à occuper un bout de cette matinée sans fin. L'espace réservé à ce moment hygiénique regroupait toutes les actions rattachées au terme de toilette et faisait de ce lieu, dans un coin de la cour, un univers de puanteur semblable à celui que nous avions précédemment fréquenté au commissariat. L'eau qui coula sur mon corps ce jour-là, eut la même utilité que toutes les actions qui remplissaient une parcelle d'un temps sans but, sans limite. Je me replongeai alors bien vite dans l'écriture, dans Marie Jo dont je n'avais aucune nouvelle. Je tentai d'oublier le désespoir servi par la si soudaine désillusion de la veille. Plus les minutes s'égrenaient, plus le constat de l'existence de cette fourmilière grouillante au sein de ce béton m'oppressait. Pourchassé par une douleur interne et puissamment logée dans mon estomac, j'essayais de cohabiter avec l'interrogation intrusive de notre devenir. J'étais arrosé régulièrement de l'ambivalence de notre gardien, chef de cellule, de son regard variant entre la menace et la bienveillance. Je restais attaché à ce conseil inquiétant : ne jamais quitter notre enclos et ne jamais parler à personne sauf sur ses ordres. Magloire semblait lui aussi embrasser cette raison. Il m'indiqua que nous risquions plus que tous, la menace extérieure. Nous incarnions les trafiquants d'enfants décrits dans cette presse innommable.

Le chef de la cellule de passage exerçait une totale autorité sur l'espace réduit dans lequel nous étions confinés. Ainsi prit-il la décision de me présenter deux personnages destinés à dissoudre ma solitude.

Lorsque, au milieu de cette première matinée, on m'annonça que deux Français venaient me rendre visite, le mystère d'un souffle de France vint frapper ma conscience endormie pour cause de survie. Deux hommes terriblement amaigris, courbés par l'inactivité, le visage anguleux et mal rasé, prirent place sur un banc au sein de l'univers de notre chef. Ils semblaient bien connaître les lieux et saluèrent chaleureusement l'autorité proclamée de ces murs. On m'invita à franchir la porte de notre cachot provisoire et l'accueil des deux Français, comme par magie réunis en trio dans cette cour prise sous le soleil, fut chargé d'une chaleur réconfortante, portée à la réciprocité. Kondengui était progressivement devenue leur demeure. Le Cameroun qu'ils m'évoquaient avec nostalgie, imprégnés de la lenteur de leurs journées, était devenu le soleil de leur cœur. Mais parler de la France était, comme pour moi, une nécessité. Chauffées par cette fin de matinée, la Bretagne, la région Nord et les Charentes se bousculèrent dans les méandres de nos souvenirs. Les deux compères vivaient depuis longtemps sur ce continent qui leur réservait depuis de longs mois son visage le plus sombre. Ils s'étaient plongés, il y a quelques années, dans cette Afrique des villages. Ils oubliaient progressivement la France, lorsqu'un jour, Yaoundé et ses travers de mégalopole, les jeta dans l'oubli de cette prison pour escroquerie et trafic d'art. Leurs conditions de vie et la durée de leur attente, depuis cinq et sept mois, chamboulèrent chez moi la promesse attendue d'une sortie imminente. Mon histoire, une fois résumée, les intrigua. Elle devenait une bouffée d'espoir. Un espoir de changement qui s'était dilué lentement, qui venait à disparaître au cours des longs mois de captivité laissant son empreinte sur des visages éteints. Ma présence à leur côté réveillait la perspective d'un nouvel élan de la part de l'ambassade de France trop discrète et incapable de proposer le soutien rapide d'un avocat. Ces deux hommes d'une cinquantaine d'années avaient été affectés au quartier militaire. Choix déterminé par leur capacité à financer un loyer mensuel plus ou moins élevé suivant les quartiers. Ils survivaient grâce à leurs contacts et leurs relations camerounaises, grâce au contact mensuel avec la représentation française qui franchissait la grille d'entrée chargée d'une ration de survie. Ils m'avaient apporté le chocolat et les gâteaux qui restaient du carton du mois. Cinq et sept mois d'une longue galère de prisonnier enfermé dans des cellules bondées, aux toits de tôle chauffée à blanc par un soleil donnant pourtant une raison à nos journées sans fin, sans terme. Seul le plus ancien des deux avait le réconfort de passer depuis deux mois ses nuits sur de la mousse. Un homme de leur cellule, rares étaient ceux qui avaient cette chance, avait été libéré. Il avait laissé sa place sur un lit superposé avec matelas. Un grand confort faisait suite à des mois de couchage béton sur un sol surchargé de corps imbriqués. Cet entassement interdisait formellement tout déplacement nocturne. À les écouter me décrire leur prison, je comprenais mieux ces visages marqués d'un autre temps, d'un autre monde, figés par l'absence de vie qui transpirait de leur peau si blanche. Mes deux compatriotes regagnèrent, après une bonne heure de partage, leur univers d'inconfort, armés de la promesse de nous revoir souvent, de venir parler de notre pays. Je les regardai s'éloigner, pensant ne jamais trouver le temps d'échanger à nouveau sur ce qui nous liait : notre appartenance nationale. Au regard de leurs silhouettes, je décidai de ne jamais comme eux, m'installer dans ce monde. Ils s'étaient calqués sur le rythme inexistant de ces parois respirant de mille cris, de mille visages sombres qui mettaient en évidence notre pâleur héritée d'un autre continent.

Tout au long de cette entrevue, Magloire était resté tapi dans l'ombre pesante de notre pièce d'attente. Il n'avait rien entamé de cette journée. Il comptait sur moi pour lui amener un air nouveau, pour lui conter le récit d'une première visite sous le soleil. La distraction passagère que je déposai en son oreille, fut interrompue par un homme qui poussa la porte et s'adressa autoritairement à moi :

« Hé ! Le Français, viens avec moi ! Y'a une visite ! »

Il me tendait d'un geste assuré, un petit bout de papier froissé où je devinai le nom de Gisèle Bétayéné griffonné à la va-vite. Cet homme de petite taille ressemblait à tous les prisonniers croisés depuis bientôt un mois dans les cellules du parquet, et rien ne le distinguait des autres, ni ne l'identifiait comme porteur d'une mission. Un sentiment de méfiance et d'angoisse réveilla mes peurs les plus profondes. J'appris quelques visites plus tard, que certains prisonniers étaient en charge de la communication avec l'extérieur. Ils se nommaient eux-mêmes, *taximan* en référence avec un passé, une liberté si lointaine, en rapport avec un monde inaccessible.

L'homme exécutait avec autorité une tâche lucrative dans cette prison où tout avait un prix, il conduisait ses frères vers ce qui allait devenir un lieu d'espoir, un espace de liberté, de visites que je traversais le soir précédent sous le manteau de la nuit. Cette cour, si lointaine de celle des miracles, devait m'ouvrir ses portes comme une occasion de respirer, comme la possibilité de connaître ce que serait demain. Je suivis donc mon *taximan*, avec l'accord du chef de cellule, avec l'assurance que je ne courais aucun danger.

Dès ma sortie de notre minuscule courée, ayant franchi une porte en fer attaquée par le temps, c'est un monde transfiguré qui me percuta de sa présence oppressante et agressive. Un immense espace, envahi d'une foule grouillante, plongé dans un brouhaha indescriptible, accueillit notre marche volontairement rapide vers l'ouverture grillagée qui conduisait à l'autre cour. Je plongeai dans la foule, tiré par la main énergique de mon homme. Je recevais les regards agressifs et sondeurs des autres prisonniers qui soupçonnaient l'étrangeté ou les raisons médiatiques de ma présence dans leurs murs. Les cinquante mètres, franchis la veille dans le vide le plus total, se firent ce matin-là à grands coups d'épaules. J'étais percuté par moment, agressé par la voix de certains détenus qui m'appelaient :

« Hé ! Le blanc, viens voir là ! ! !

- Hé ! Le Français que fais-tu là ???

- Donne-moi quelque chose ! ! ! »

La course de mon *taximan* s'accélérait alors. J'échappai aux questions de cet océan humain qui voulait capturer un peu de nouveauté, quelques miettes d'inattendu. Toute la population de cette prison paraissait réunie dans ce vide, en grand conseil, sur un goudron devenu invisible et surchargé. Sur la droite se dressait un grand préau de bois et de tôle. Ce bâtiment donnait un peu d'ombre à cette cour emprisonnée sous le soleil. Il accueillait une population différente, au regard d'un aspect physique et vestimentaire moins décharné. Je découvrais aussi, parsemés dans cette marée, habillés du cliquetis d'une ferraille servant d'entrave, des hommes boiteux, déplaçant difficilement un corps et des membres enchaînés à leur sort de condamnés. Pour certains la mort était déjà présente. Le regard était privé de toute perspective. L'horreur était cachée par des murs sur lesquels marchaient, dans un ballet incessant, les gardiens en arme. De tous côtés ils surgissaient. Ils rôdaient sur des bâtisses à deux étages, salies de l'ocre jaunâtre de la poussière, marchant parmi cette saleté qui régnait en maître sur les hommes, sur les murs faits pour cacher la réalité d'un traitement inhumain. Des balcons, accrochés aux façades, les corps gesticulaient dans une sorte de danse insaisissable. La tête serrée entre mes deux épaules, guidé par ce bras décidé, j'atteignis enfin cette surprenante cage à poule, fermée de deux portes légères formant comme un sas. Au milieu, prostrée sur un tabouret, une gardienne, chargée de contrôler les passages. Elle m'interpella d'une voix dure :

« Où vas-tu le Français ? »

Ma nationalité, plus identitaire, était donc aussi facilement repérable que ma couleur de peau, utilisée indistinctement par les gardiens et prisonniers pour m'appeler ou me qualifier. Ce statut de *blanc*, dans une situation d'emprisonnement où l'identité est bafouée, laisse en moi encore aujourd'hui, toute la transposition imaginaire de la position d'un *noir* parmi les blancs. J'ai tout au long de cet enfermement trouvé une identité derrière l'appartenance à mon pays, j'étais différent par ma naissance, par ma culture, par un mode de pensée parfois dissonant, et l'échange devenait riche. Mais par ma couleur de peau, par mon aspect physique, j'étais simplement différent, porteur d'une anomalie que certains se contentaient de signaler pour mieux haïr, sachant ce qui était inscrit sous cette blancheur. Le qualificatif de *blanc* était trop chargé de bagages préconçus, héritier d'une signification perdue dans l'histoire du monde, dans cette autre histoire que nous préférons taire. Il m'était décerné comme un constat, avec l'évidence que cette couleur puisse induire en cascade son lot d'éléments communs à tous les blancs, créant une méfiance ou pire dans ce lieu si particulier : l'assurance d'une culpabilité. Cette situation ressemblant à du racisme me fit admettre l'évidence d'une réciproque vécue sur notre continent, derrière le très impersonnel qualificatif de *noir*. Je ne voulais pas être *le blanc* même si j'admettais que cette particularité si visible était pratique pour me nommer, je m'aperçus qu'elle n'était jamais un signe de respect, ni de tendresse. Ma couleur était détentrice d'une image faisant obstacle au contact. Certains étaient prêts à chercher ce qu'il y avait derrière cette face de blanc. Je devenais alors le Français, Bertrand, monsieur Bertrand ou très ironiquement monsieur le Blanc. Peut-être ces lignes ouvrent elles pour certains sur une évidence, mais ce vécu s'applique à me rappeler, lorsque parfois je tends l'oreille, qu'une couleur n'évoque aucune identité.

À la question de la gardienne assurée d'agrémenter son quotidien par la nouveauté de ma présence, mon *taximan* répondit :

« Avocat ! ! ! »

Et je surgis instantanément dans un lieu presque désert où, sur un banc, m'attendait Gisèle. Avec la même élégance, l'excluant de l'uniformité poisseuse du lieu, elle occupait une de ces planches de bois qui longeaient les différents bureaux, qui encerclaient la cour. Je pus d'un coup d'œil, à une vingtaine de mètres, me trouver face à l'acier rouillé de cette porte qui le soir précédent avait su se refermer sur notre désespoir. Ce matin-là, elle était agitée de l'entrée et de la sortie d'hommes et de femmes qui oubliaient l'évidence de cette liberté qui animait chacun de leur pas. Cette liberté qui nous avait été confisquée.

En cette fin de matinée, c'est d'espoir dont je me nourrissais. J'oubliais les quelques sandwichs et l'eau minérale déposés par Gisèle dans une poche plastique. Je quittai l'emprise de mon *taximan* me réclamant déjà le prix de sa course, pour me diriger sur ma gauche devant le bureau de l'intendant face à mon avocate qui saurait, elle, m'affirmer que ma présence dans cette prison restait une question de week-end.

« Bertrand, c'est cet article de journal qui a tout remis en cause. J'ai vu ce matin le procureur qui n'a fait que répondre aux ordres venant du ministre. Il n'a même pas osé être présent lors de ta signature du mandat de dépôt, nous étions tous très tristes hier soir, de ce qui s'est passé. J'ai vu Micheline ce matin, ça a l'air d'aller. Elle passera, elle ou Godefroy, pour vous apporter à manger. Il va falloir être patient, Bertrand, cette affaire a fait trop de bruit, le ministre ne pouvait vous relâcher alors que l'opinion publique voit en vous des trafiquants d'enfants. Le procureur m'a dit, qu'il fallait que l'affaire se tasse et que l'on ne parle plus de vous, que l'on vous oublie dans la presse et dans la rue. C'est une question de quinze jours, il va falloir tenir le coup, ça va aller vite, fais-moi confiance ! As-tu été bien traité au moins ? As-tu eu un matelas ? »

Encore une fois, le sol se dérobait sous mes pieds. Comment ce torchon mensonger pouvait-il nous priver de notre liberté ? J'encaissai tout mon renoncement en une sortie proche. Je tentai de répondre aux questions matérielles de Gisèle mais ma raison d'exister était tout autre.

« Ça a été. Mais pas plus de quinze jours, je ne tiendrai pas plus de quinze jours ! Gisèle, il faut faire en sorte que les choses aillent vite ! Cette injustice m'oppresse, j'ai l'impression d'être au fond du trou, je ne peux, de toute façon pas glisser plus bas, je ne comprends pas ce qui m'arrive ! ! ! Il faut nous aider Magloire et moi ! »

Son regard se posa sur ma peine, sur cette première matinée qui n'en finissait plus de souiller la parcelle d'espoir jusque là préservée, jusque là rêvée. Toute sa compassion inonda, dans un sentiment réconfortant, ce jour que j'allais devoir dorénavant multiplier par quinze. Elle tenta de me rassurer, sachant ses efforts sans portée concrète. Elle me fit des promesses, des demandes et des recommandations. Elle essaierait de nous rendre visite tous les jours, ou tous les deux jours, pour apporter de quoi manger, pour faire transiter des fax qui survolaient deux continents, qui s'envolaient vers la France. Ces feuilles devenaient ma seule raison de lutter contre mon dépôt physique en ces lieux, ma seule façon de me débattre contre le temps. Les lignes que j'étalais en direction de Marie Jo contribuèrent à faire oublier et à agrémenter les longs passages monotones entrecoupant en intervalles réguliers la succession de nos nuits. Le crayon, qui traçait mes mots était mon refuge, mon voyage vers ma femme que je sentais toute proche. La portée expiatoire de cette encre qui coulait, de l'image des feuilles qui dégoulinaient de l'appareil en France, gommait pour un instant la lourdeur et l'angoisse d'un enfermement sans butée, sans délais, auquel on nous avait contraints. Nous nous projetions sur quinze jours pour que renaissent un espoir, une attente. Sinon sans but, sans limite de temps que pouvions-nous attendre et espérer ? Marie Jo aussi recevait en pleine chair cet amour de parent, mué en injustice. Nos cœurs souffraient à l'unisson, transcendés par la douleur d'une vie, d'un amour écartelé. Pourtant nos positions étaient toutes différentes, ni pires, ni meilleures. J'étais enchaîné et elle se débattait pour la vérité. Je n'étais bon qu'à recevoir les coups, elle s'affairait à les faire se succéder pour ma libération. Ce fil d'Ariane, ce lien surnaturel qui rythmait ma survie, commençait à exister depuis trois jours entre Marie Jo et moi. Gisèle devenait notre contact avec l'extérieur, notre lien de subsistance par la nourriture, le moyen de couper nos journées interminables, mon messager vers la France. Elle était notre oxygène, rendant cette captivité plus respirable et peut-être, je l'espérais, serait-elle un défenseur efficace.

Au cours de cette matinée marquant l'entrée d'une attente éperdue vers notre quinzième jour, alors que d'autres pourrissaient sans jugement dans ces murs depuis des années, Gisèle me demanda de lui écrire notre histoire. Elle me confia un mot de Marie Jo. Je pliai bien vite ce message dans ma poche, impatient de capter un peu de rêves et d'énergie pour survivre et supporter mon retour vers la cellule. Sur nos regards un peu tristes et découragés par un déroulement imprévu, l'arrivée en scène de maître Ntéppé redonna un coup d'espoir à mon cœur abandonné de toute certitude. Il fut l'affirmation soudaine de rétrécir les longues journées à venir. Il s'approcha, pris par l'élan des visites à ses autres clients, pour s'asseoir à nos côtés et verser sur la plaie de ma captivité une goutte d'espérance. Agitant de longs bras habitués à la pratique du sport et du barreau, il m'affirma, ce samedi 1$^{er}$ avril, à cheval sur cette matinée et cet après-midi qui déjà hésitait à prendre sa place, qu'il saurait être efficace :

« Ah ! M. Rigagneau ! Ça pourrait aller mieux j'imagine ! Mais ne vous inquiétez pas, je ne sais pas encore quelle est la position de maître Bétayéné mais pour moi, je pense que nous devons contrer l'article de journal dévastateur et diffamatoire. Je connais personnellement des journalistes prêts à faire un démenti, je vais voir ce que je peux faire dans ce sens. Puis, nous allons faire une demande de liberté provisoire, vous ne pouvez pas rester ici, il nous faudrait une adresse au Cameroun, peut-être d'un de vos compatriotes. Connaissez-vous quelqu'un à Yaoundé ?

Réfléchissez-y ! Je repasserai plus tard mais de toute façon, je m'occupe de tout cela. Nous devons en parler avec Gisèle et je vous tiens au courant des suites à donner ! »

Après nous avoir salués, avec ce pas toujours aussi rapide et déterminé, il se dirigea vers un autre client à l'allure mondaine. Cet homme venait de franchir le lieu de contrôle entre deux univers, entre deux cours habitées, pour celle dans laquelle nous avions été posés, d'une odeur d'extérieur, d'un espoir de liberté. Cet avocat avait quelque chose à voir avec un phénomène climatique, une tornade que je ne revis plus de si tôt, mais que je continuai d'attendre. Nous restions avec Gisèle, totalement éventés par le souffle de Ntéppé.

Elle était prudente, presque méfiante, face aux déclarations de l'homme qui était d'ethnie Douala. Ceci semblait, par un jeu d'appartenances, expliquer un penchant pour la mise en scène, le spectacle et les effets de manches. Cette ethnie rassemblait des profils d'acteurs, des hommes d'un optimisme démesuré. L'optimisme, c'est justement la sensation qui m'avait désertée. Alors je m'accrochai pour quelques jours à ces manches tourbillonnantes qui faisaient couler un espoir de raccourci sur ma vie emprisonnée. J'écrivais alors sur un ton interrogateur, demandant si Marie Jo avait des nouvelles de Ntéppé. Il resterait bel et bien absent de cette cour qui, elle, trouvera un but à mes journées, symbolisera la raison de ne pas m'installer dans les entrailles de ces bâtiments.

Le lieu des visites fut l'objectif des jours à venir qui s'étiraient mollement sur l'impalpable d'une nuit interminable. Elle annonçait par sa noirceur, si brutalement installée, qu'une journée s'éteignait et que personne ne viendrait. Cet espace où j'étais planté ce samedi-là, sera pour des semaines, le but de mon attente journalière, dans l'espoir d'une nouvelle rebondissante qui amènerait un terme à l'injuste situation versée par notre histoire. Pourtant maître Ntéppé ne put rien pour nous.

La matinée s'évanouissait lentement derrière nous. Nous nous quittâmes avec Gisèle, retenant comme point de mire la promesse d'une visite le dimanche. Pour moi c'était l'espoir que Marie Jo recevrait un peu de mon âme sur papier, accompagné de la douleur d'un lendemain, d'un dimanche immobile, qui serait vide de toute possibilité de changement, déserté de toute bonne nouvelle. Je rebasculai de l'autre côté, après que mon avocate eut payé le *taximan*. Aucune pièce, ou très peu, ne viendrait alourdir mes poches trouées et salies de prisonnier, aucune raison de racket, de convoitise, de vol ou d'agression n'habillerait mon avenir incertain. Gisèle prenait aussi le rôle de banquière, elle distribuait du franc CFA à la demande. Elle fit confiance en notre engagement de lui envoyer des fonds de France.

Mon retour s'effectua à travers cette même foule, après avoir été transpercé quelques instants par le regard inquisiteur de la gardienne. Celle-ci tenait à vérifier le tas de feuilles confié par Giséle et destiné à décrire ma rencontre avec Edmond. Elle ouvrit le sac au contenu alimentaire, qui permettrait notre second et dernier repas du jour. Puis elle m'indiqua la porte vers cet autre monde inaccessible aux visiteurs. Après m'être fait traîner par mon taxi dans le flot humain, je retrouvai Magloire dans notre cellule de passage, immobile sur sa natte, le regard bloqué sur le spectacle crasseux d'un plafond si proche. Il semblait m'attendre dans cette pénombre étouffante, prêt à avaler toute information positive qui coulerait de ma voix devenue sans entrain, nouée par un retour dans un univers où je découvrais, par écrit, la souffrance de Marie Jo. J'étais bouleversé par le ton de ses lignes. Je découvrais la torture que je lui infligeais, la violence qu'Edmond avait portée à nos vies devenues parallèles.

Je me replongeai bien vite dans un flot d'écriture incontrôlé, au côté d'un Magloire informé du délai de notre attente. Je m'étalai sans fin sur onze feuilles aménageant mon espace de liberté, retenant tout ce que la douleur d'un amour prisonnier avait de cris, décrivant notre condition entre les murs que nous ne franchirions que sous l'impulsion d'une visite. Magloire à ma droite, près de la porte qui restait close, semblait happé par ses songes, paraissait presque serein, privé de toute émotion, de toute angoisse. Il s'était figé en posture d'attente, prévoyant peut-être déjà que de ce jour, nous ne tirerions plus aucune saveur.

J'alternais la lecture et l'écriture, économisant ce livre prêté et les feuilles que Gisèle m'avait confiées. Tout ceci devait durer, pour habiller les minutes qui s'égrenaient trop lentement. J'imitai celui qui peu à peu devenait mon frère. Nous étions liés par un même destin, par une même enfant, contraints sur le même béton à un enfermement commun. Je tentai de m'accaparer sa sagesse. Á partager trop d'attente avec Magloire, nos échanges devenaient succincts, mutuellement par la seule présence de l'autre nous trouvions une forme de *rassurance* suffisante et plus forte que la parole. Nous érigions ensemble, lentement, dans le creux des semaines partagées, la règle, le devoir inhérent de ne jamais être séparés tout au long de cette épreuve que nous souhaitions et que nous rêvions courte.

Notre seconde nuit allait bientôt tomber sur cette tôle, sur un plafond imbibé de messages. Trônait, au-dessus de mes yeux oubliant peu à peu le temps, cette phrase : « *Vivre pour mourir* ». Le noir était versé brutalement sur cet univers envahi de murs gravés de dates, inondé du bruit des transistors, de la cacophonie de mélanges musicaux indéfinissables. Cette nuit ne pouvait que nous conduire vers un futur plus proche. Nous ne bougions pas, surveillant notre sommeil, alors que la prison tout autour continuait à vivre. Les conversations se faisaient plus bruyantes. Elles contraient avec acharnement ce noir dégoulinant sur des murs qu'un lendemain encore lointain afficherait à nouveau. Derrière la porte close surmontée d'une petite lueur poussive, le chaos musical continuait à remplir le vide de ce lieu entaché de l'absence de certitudes. Les postes de radio criaient d'une voix suraiguë les tubes *afro* du moment. Les signes d'une joyeuse société parvenaient encore jusqu'à nous, empruntant le chemin des ondes que la hauteur des murs ne pouvait stopper. Les éclats de voix et de rires qui frappaient mes oreilles, démontraient qu'une grande majorité de ces hommes s'était résignée à construire leur avenir dans ce béton les privant de liberté. Cette microsociété en conversation donnait du relief à la renonciation de cette humanité prisonnière dans un espace minuscule et puant. Ils étaient de toute évidence contraints à une installation définitive. Ils échappaient avec toute la douleur dissimulée, aux limites d'un temps, à la fin d'un emprisonnement qu'aucun juge ne saurait poser.

Les hommes de la seconde cellule dégourdissaient à tour de rôle leurs corps entassés, et le chef du lieu surveillait le bon déroulement de l'opération. Le soir, les habitants des différents quartiers se mélangeaient dans les jeux, rires et paris sur l'avenir. À 20 heures, chacun regagnait son espace de béton pour que les lourdes portes de chaque lieu se referment sur des rêves de liberté. Pour moi le temps était venu de retrouver ma parcelle imaginaire faite de mon univers affectif, de mon monde français. Mes quatre autres camarades, ainsi que Magloire, semblaient hésiter à se lancer dans cette seconde nuit. Le sommeil vint comme par miracle. J'oubliais de plus en plus vite les douleurs d'un postérieur engourdi par un matelas de béton. La position sur cette surface hostile était immuable, impossible d'adopter un repos sur le côté au risque de sentir trop présente au milieu de la nuit, une hanche dessinée pour la mollesse d'un matelas. Sur le dos, mon poids portant sur l'endroit restant le plus charnu de mon anatomie, je trouvais le sommeil. Ma tête était posée sur une poche regroupant mes feuilles de papier, mon livre, mon crayon, ma trousse de toilette et mon pantalon roulé en boule. Le même réveil que la veille, à 4 heures, frappa mes oreilles du chant des prisonniers. Il m'inonda et paralysa mon corps de l'inconnu d'un dimanche qui s'ouvrait sur ma deuxième journée parmi ces hommes.

L'attente fut longue avant que nous puissions voir la lumière du jour. Le moment de la toilette fut la seule distraction de cette journée. À l'aide d'un seau multicolore que je remplis de l'eau froide de l'abreuvoir, je trouvai, au milieu de cette matinée, un peu d'isolement dans cet espace. Les longues gerbes d'eau que je fis couler sur le sol, entre les murs pourris et remplis d'urine, dans le mètre carré prévu à cet effet, laissèrent un répit de fraîcheur puante à mon âme. L'endroit était réduit et percé d'un trou destiné à recueillir toutes sortes de liquides évacués à grand renfort d'eau. Toute l'histoire et la vétusté du lieu étaient gravées sur ce sol. La porte de fer rouillée qui était prévue pour occulter les toilettes en cours, avait perdu en route la mémoire de sa fonction. Et face à moi, face à cette porte, je pus distinguer plus nettement ce que renfermait la seconde cellule à laquelle j'échappais. Par sa porte ouverte, l'amas de corps posés sur des murs sans couleur, me fit sentir quelle atmosphère, quelle chaleur régnait dans cet espace de punition. Aucun animal de nos sociétés modernes et bienveillantes n'aurait été admis dans un tel espace. Je compris alors la valeur de l'intervention de mon avocate et regagnai bien vite ma cellule pour échapper à l'absence d'air de cette surpopulation. Je marchais un peu plus humble, blessé par les conditions réservées aux prisonniers de cet état Camerounais qui se fichait des Droits de l'homme. J'étais marqué et inquiet de la menace toujours probable d'un glissement de notre propre condition. Tout était arrivé et tout pouvait encore arriver. Je retrouvai ma natte, mon écriture, mon livre, la noirceur de mon espace habité de mes compagnons privilégiés et bien moins nombreux. Nous étions six ce midi-là à partager les gâteaux secs glissés dans la prison par l'entremise de Gisèle. Nous attendions que Godefroy vienne nous restaurer.

J'avais cessé depuis la gendarmerie de rythmer mon temps par les repas. J'abandonnais ainsi la désagréable incertitude de ne rien avoir à me mettre sous la dent. Personne ici ne pouvait nous dire : « Il est midi ! C'est l'heure de manger ! ».

Le seul et unique repas proposé de façon aléatoire par la prison intervenait une fois par jour. Il se composait indéfiniment de maïs pilé mélangé avec du riz et transformé en une infâme bouillie avec comme base une eau malpropre. La première étape de ce repas providentiel fait de cette eau coulant dans l'abreuvoir où les lessives se succédaient, commençait en milieu de matinée. De jeunes prisonniers étaient chargés de grosses bassines, en fer émaillé, posées sur leur tête. Ils pénétraient dans notre minuscule courée et en ressortaient tassés sous le poids du liquide, portant sur le haut de leur crâne le premier élément d'un repas. Ils ressurgissaient sans horaire précis, au sein de cette journée, le bras étiré par la mixture, deux à deux disposés de chaque côté de ces mêmes bassines surmontées d'une grande louche en bois. Nos frères de capture, à quelques mètres de nous, allaient pouvoir recevoir leur repas de la journée. À même le sol, à même le béton pourri, déserté pour quelques instants par des corps recroquevillés, la nourriture était déposée à grands coups de louche, en monticules fumants d'une couleur indéfinissable. Sur cette table improvisée, sur le béton déjà souillé, ce contenu insipide donnait à chacun la possibilité de manger. Sans personne à l'extérieur, sans une famille informée de leur situation de prisonnier, ces ombres entassées n'avaient d'autre choix que d'attraper de leurs doigts, cette recette n'appartenant pas au monde des hommes. Il était impossible d'avoir accès à d'autres formes de nourriture sans argent et sans soutien extérieur. Le seul complément envisageable tenait en deux mots : solidarité africaine. Il fallait croire et compter sur cette forme de partage pour échapper à la répétition du maïs. Il fallait, et c'était essentiel dans cette société, savoir découvrir les liens de parenté qui se perdaient dans les tréfonds de cette prison. La solidarité existait sur ce continent, plus forte encore dans ce lieu de perdition. Grâce à Dieu et surtout à la famille de Juliette, jamais je ne fus contraint, pour survivre, de me remplir l'estomac de cette bouillie.

Le défilé incessant des prisonniers dans notre espace extérieur, que j'apercevais par la porte laissée entrebâillée, ne suffisait pas à me faire oublier le court instant de satiété procuré par mes gâteaux gravés de leur provenance d'Arabie Saoudite. Je sentais la faim et le temps s'allonger par l'absence de visite. Elles étaient autorisées jusqu'à 17 heures. Alors j'écrivis sans m'arrêter, jusqu'à ce que Magloire soit appelé par un *taximan*. Je le suivis de près, pour retrouver dans cette cour, Gisèle à qui je confiai mes nombreux fax. Elle était là une seconde fois pour m'indiquer la voie de la patience. Elle sortait de sa partie de golf dominicale, flirtant avec la limite horaire fixée pour les visites. La cour tranchait violemment avec l'univers auquel je tournais le dos. Cette fin de journée donnait à ce carré où soufflait un air d'extérieur, l'abandon découvert le soir de mon incarcération.

Depuis peu, alors que la rencontre s'éteignait lentement sur un vide déjà installé, je suivais des yeux les hommes et les femmes rejoignant la liberté. Alors, subjugué par la porte, de quelques pas je tentais de reconduire Gisèle vers cette masse de fer qui marquait ma dernière interdiction. Un gardien, d'une voix forte, destinée à décourager toute intention d'évasion, m'ordonna de ne plus bouger. Chaque mouvement suspect dans l'espace proche de la rue était épié, ce qui mettait en danger notre existence à la merci du jeu des gardiens. Bien vite, le Français, identité qui ponctua l'ordre, fut contraint de regagner son chemin de prisonnier. D'autres que moi auraient certainement reçu, pour cette mauvaise direction, quelques coups de crosse et de Rangers. Je restai planté sur le sol, une bouteille d'eau à la main tandis que mon *taximan* me pressait déjà, m'ordonnait de regagner le centre de cette prison, les viscères de ce béton.

Nous retraversâmes hâtivement un univers hostile et agressif dirigé contre ma peau et mon âme. Déjà, je m'habituais peu à peu. L'angoisse de l'arrivée de cette nuit sans fond serait calmée par le contenu du panier rapporté par Magloire. Nous remplîmes notre estomac et occupâmes un peu de temps. Demain serait une autre journée faite de la promesse d'un transfert dans un nouveau quartier et cette nuit deviendrait, comme les suivantes, mon seul refuge. Je rêvai peut-être des quartiers spéciaux avec un lit, mais plus sûrement je rêvai de France.

## CHÈRE INSTALLATION

Mon réveil ressembla aux précédents, il ne deviendrait jamais une habitude. À 4 heures les mêmes chants, la même complainte et à 7 h 30 mon crayon qui glissait sur le papier. Ce jour-là nous devions changer de quartier, la cellule de passage avait rempli son rôle. Ce matin-là les choses bougèrent, notre *roi de l'évasion* était toujours vivant, un second blessé était arrivé au cours de la nuit. Il marchait difficilement mais semblait bien moins touché. Cette pièce n'en finissait plus de se remplir, avec la crainte que nous aussi y soyons jetés. L'imprévu et l'imprévisible ne me laissaient plus croire à rien, sauf à celui qui jongle avec nos vies et fait du hasard une notion devenue obsolète, un mot gorgé de naïveté.

Deux gardes se sont installés vers 9 heures chez le chef de cellule. Dans son habitation berbère, ils ont déployé un long cahier et fait sortir à tour de rôle nos voisins entassés, leur laissant le droit de respirer. Cet exercice avait pour but de nous identifier et de nous signaler les raisons de notre séjour forcé. Sur ma fiche d'incarcération fut inscrit : « *Faux en écriture publique et authentique, atteinte à la filiation* ». Les gardiens en charge de recueillir notre état civil marquèrent d'un grand sourire, d'une longue hésitation, entre la jubilation et la colère, ma présence debout devant leur cahier étendu sur un banc. L'intrigue que constituait ma blancheur dans l'ombre de cette prison animait les regards curieux. Chacun était avide de savoir quel genre de trafiquant d'enfants j'étais. Le cahier refermé et quelques explications plus tard, les fantômes des deux cellules furent, en file indienne, tirés vers la cour principale envahie de nos frères prisonniers. Les spectateurs qui regardaient cette longue traînée conduite vers les bureaux de la cour de visite semblaient revivre les mêmes mouvements qui, quelques mois, quelques années plus tôt, les avaient inscrits dans ces lieux. Ce déplacement marquait notre réelle intégration et reconnaissance de prisonniers identifiés et présumés coupables, dans cette prison où l'on nous oublierait. Devant et derrière moi les corps semblaient épuisés et salis par la captivité, les blessures, le manque de repos. La fatigue faisait souffrir nos têtes alourdies par un soleil de plomb. Quelques prisonniers avaient pris en charge les blessés. Notre *roi de l'évasion* était traîné à demi conscient vers notre destination, vers la cour des visites. Nous nous déplacions lentement et fûmes posés là, assis sur le béton, en rang par deux, silencieux et transpirants sous le soleil de fin de matinée. L'attente fut longue. J'eus tout loisir de voir s'approcher les femmes prisonnières regroupées dans un quartier à part. Dans ce petit groupe de trois, quatre, s'avançait le visage grimaçant de dame Minfoumou, recroquevillée sous un boubou vert. Elle ne m'adressa aucun regard. Ces quelques silhouettes de femmes vinrent prendre place, dans un silence inhabituel, parmi la grande chaîne humaine que nous formions sur le sol.

    Sous un soleil qui blanchissait le béton, nous dessinions de l'ombre de nos corps assis et ratatinés, deux longues traînées noires, côte à côte, coupant en son milieu cette cour inondée de lumière blanche. Nous restions immobiles et tenus au silence par les gardes chargés de nous rappeler le manque de considération qui nous serait réservé. Assis face à cette porte de bureau sur laquelle étaient inscrites grossièrement à la peinture les lettres de « *secrétariat* », le défilé débuta. Les odeurs fortes et diffuses émanant de mes compagnons bousculaient tous mes sens. Magloire se trouvait à quelques rangées devant moi et les hommes qui m'entouraient étaient déchirés jusque dans leurs corps par cette vie qui les contraignait. Pieds nus pour la plupart, recouverts de tee-shirts poisseux, de cette peau meurtrie par les coups, par la saleté de la prison, nous nous retrouvâmes tous au même niveau de soumission, surveillés par nos gardes qui épiaient le moindre tressaillement. Revêtu de ma chemise aux couleurs de notre histoire, de ce pantalon en toile grise venant de chez Godefroy, mes deux pieds blancs étaient calés dans une paire de tongs achetée par *le Vieux*. Nous attendions notre tour, bercés par les odeurs de transpiration d'une tonalité si particulière à ce continent. La présence des senteurs indéfinissables, imprégnées de blessure et de mort, écorchaient jusqu'aux tréfonds de mon âme, aussi violemment que le poids du soleil au zénith. Nous étions à tour de rôle appelés dans le bureau par une femme en uniforme. Nous y prîmes quelques précieuses minutes réparatrices faites de mouvements et de fraîcheur avant de regagner le goudron bouillant. L'ordre d'appel était aléatoire et lorsque mon nom fut prononcé, Magloire et notre sorcière avaient déjà repris place dans le rang. Je fus accueilli par l'histoire déversée par dame Minfoumou et par l'idée que l'on se faisait de ce Français voleur de bébé. On me mesura et je trempai mon doigt dans l'encre. La femme en charge du registre de la prison posa son œil curieux sur ma fiche d'incarcération.

    « M. Rigagneau que vouliez-vous faire avec cette enfant ? »

    La voix était pleine de colère et d'indignation. Souillée par l'habituel récit de dame Minfoumou, par cet article de journal dont j'étais la vedette, elle tombait gravement, n'appelant aucune réponse de ma part. J'étais plus que jamais un objet enregistré, pesé et toisé. Cette aventure et les suspicions des hommes et des femmes emprisonnés dans ce monde n'avaient pourtant aucun reflet écrit sur ma fiche d'incarcération. On continuait pourtant à m'enlever ma dignité. Les certitudes de cette femme vêtue de gris semblaient appeler la haine et justifiaient largement les condamnations que l'on me promettait. Pour cette bouche s'agitant, pour ces yeux sévères arrondis sur un visage autoritaire, j'étais la concrétisation du récit de Minfoumou, j'étais ce trafiquant d'enfants. Notre volonté de parents adoptants et la manipulation du prêtre et de sa femme que je tentais de mettre en relief, n'adouciraient pas ce visage. Cette femme donnait pourtant à mon âme résignée, la force et l'énergie de combattre tous ces mensonges. On me reposa dans la cour, sans avoir convaincu la gardienne. J'allais alors percevoir deux mondes, faits de deux regards, celui de l'accusation et celui de la bienveillance. Il me semblait porter, pour mes accusateurs, autre chose que cette formule judiciaire plaquée sur cette feuille. Je portais les paroles de Minfoumou, les mots de l'article, mais aussi ma différence et mon passé d'homme blanc. Je brillais de leur présent de *noir*, de leur passé de *nègres*, de leur histoire d'esclaves, de notre héritage de colonisateurs, d'un passé si présent, si enfoui, si inconscient. Il m'allait pourtant être donné l'occasion de sentir des alliés dans cette cour remplie d'uniformes qui scrutaient de haut nos corps écrasés par la chaleur de midi.

Dans ce bureau situé derrière nos deux colonnes immobiles, derrière une porte portant l'inscription « *intendance* », deux femmes voulaient connaître ma vérité. Elles se penchèrent, intriguées par la notion d'adoption, sur cette version de l'histoire qui conduisait ce blanc entre leurs murs. Elles m'apprirent que la vérité, qui m'échappait peu à peu, restait cohérente, que cette injustice qui m'emprisonnait avait un sens pour d'autres que moi. On me replaça à nouveau dans les rangs. La silhouette de Martin apparut alors devant la lourde porte d'entrée. Cette arrivée inattendue m'inonda d'un malaise indescriptible déclenchant une question : que venait faire le cousin de Céline en ces lieux ? Cet homme que j'avais fréquenté, lors de ma première rencontre avec cette terre, avait par la suite été condamné par Céline. Le soupçon de malhonnêteté planait sur lui. Pour notre ex-bienfaitrice, il était mauvais. Il réapparaissait donc, convoqué dans le bureau de l'intendant. Sa visite n'était pas le fruit du hasard comme tout dans notre aventure. Mais Martin, avec son pouvoir d'employé de mairie, resterait chargé du mystère de son implication auprès de Céline. Je ne le recroisai plus, je n'en avais pas la liberté. Il restera son image large et imposante, son allure maladroite qui, ce jour-là, révélait un visage inquiet enfoui dans des épaules trop lourdes. La famille Minfoumou allait-elle devoir défiler dans ce lieu comme à la gendarmerie ? Les visites allaient prendre un tournant ironique.

Le lieu du confessionnal, chez un intendant, maigre et autoritaire, décoré à sa droite d'une jeune gardienne aux traits singulièrement européens, me fit effleurer les raisons terribles ou dérisoires de la présence de mes compagnons dans cette prison. Regroupés au sein d'un bureau trop petit pour nous accueillir tous, fermé par un fin rideau laissant passer le brouhaha entêtant de la cour principale, nous nous serrions sur ce sol bétonné. Assis les uns contre les autres, nous mêlions nos odeurs et notre peau pour cet interrogatoire improvisé. J'avais retrouvé près de moi Magloire et nous avions perdu la trace de notre sorcière. J'écoutais les récits précis qui s'éternisaient sur des détails. Le discours parfois prétentieux, de ceux qui avaient, de leur arme, réussi à braquer un riche commerçant, de ceux qui avaient assassiné. Les explications brutales de celui qui avait tenté de s'introduire dans une maison avec l'aide du gardien, pour commettre l'irréparable face à l'opposition de ses occupants. Le discours plus timoré des plus jeunes embarqués en pleine nuit, sans papiers. Les plaintes de celui qui était soupçonné d'avoir escroqué son voisin. La palabre de celui qui vendait cher de faux visas vers des destinations d'espoir. Tous ces crimes étaient des plus hétéroclites, mais finissaient par nous réunir tous, face à ce bureau organisé en premier tribunal par un homme à la fonction d'intendant. La vingtaine de prisonniers transpirants de leurs corps fatigués, de cette mémoire qui butait sur ces murs, sur cet homme en uniforme, allait être répartie dans les quartiers pour installation. L'intendant après avoir questionné nos camarades assassins, voleurs ou sans-papier, s'était arrêté sur le cas de ce blanc faisant tache sur son parterre de braqueurs. Il scruta Magloire avec la même force que ses frères assassins. Il prononça avec précision le motif d'incarcération identique au mien, puis lança cette question qui allait poursuivre sans relâche mon compagnon :

« Pourquoi avoir vendu ton enfant à ce Français ? »

Magloire sut comme à la DST réaffirmer qu'il n'était pas question d'argent, ponctuant ses phrases par un sonore « chef », perçu comme du miel à l'oreille de tous ceux qui portaient l'uniforme. Notre cher intendant en avait assez entendu. Le visage fermé de sa gardienne ouvrit une large bouche faisant entendre la tonalité claire de sa voix. Nous devions rejoindre nos cellules. De ce bureau nous replongeâmes ensemble dans la grande cour, noire d'une population prisonnière. Notre espoir d'être changés de quartier s'éteignait avec l'arrivée brutale d'une nuit sans crépuscule qui relançait l'angoisse d'un lendemain, d'un réveil sur l'inconnu de notre destinée.

Les jours qui suivirent furent rythmés par les visites quotidiennes de Gisèle. Elle me promettait une demande de libération provisoire dans quinze petits jours, qui deviendraient férocement longs entre ces murs. Je lui confiais mes fax qui tentaient toujours de rétrécir d'interminables journées. Cette entrée officielle dans ce trou, marquée par la cérémonie du lundi, avait dispersé dès le lendemain nos voisins et compagnons de cellule vers d'autres portions de murs inconnus. Nous restions seuls, avec notre chef de cellule et notre gardien de prison qui occupait ces murs depuis dix mois, nous restions seuls, fidèles à ce lieu de passage. Á côté, des hommes partaient, d'autres arrivaient. Le flux était régulier. Autant de départs que d'arrivées ainsi la cellule ne désemplissait pas. Notre blessé marquait toujours de ses gémissements notre courée, semblant fidèle à ce béton, à cette vie qui s'éloignait peu à peu, peinant à le quitter, prise entre les murs. Sans doute n'avait-il pas de place ici, un peu comme Magloire et moi. Sans doute cette prison attendait-elle qu'une fin proche éclaire le choix de sa destination.

Mes fax au cours de cette première semaine continuaient à s'envoler vers une France si lointaine. Les dates et les lieux qui m'avaient fait chavirer dans ce monde, surgissaient par jets douloureux dans ma mémoire. Mes mots étaient chargés de mes regrets, de cette crainte oppressante de ne pouvoir rentrer chez moi. Marie Jo se débattait pour ma liberté, pour que je reprenne une vie à ses côtés. Elle a réuni au cours de cette période, les témoignages des autres familles, elle fournissait des renseignements au cabinet Bétayéné, multipliant les contacts avec le gouvernement, avec une représentation diplomatique concentrée à éviter toute vague. Ma mémoire mettait en relief tous les détours, tous les tournants qui m'avaient conduit sur ce sol, qui m'avaient enfermè sur cette terre. Vingt-cinq pages furent nécessaires pour faire un résumé à Gisèle. C'était la seconde fois depuis la DST que le papier contribuait à décortiquer, à exorciser une partie de notre histoire. Le récit déforma et marqua mon doigt de l'avidité de mon témoignage, de l'honnêteté de mon histoire. En retour Gisèle m'apprit que le procureur voulait entendre tous les protagonistes de cette affaire. Il fallait donc que la gendarmerie mette la main sur un Ndzana libre de fuir.

Jamais je n'aurais dû reposer le pied sur ce territoire, ou peut-être aurais-je dû le quitter plus tôt. J'aurais dû abandonner cet amour qui coulait en nous pour cette enfant. Ce petit ange, notre petite Juliette recouverte de son innocence, de l'amour que nous lui portions, vint jeter au cours de cette première semaine, la pureté de sa présence sur ces murs peints de violence. Pour moi, Juliette ré-existait soudainement dans les bras de Micheline. Elle portait un coup à mon âme meurtrie. L'image de cette enfant faisait surgir en moi toute l'infâme blessure laissée par le ton accusateur d'un journaliste. Cette infamie était portée par les déclarations de Céline et de sa fille, par le regard de cette population qui montrait d'un doigt haineux ce blanc, trafiquant et peut-être pédophile. Juliette, je ne pus te regarder ni te toucher, sentant le regard suspicieux de cette prison qui faisait naître en moi le poids de la culpabilité déversée par le soupçon des hommes de cette terre. Je me savais innocent, mais je basculais dans la honte de ce monde fait des accusations les plus ignobles. Nous avions, Marie Jo et moi, à assumer la négligence de notre rencontre avec Edmond, la légèreté de notre confiance. Notre empressement à croire en cette histoire. Mais là, dans cette prison face à cette enfant, je n'avais plus aucune assurance sur ce que j'étais. Je basculais violemment dans un monde où les accusations me rejoignaient, où le regard des autres m'interdisait de sourire à Juliette. Je ne pouvais plus la prendre dans mes bras, on me défendait de la regarder, j'avais peur de moi et ce fut l'un de mes derniers contacts avec cette enfant que nous aimons encore et que la vie ou les hommes nous avaient interdit d'aimer.

Comme pour rompre totalement avec ce qui m'accrochait à cette parcelle d'Afrique, dès cette première semaine, Magloire fut soustrait au duo que nous formions. La nouvelle tomba le mardi midi, créant entre nos murs refermés sur nos peurs, l'affolement de nous retrouver vulnérables l'un sans l'autre. Magloire se sentait redevenir Camerounais, à la merci d'échapper à sa vie. Nous ne pouvions y croire, et pourtant, ce mardi vers 12 heures, il était sorti de cette cellule que nous commencions à trouver rassurante. Cette cellule et l'absence d'une installation définitive dans un quartier, comme nos camarades, commençaient à sentir bon le provisoire, comme si nous ne pouvions rester, comme si nous ne devions pas nous installer. Nous prenions avec beaucoup d'espoir le temporaire de notre emprisonnement. Magloire aspiré par un *taximan* eut juste le temps de me lancer la promesse de son retour prochain. Ce transfert ne pouvait, lui aussi, être que temporaire. Je me retrouvai seul dans cette pièce devenue trop grande pour notre gardien prisonnier et moi. La natte de Magloire resta vide ce soir-là. Son absence pesait sur mon angoisse, sur mon sentiment de solitude dans ce monde camerounais conduit par la menace et l'imprévu. Il venait à nouveau de nous en faire la démonstration. J'étais encore un peu plus seul et je dus ce premier soir, compter sur la solidarité de mon nouvel et unique compagnon, pour partager un plat fait de thon, de piments et de bâtons de manioc.

Le départ de Magloire coïncida ironiquement avec l'arrivée d'un premier signe de confort. Magloire ne dormit pas cette nuit-là, ni les nuits à venir, il avait été balancé dans les quartiers populaires. Quant à moi, grâce à Godefroy, un bout de mousse acheté à l'extérieur venait adoucir ma nuit solitaire. Le matelas de mon compagnon resta vide cette nuit-là.

Le quartier populaire, Magloire ne voulait pas y retourner. Il venait de rencontrer l'horreur de ces vies en décrépitude, l'agonie de ses frères. Dans la matinée, il était de retour à mes côtés. Il s'effondra sur notre bout de mousse, ignorant les raisons de cette soudaine mollesse réparatrice. Il sombra dans le sommeil et dans l'oubli de ce que son corps et ses yeux avaient eu à subir. L'endroit, d'où il revenait affaibli et marqué, avait sûrement oublié le sens de l'humanité. Dans ce quartier, Magloire était resté debout une bonne partie de la nuit, puis, il avait fini par s'effondrer, au petit matin, sur ce bout de tôle rouillée qui formait, d'une rangée rectiligne, le toit des cellules. Ils étaient un certain nombre à s'être repliés en cette fin de saison sèche sur cette toiture-dortoir. Chacun, comme à chaque nouvelle arrivée, l'avait questionné sur les raisons de sa présence en ce lieu. La nuit avait été interminablement agressive, blessante et persécutrice. Lorsque, au milieu de la matinée, dépendant des fluctuations et des autorisations informelles des gardiens, les portes du quartier populaire s'étaient ouvertes, il s'y était engouffré dans l'espoir de retrouver notre pièce commune. Soumis à l'hypothétique résultat de palabres, à des promesses financières, il marchait vers le temporaire de notre espace, vers le refuge de la cellule de passage, où je l'attendais et où il s'effondra.

La lumière de ce jour fut donc pour lui un répit, souligné par l'obligation de se décharger de l'horreur, de la nécessité de me faire partager son épopée nocturne que d'autres vivaient depuis des années. Nous pensions, la veille, être changés de lieu. Cette nuit-là, seul Magloire avait gagné ce droit à l'enfer. Lorsque son esprit fut dégagé des fantômes de cette parodie nocturne, je priai avec lui pour qu'une solution soit trouvée, pour que Gisèle nous aide, pour que nous restions ensemble entre ces murs trop présents mais devenus rassurants. Gisèle devait en parler à monsieur l'Intendant. Pourtant Magloire pour la seconde nuit, oublié par l'intendance, rejoignit l'entassement de ses frères, l'ondulé de la tôle, la gale, la tuberculose et la moiteur assassine de cet espace qui en manquait. Il fallait que l'on sorte Magloire de cette épreuve nocturne. On nous conseillait de payer. Gisèle détenait notre argent, plus justement le mien et celui venant de France. Seule mon avocate pouvait négocier, nous étions impuissants, incapables d'orienter notre destinée.

Pour cette seconde nuit d'absence de mon frère camerounais, j'avais cédé sa mousse restée vide à un député englué dans des combines financières. La cellule, pour lui et son secrétaire, sentait bon le passage, puisque le lendemain matin il avait disparu aussi rapidement qu'il était arrivé en pleine nuit. Il se hâtait pour le quartier spécial C plus adapté à son rang. Il me laissait en forme d'adieu, cette délicieuse affirmation :

« Vous savez monsieur Rigagneau, j'ai un lien de parenté avec le père Ndzana, c'est un homme juste et bon. »

La blessure qui grignotait mon âme et mon passé, comportait le même nombre de mots, mais elle existait sous forme d'une question sans réponse.

Mes écrits noyaient l'angoisse de ces journées sans fond, ponctuées des affirmations des uns, du passage des autres. Je voulais plus que tout que Marie Jo sente ma vie dans ses murs.

Alors j'écrivais :

« *Les visites nous permettent de couper nos journées. Maître Bétayéné vient tous les jours et tente de nous remonter le moral. (...) Godefroy essaie de nous apporter de la nourriture au moins une fois par jour. Ici, les choses sont très organisées, des taximen viennent nous chercher ce qui nous coûte 100 CFA. Le droit aux visites pour Godefroy est logiquement un jour sur deux, pour plus il doit négocier son entrée. Nos repas sont très désordonnés, on ne sait pas si Godefroy passera et à quelle heure. Nous mangeons du poisson, du riz, de la viande et les jours sans rien nous avons toujours des mangues et des gâteaux secs. Le traitement est meilleur que lorsque nous étions au parquet (...). Ce soir je t'écris à la lueur d'une ampoule blafarde qui reste constamment allumée jour et nuit au-dessus de cette porte en bois qui, elle, reste ce soir, définitivement entrouverte. Au-dessus de ma tête plane un plafond kaki sous la surveillance de quatre murs aux couleurs variées, remplis d'inscriptions et de dates. En face de moi trône un « VIVRE POUR MOURIR » et des noms (...). Cette pièce a des allures de cave vide et est à la fois un livre ouvert sur un passé de prisonnier. Je vais pouvoir me réfugier dans le sommeil malgré la musique à tue-tête systématiquement allumée le soir. »*

Marie Jo prenait cette vie, cet univers en plein cœur. Dans ce cœur, chargé de la colère laissée par la trahison, dans cette âme regardant s'éloigner Juliette, dans ce corps meurtri de l'emprisonnement de son mari, elle se devait d'être forte et de continuer à faire exister notre quotidien. Nous pensions et retrouvions de la force dans la promesse d'être réunis bientôt.

Le mercredi qui s'ouvrait comme chaque matin à 4 heures par le chant glacial des prisonniers, me laissa dans l'attente d'un peu plus de lumière pour reprendre mon écriture. Pourtant ce jour serait plus court que les précédents.

Allongé sur du vide, j'imaginais Magloire plongé dans l'enfer. Son absence envahissait mon esprit jusqu'à prendre toute la place. Cette matinée de mercredi, je surveillais la porte par laquelle il devait rentrer et ce fut l'allure freluquette de mon *taximan* qui apparut. On me demandait à la visite, et sur ces bancs de bois, la silhouette connue d'un petit homme d'un certain âge, vêtu très sobrement trancha avec l'habituelle vision de Gisèle. Louis Cesbron de la congrégation du Saint-Esprit, me salua chaleureusement d'une poignée de main qui m'amena toute l'émotion d'un réconfort chargé de compassion. Il était en charge des Français catholiques de Yaoundé et frère d'une des plus belles plumes françaises : Gilbert Cesbron. Nous nous étions déjà rencontrés dans le cadre plus cossu du hall de l'hôtel Mont Fébé. Il connaissait notre histoire et surtout notre Edmond. Il m'affirma qu'il pensait qu'Edmond ne faisait plus partie de sa congrégation depuis son mariage en 1997 avec Céline. Cette union avait été prononcée par le biais d'une église parallèle gabonaise. La nouvelle ce jour-là, me cloua à cette cour, de laquelle physiquement, je ne pouvais de toute façon pas m'échapper. Elle remplit paradoxalement mon être d'une forme de réconfort, poussé par la confirmation du penchant maléfique d'Edmond, à qui nous nous étions accrochés à nos dépends. Cet homme dissimulait des parcelles de sa vie alors que nous avions été conquis par sa bonté et son honnêteté. Alors, cette révélation me semblait pouvoir éclairer la fausseté, la *mauvaise foi* de notre ami prêtre. Sa liberté n'était pourtant pas en danger. Il venait rendre à sa femme des visites régulières, ironisant avec l'existence de ces lourdes portes qui n'auraient pas dû lui rendre un accès à la vie.

Le mystère de sa liberté enfonçait plus profondément chez Marie Jo le poignard de l'injuste jugement des hommes, de l'insondable mouvement de l'Afrique. Nous apprîmes bien plus tard, que les agissements troubles, voire criminels d'Edmond, notamment au Gabon, et certainement dans d'autres contrées, lui avaient permis de voyager dans les couloirs de l'église. Il avait cheminé de pardon en pardon, de pays en pays, de paroisse en paroisse, comme si le déplacement devenait remède. L'église avait su lui tendre la main pour accueillir son pardon, pensant rompre avec ce qui autrefois l'envahissait, le torturait. Il devenait neuf sur un lieu nouveau et les soupçons tenus secrets fondaient sous le soleil du Gabon. De l'église nous n'avons eu aucun élément précis. Á force de sollicitations auprès des spiritains, grâce à la bienveillance d'un homme, d'un évêque et du curé de notre paroisse, vint la confirmation du caractère trouble et obscur d'Edmond. Pourtant un évêque spiritain français avait su lui tendre une dernière fois la main quelques mois avant notre rencontre. Il l'avait conduit en toute ignorance jusqu'à nous, jusqu'à nos cœurs qu'il piétinait. La main semblait noble. Elle m'avait pourtant conduit sur cette planche de bois maladroitement clouée qui servait à cet instant de banc, de soutien à notre entretien avec Louis Cesbron. Ce bout de bois retenait tout le bien-être que monsieur Cesbron était venu me livrer. Il restait frappé d'un résultat recouvert de l'injustice de ma condition face à Edmond, en simulacre de prêtre, qui rentrait et sortait sans problème de ce lieu. En homme d'église, il aurait dû être à mes côtés, à ma place pour tirer le voile de ce mensonge que lui seul manipulait avec Céline. Telle était la position de Louis Cesbron, qui me laissa dans ce lieu, après m'avoir fait don d'un peu d'espoir et de réconfort. Il m'assurait de son soutien et de l'influence de l'Èglise. Merci monsieur Cesbron. Au dehors de ce lieu maudit, cette institution se révéla un peu honteuse, sans vraiment l'avouer, de servir de refuge et de couverture à des hommes comme Edmond.

Monsieur Cesbron s'éloignait déjà. Dans le sens opposé à la vie, je regagnai ma cellule, espérant retrouver Magloire.

Mon frère de captivité était de retour et comme hier, il gisait épuisé sur notre bout de mousse. La sœur espagnole avec qui j'échangeais depuis trois jours sur mon histoire, venait pour la dernière fois prodiguer des soins à notre agonisant, à notre *roi de l'évasion*. Le jeudi matin, alors que le soleil de midi tomberait sur la cour et que le fossé, aidé par la chaleur, lancerait ses odeurs pestilentielles, notre homme ferait sa sortie, sa dernière évasion. Il finirait sur cette civière sa lente agonie, libéré de sa vie qui ne lui appartenait déjà plus depuis quelques jours. Il serait conduit par deux jeunes détenus, vers un lieu encore inconnu mais qui sentait déjà bon la liberté.

Ce mercredi, après-midi ensoleillé d'avril, il lui restait donc une petite douzaine d'heures à vivre et allongé sur ce béton extérieur, il était facile de voir se dessiner la fin. Magloire restait inaccessible. Il était enseveli dans son sommeil. Mon *taximan* à qui je devais déjà quelques allers-retours m'annonça à nouveau une visite.

Dans cette cour se tenaient déjà, en ce milieu d'après-midi, mes deux compatriotes prisonniers. Ils étaient en conversation avec deux hommes dont l'un avait une corpulence connue. C'était le vice-consul Viénot en costume clair. Le second, en tenue plus décontractée, examinait un des deux autres Français amaigris. L'image contrastait avec la bonhomie du vice-consul. Viénot souriait, tentant de communiquer son optimisme, sachant surtout que ces murs ne lui volaient aucune liberté. L'indécence de la situation heurta ma mémoire marquée des paroles des deux Français oubliés de leurs avocats, oubliés de la main de la France. Avec le médecin attaché au consulat, je pus évoquer mes angoisses matinales versées par ce lieu, mes craintes de paludisme par manque de *Lariam*. Viénot était chargé de l'espoir et de la confiance démesurée qu'il avait en maître Gisèle et Alix Bétayéné. Cette confiance et la capacité du cabinet Bétayéné à faire des miracles l'amenaient à me recommander la douceur et la sagesse. Il ne fallait, pour lui et certainement pour la France et ses relations diplomatiques, faire ni vague ni remue-ménage médiatique en France et au Cameroun. Face aux mouvements tous azimuts de Marie Jo, volant à mon secours par tous les moyens à sa disposition, lettre au gouvernement, au chef de l'état, contact avec les médias et avec d'autres avocats, Viénot me mettait clairement en garde :

« Maître Bétayéné est la meilleure avocate du Cameroun, il ne faut surtout pas faire de bruit au risque de prolonger votre séjour dans cette prison. Il faut dire à votre femme qu'elle se calme, qu'elle laisse faire l'ambassade et le cabinet d'avocats. Ce qu'elle fait actuellement en mobilisant d'autres avocats, risque de ralentir la procédure. Dites-lui de se calmer, surtout vis-à-vis de la presse et des conditions de détention dans cette prison. »

Monsieur Viénot envoya le lendemain un fax à Marie Jo. Il l'informait que toute agitation et toute médiatisation prolongerait mon emprisonnement, mettant en relief le confort matériel qui m'était réservé :

« *J'ai rendu visite hier 05 avril à votre mari (...) incarcéré dans des conditions privilégiées au regard des normes en vigueur.* » Le quartier populaire était certainement la norme « *Il fait l'objet de la plus grande attention de la part des autorités pénitentiaires qui l'ont placé dans une cellule correcte avec deux autres prisonniers.* » Nous étions 10 ce mercredi-là « *Par ailleurs son intégrité physique n'est nullement menacée, les prisons africaines sont loin d'être ces jungles que sont devenues les prisons françaises ; le comportement des détenus y est beaucoup plus convivial.* »

Mes vacances au Cameroun, entouré d'attention et de convivialité, se déroulaient parfaitement. L'absence d'un point de vente de cartes postales m'empêchait de donner des nouvelles plus colorées à mon entourage, monsieur Viénot avait d'ailleurs bien tort de ne pas quitter son logement cossu pour les activités que cet endroit recommandable proposait chaque jour ! ! !

Il poursuivait par l'éloge d'une avocate :

« *Maître Alix Bétayéné est l'une des meilleures avocates du barreau et s'emploie efficacement à obtenir la libération de votre mari. Ce qui nécessite discrétion, doigté et un certain délai.*

*Il est contre-productif que votre beau-père ait cru bon de constituer un autre avocat.* » Ntéppé n'était pas le bienvenu.

« *Il n'est donc pas souhaitable que vous ameutiez le ban et l'arrière-ban de vos relations. Tout battage risquerait d'être totalement contre-productif et de prolonger son séjour carcéral.* »

Cet homme qui ignorait pour la circonstance les conditions de détention au Cameroun, qui tactiquement ignorait le traitement de la personne humaine dans cette partie du monde, savait parler à ma femme. Il était très clairement énoncé que si elle faisait un geste, je m'immobilisais. Quel choc avait dû être ce fax entre les mains d'une Marie Jo déterminée à lutter pour ma liberté. Je compris à mon retour que ce Viénot n'avait pas trouvé de place dans son cœur, allez savoir pourquoi !

Avait-il raison sur le devoir de rester calme de ne pas faire de « *battage* » ? Il gommait de toute évidence et sans complexe la réalité de la détention au Cameroun. Il ne pouvait pas ignorer les quartiers populaires. Quelqu'un a dit, un jour, que la misère était moins dure au soleil. Cette misère semble s'adresser aux êtres humains. Alors peut-être que le soleil éclaire et réchauffe l'homme lorsqu'il reste un homme, lorsqu'il est regardé et traité comme tel. Ici ce n'était pas le cas, mais peut-être la lumière reste-t-elle plus forte !

Marie Jo faisait trop de bruit pour les représentants de l'État français. Son général de frère avait la capacité de frapper à certaines portes aptes à rétrécir le temps qui s'étirait sur les jours qui me restaient à attendre. On répondait à ma femme que ma vie n'était pas soumise au même danger que les autres prisonniers, mais nous ne pouvions plus croire à la logique versée par cette terre. Chaque jour de notre histoire, avait été soumis aux imprévus africains. J'étais une brindille filant au cours de l'eau, retenue par des berges plus ou moins confortables. Aucune parole ne retenait plus la confiance de Marie Jo, on lui avait trop promis mon retour alors qu'elle, me voyait m'enfoncer chaque fois plus profondément dans l'irrationnel de cette aventure. Encore une fois, faisant suite à l'appel au calme de Viénot, internet et les journaux privés camerounais continuaient à donner leur avis sur la question. Ils jetaient le trouble sur l'âme pétrifiée de Marie Jo.

## Les trafiquants d'enfants et d'organes sous les verrous

*Les divers crimes perpétrés et certaines disparitions constatées ne relèvent pas seulement du sadisme des malfaiteurs. Selon les informations exclusives de la Nouvelle Expression, il existe un grand réseau de trafic d'enfants et d'organes humains, une complicité des nationaux et des expatriés. C'est le cas du Français RIGAGNEAU – bien connu des services de renseignements parce que récidiviste et qui opère au Cameroun depuis. Une de ses complices ici est Madame MINFOUMOU. Le 18 mars dernier à Yaoundé alors que ce trafiquant d'enfants s'apprêtait à se rendre à Douala afin de prendre le vol pour Paris il a été cueilli par la gendarmerie, avec l'enfant de deux mois qu'il venait d'acheter. Actuellement, « acheteur et vendeur » méditent leur sort à la gendarmerie en attendant la suite de l'enquête. Des trafiquants d'organes humains pullulent en ce moment au pays. Les cas des enfants décapités sont là pour témoigner.*

Tout ce qui existait comme crime dans ce pays se polarisait le plus naturellement du monde sur ce blanc que l'on avait attrapé puis emprisonné. J'ai encore le souvenir de cette chambre du Mont Fébé où Viénot mettait en garde Micheline sur ses frères blancs capables de manger de petits enfants noirs. Il s'amusait de cette menace légendaire, de ce conte qui avait visage d'homme blanc. Ce fait semblait inscrit dans une sorte d'inconscient collectif apte à faire miroir, à faire écho à nos fantasmes de cannibalisme craint chez des tribus terrifiantes de ce grand continent. Ce fantasme de l'étranger qui mange les enfants et que certains petits Africains ont perçu comme une menace relayée par leurs parents, m'amène une réflexion sur la force persistante et inconsciente des craintes collectives. Cet inconnu, ce blanc, dont on soupçonne les habitudes de vie, capable de manger les enfants, porte en lui l'indice sournois de l'ogre de nos sociétés. Alors le mensonge n'en est plus vraiment un, les accusations les plus ignobles tournées vers cet être obscur, deviennent plus acceptables. Du trafic d'organe au cannibalisme, au dévorateur institué, il n'y a qu'un pas que l'inconnu, l'étranger déverse en vision fantasmagorique. Alors je devenais un peu l'horrible blanc qui transpirait des peurs d'enfants, sauf que dans l'endroit où je croupissais, on ne jouait pas à se faire peur. J'étais collé à ma réalité.

Marie Jo, elle, était collée à l'effroi de l'injuste poids d'accusation que l'on nous infligeait. Internet rendait toute l'actualité accessible, tous les mensonges mondialement distribuables. Et Viénot voulait qu'elle reste calme alors que se débattre était une survie contre des calomnies menaçant mon intégrité. De toute évidence les messages circulaient vite au sein de cette population camerounaise avide de nouveauté et de sensationnel. Les mots et les qualificatifs souillant ma personne de blanc, si visible parmi cette population de prisonniers noirs, devenaient à grands pas une menace créant la panique chez Marie Jo.

## CHERS QUARTIERS SPECIAUX

C'est peut-être pour cela et pour sauver Magloire d'une nouvelle épreuve nocturne l'affaiblissant de jour en jour, que pour nous, les choses changèrent. L'habitude de presque une semaine avait pourtant donné à cette cellule de passage des couleurs rassurantes. Mais ce jeudi 06 avril nous déménagions enfin. Chargés de nos matelas, de mon crayon et de mes feuilles devenues, au même titre que Magloire, mes meilleurs compagnons, nous traversâmes la cour, vers le quartier spécial D.

*« Ça y est nous sommes dans ce nouveau quartier. Le changement y est radical, j'ai l'impression de rentrer dans un mini-village où les activités sont organisées dans une petite cour centrale où les gens regardent la télé, jouent aux jeux de société. Je ressens un enfermement encore plus fort et je regrette déjà ma cellule de passage dans laquelle nous avions nos habitudes. Mais pour Magloire il fallait que les choses bougent pour lui éviter de retourner dans cet horrible endroit sans espace. Ce soir ce changement me fait un peu peur, je me sens seul. Magloire n'est pas loin, mais il est à côté, dans une autre cellule. Dans ma cellule, il y a des lits superposés faits de planches de récupération, sans matelas. Les lits sont sur trois niveaux dans 12 m², on se croirait dans un placard. Des sacs sont empilés les uns sur les autres. Prés d'un vieux frigo, des œufs, de l'huile. Comme je regrette ma cellule de passage ! Mais là, pas moyen de faire marche arrière, je ne m'attendais pas à ça. Ici je perçois ce que signifie surpeuplé et prison. Nous sommes neuf bonshommes dans ce petit local et il y fait très chaud. J'ai du mal à retrouver l'intimité que j'avais avec toi, c'est encore une épreuve à franchir. J'ai envie de pleurer. Je vais me résoudre à dormir. Il est 20 h 30 et cette étroite couchette perchée sur un troisième niveau frôlant le plafond poussiéreux ne me laisse pas d'autre choix que de fermer les yeux. Je vais m'enfouir dans mes rêves, pour me réveiller sur quoi ? Sur une angoisse qui m'est habituelle, sur cette réalité absurde. »*

La nouvelle cellule dont je fis des croquis, me laissait le goût du regret et m'envahissait d'un nouveau désespoir. Je m'endormais ce soir-là sur mon installation dans cette prison, dans cette pièce prévue pour douze et habitée de neuf prisonniers.

Ce qui était marquant chez ces hommes parmi lesquels je m'installais, c'était l'acceptation passive de leur condition de prisonniers. Ils me paraissaient habiter ces lieux, marquer de leur empreinte ces murs, exister depuis longtemps dans ce cadre. Je devais dès le lendemain faire leur connaissance et débuter l'indescriptible longueur de ce mois d'avril en leur compagnie.

Dans notre minuscule espace enseveli sous ces murs recouverts de ces lits empilés (appelés mandat pour mandat d'amener), colorés des sacs accrochés parmi les provisions, croulant sous les bouteilles d'eau de marque *Tangui* perchées sur des étagères à l'équilibre précaire, la vie semblait trouver sa place. Il y régnait une organisation aux allures de capharnaüm. Chaque détenu du local 131 avait organisé son espace, son mandat afin d'y retrouver un peu d'intimité. Les couvertures et les draps pendaient au bord des lits. Ils servaient de rideaux à ce mobilier de bois rouge, planté de pointes tordues et cerclé de ficelles supportant des vêtements colorés. Le sol enduit de ce même béton lissé et taché par le passage répété des prisonniers, était recouvert de cette terre rouge qui colorait un univers renfermant la seule activité présente et future : l'attente des hommes. La longue échelle en planche aux barreaux inégalement répartis, me permettait de regagner mon perchoir. Elle était coincée sous un plafond confondant sa couleur avec le sol. Un pan de mur était réservé à l'entassement hétéroclite des moyens de subsistance alimentaire. Empilés sur des étagères chancelantes, du bâton de manioc, des mangues, des bananes encadraient un réfrigérateur rouillé, seul rappel du standing de ce quartier spécial. L'organisation humaine était de rigueur dans cette cellule où quelques personnalités étaient oubliées depuis des années, en attente d'un jugement. Tous ces hommes, ou presque, étaient incarcérés en préventive et cette peine prenait assez rapidement les couleurs de l'oubli.

Le quartier spécial D se composait de trois cellules identiques, remplies des mêmes personnalités. Ces trois pièces minuscules étaient regroupées au bout d'une cour fermée par une lourde porte en fer. Cet infranchissable panneau d'acier ajouré d'une grille de surveillance séparait notre espace de la grande cour centrale.

Ce vendredi matin, après l'angoisse d'un sempiternel réveil sans but, porté par des chants encore plus proches, plus étourdissants, je me replongeai dans mon écriture. Je n'avais eu depuis deux jours, après la visite de Viénot, aucune nouvelle de Marie Jo. Depuis mercredi aucun passage de Gisèle et une réserve de gâteaux secs qui fondait à vue d'œil. Alors pour que le temps et mes peurs s'évaporent, j'écrivis :

« *Il est 9 heures, j'ai pris un peu l'odeur du quartier et j'ai vu rapidement Magloire. Les choses sont bien différentes, tout le monde se retrouve dans l'étroite cour au milieu de laquelle est planté un manguier rempli d'oiseaux bruyants. Les gens sont sur des bancs, des fauteuils bancals, ils écrivent, jouent et discutent. Ce monde m'est encore plus hostile que lorsqu'il ne se passait rien. Je me suis réfugié dans ma couchette et j'observe (...) Dans ce quartier, il y a un système de serviteurs. Les plus jeunes prisonniers font la lessive, la vaisselle, le nettoyage et la cuisine pour les « grands » comme ils disent. Ces grands ont entre quarante et soixante ans, ce sont des personnes plus ou moins importantes de ce Cameroun. Il y a aussi dans ma cellule un Espagnol qui est là pour raisons politiques. Il doit passer devant le tribunal militaire, il est accompagné d'un Guinéen. Il connaît bien Bordeaux car il était routier, mais parle très peu français. Je vais essayer maintenant de voir Magloire car c'est lui qui a les mangues. L'endroit est moins bruyant musicalement. (...) Le petit déjeuner pour ces hommes se compose d'omelettes quant à moi mes gâteaux secs s'épuisent. (...) Je suis maintenant installé sur un petit banc de bois le long du mur de la cellule où j'écris. D'autres jouent au songo confectionné en tôle et contreplaqué ou aux dames peintes sur une planche. Entre trois manguiers sont tendus des fils sur lesquels sèche le linge. À ma droite les jeunes prisonniers se partagent la cuisine, la lessive, sur des bouts de planche, sur des tas de braises, dans des seaux multicolores. Un robinet d'où coule une eau interdite, agrémente cette cuisine en plein air. (...) Cette cour de terre rouge est découpée de larges et profonds caniveaux, qu'il faut enjamber et dans lesquels coule en permanence une eau trouble. Les gens paraissent en attente, insouciants du temps qui passe, étrangers à ma frénésie d'écriture, de lecture et de départ. Tout ceci me fait peur, qu'attendent-ils de leur vie ? Ça n'a pas l'air de les préoccuper. »*

Mes journées dorénavant se déroulèrent lentement dans cet univers. L'accès à cette petite cour était libre. Le matin, on ouvrait, ou pas, suivant l'humeur du gardien, la lourde porte qui nous séparait des autres quartiers, des autres prisonniers. Magloire dans son espace semblable au mien avait retrouvé un cousin qui attendait quelques signes de la justice depuis plus d'un an. Un gardien venant de son village vint aussi nous rendre des visites régulières, entrecoupées de celles d'autres uniformes, beaucoup plus intéressés par le fantasme financier que créait ma couleur. La seule personne à avoir été jugée dans ce charmant village recouvert de crasse, d'une poussière rouge indissociable de ce lieu, avait le titre de maire. Mais était-ce le poids des responsabilités ? Cet homme tombait très tôt le soir, atteint profondément par de petits sachets plastiques remplis de whisky qu'il suçait pour oublier sa *peine*. Dans ma cellule, je découvrais peu à peu les personnages qui m'entouraient. On m'éclairait sur le passé social de tous ces hommes. Chacun avait son titre au sein de la cellule 131, Ambassa Mgazoa était chef local doyen. Il était aspiré la plupart du temps par des documents ou des plans qui le raccrochaient à sa vie passée. Vincent Onana était le personnage le plus extraverti de ce petit monde. Président de la cellule, dans un passé proche, il avait eu ce même titre au sein de la Fécafoot (fédération camerounaise de football). Une sombre histoire de finances, de trafic de places, au cours de la coupe du monde 98, l'avait conduit directement à Kondengui. Joseph Tchalla, Ngoa Nga, Ningo Nde et Philippe Tarkang faisaient autrefois partie du même ministère, celui des Postes et Télécommunications. Leur ministre les avait accompagnés dans l'une des trois cellules du quartier spécial. Ils portaient respectivement le titre de super-intendant, intendant, contrôleur et trésorier. Joseph Tchalla allait bientôt contribuer à rendre ma vie moins pénible, mes communications avec la France plus simples. Les derniers arrivants étaient promus au grade de membres, c'était mon cas, ainsi que celui de Gomez l'Espagnol et de Louis Ndo le Guinéen. Toute cette microsociété camerounaise vivait sans espoir particulier. Installés dans ce quartier comme ils l'auraient fait dehors, le confort en moins, ils tentaient, comme moi par mon écriture, de combler l'immense longueur, l'insurmontable obstacle que représentait le passage d'une journée à une autre. Tous semblaient se déplacer dans cette prison comme chez eux. Ils passaient de la cour principale aux autres quartiers, de notre cour à la cour des visites, de quartier en quartier, gardant l'espoir de franchir la lourde porte d'où nous parvenaient les échos d'une vie passée, d'une vie libre.

D'autres, comme le ministre des Postes, restaient de longs moments dans leur cellule. Cet ancien membre du gouvernement venait prendre l'air épisodiquement avec sous le bras quelques magazines. Ces séances de lecture étaient entrecoupées par la prière. L'homme était des ethnies du nord Cameroun et de confession musulmane. Les discours qu'il prononçait dans sa région natale ne semblaient pas avoir plu au président Biya. L'argument suffisait à un hébergement forcé à Kondengui. Une petite mosquée faite de tapis avait été installée au bout de notre cour cerclée de hauts murs. Cet espace de terre rouge, cette cour inondée de soleil, zébrée de fossés, formait un grand carré de vie. Dans le coin gauche de cet extérieur, en franchissant la porte de ma cellule, un long couloir à ciel ouvert, limité d'inconditionnelles murailles, menait vers la lourde porte qui ouvrait sur la cour principale. Là était le lieu de prière. Il recevait le défilé de quelques fidèles emprisonnés. Accompagnés d'une bouilloire plastique bicolore pour se purifier avant d'implorer la grâce d'Allah, ils venaient se recueillir et rythmer un temps impalpable et pesant. Ils accrochaient leurs pensées sur une sortie potentielle.

Ma présence rendait ces prisonniers curieux. Je permis d'égayer leur quotidien et ils trouvèrent en moi un allié à leur cause. Onana et tous ceux de ma cellule ne me questionnèrent jamais sur les raisons de ma venue. Ils restaient silencieux et discrets. Ils me laissaient supposer qu'ils savaient nuancer ce que déversaient les journaux. Ils donnèrent plus d'espace et d'importance aux échanges humains et au souvenir de ma vie française. Notre ministre, avec lequel je partageais de fréquentes conversations, ignora lui aussi les raisons de ma présence. Il effleura à peine la cause qui l'avait conduit entre ces murs et préféra échanger sur mon pays. Il évoqua avec nostalgie l'absence de son fils qui se trouvait en Europe. Pour ces hommes sur cette planète, la vie coulait identique chaque jour, chaque heure. Partagé entre les visites, les jeux, les interminables discussions, les matchs de tennis et de football organisés par Onana dans la cour principale, le temps tamponnait son empreinte sur chaque journée. Ces prisonniers gardaient pourtant l'espoir d'une sortie mais évitaient d'en parler et donc d'y penser. Pour moi cette idée m'obsédait. Elle percutait de manière lancinante mon esprit. Le manque de nouvelles de ma femme me taraudait jusqu'à ce que j'apprenne, par Gisèle, que Marie Jo allait très mal. La paralysie dictée par Viénot faisait son effet. Alors je me relançai dans un débit d'écriture cousu d'espoir pour retisser le lien avec la France, pour éviter les coups de massue qui blessaient mon cœur. Des écrits pour préserver l'espérance et des dessins pour adoucir mon quotidien, c'était le pansement de mes journées, ma séance d'opium.

Soudain, n'ayant plus de contact sur papier avec Marie Jo, je me sentais abandonné. Ma soirée du vendredi se fit dans le trouble le plus total. La nuit fut sans sommeil. Le matin à 6 heures, lorsque la pénombre disparut peu à peu, j'écrivais sans fin, expulsant mon manque de vie dans un cri de douleur. Je voulais du contact, Joseph Tchalla allait me trouver une solution.

Le jour était maintenant bien présent et chacun commençait à bouger. Depuis très longtemps je ne m'étais plus vu et cette nuit je me perdais encore un peu plus. Pourtant ce matin-là, j'aperçus mon image dans un vieux rétroviseur rescapé d'un monde perdu, pour me découvrir très barbu et pas bien gros. Magloire tardait à sortir de sa cellule. Plongé dans le noir, il me confia être menacé par le paludisme et avoir de la fièvre. Décidément cette deuxième nuit dans ce quartier ne nous laissait pas indemne. Heureusement dans ma trousse de toilette traînaient quelques aspirines et je volai au secours d'un Magloire affaibli et transpirant, risquant innocemment sa vie à mes côtés.

Je découvrais dans ce réveil, dans cette deuxième journée, la possibilité de faire un brin de toilette. Le jeu était toujours le même, il doit l'être encore : remplir un seau, se rendre dans un lieu fait de planches qui regroupe les douches et les *chiottes* (aucun autre terme mêlé de répugnance ne saurait qualifier l'endroit) l'action devait s'accompagner de rapidité pour s'asperger d'une eau destinée à rythmer un début de journée qui s'éternisait déjà. Le petit bâtiment, au bout, à droite de la cour, était pourtant plus propre et plus entretenu que tout ce qu'il m'avait été donné de côtoyer depuis un mois, dans les rares instants consacrés à mon hygiène. Ce lieu sortait tout droit de l'organisation hiérarchique du quartier. La construction en planches de récupération des trois cabines, ce qui donnait une intimité ajourée au lieu, avait été réalisée par des prisonniers soucieux de leur confort. Son entretien lui, était réservé aux jeunes serviteurs venant des quartiers populaires. Ils débarquaient dans nos murs dés l'ouverture des portes. Ces divers travaux, leur servaient à récolter quelques francs CFA ou quelques restes de nourriture, ce qui leur permettait d'ingérer autre chose que la mélasse proposée par la prison. Le Cameroun et la prison restaient hiérarchisés. Il y traînait des arrière-goûts de soumission, mais dans ce lieu les odeurs de partage étaient plus fortes que celles d'esclavage.

C'est ainsi que j'allais faire la connaissance d'Ebanga. Il redonna un peu de blancheur à mes vêtements et un peu de consistance à mes petits déjeuners. En échange, je partageai avec lui les quelques sandwichs et les fruits que me donnait Gisèle. Malgré l'espacement des visites de mon avocate, nous arrivions, Magloire et moi, grâce à Micheline et au roulement de leur accès à la prison, à obtenir de quoi nous nourrir quotidiennement. Nous troquions donc contre service rendu, contre le lavage d'un pantalon devenu transparent à force d'être frotté énergiquement à grands coups de brosse, contre les tentatives de blanchissement d'une chemise imprégnée de la couleur locale, quelques fruits et paquets de gâteaux en notre possession.

Ebanga était dans cette prison depuis déjà plus de trois années, il lui en restait encore autant à effectuer, sans espoir de remise de peine. Les grâces administratives étaient inespérées pour de simples petits prisonniers, et restaient de toute évidence, peu habituelles au fonctionnement judiciaire du Cameroun. Mon cher Ebanga semblait croire au pouvoir que mon état de blanc me conférait pour raccourcir son emprisonnement. Il espérait que je pourrais l'aider autrement qu'en égayant ses repas. Il comptait sur l'aide de mon avocate en laquelle je portais toute mon espérance de libération prochaine. Nous étions dans la même galère, les journées d'Ebanga étaient aussi longues et ses nuits bien plus rudes que les nôtres.

Ebanga est très certainement encore au service d'un quartier spécial. Gisèle me conseillait au cours de ce mois d'avril, de me concentrer sur Magloire et sur moi. M. Ebanga, jeune homme trapu à l'air rustre, avait pris pour habitude de venir chaque matin me secouer la main tout en m'écrasant les doigts en signe de salut. Ensuite, abandonnant mon bras pendant, il se dirigeait d'un pas lourd, traînant des tongs usées, vers une poêle noircie par un passé de flamme. Il y jetait deux œufs accompagnés d'un bout de pain acheté dans cette prison où l'argent était le moyen de tous les accès ou presque. Malgré mes protestations dictées par un estomac noué par l'angoisse (je ne pouvais rien ingurgiter), Ebanga me collait un bout de baguette renfermant de l'omelette qu'il coinçait entre mes deux mains sans autre choix que de m'y soumettre. Il rajoutait souvent comme un ordre :

« Vous devez manger monsieur Rigagneau ! »

Il fut aux petits soins pour moi et je ne pus, hormis ma présence et mon écoute, rien lui apporter de plus que de croquer dans les sandwichs qu'il me préparait. Le jeune homme était peu bavard, il me fit promettre de visiter son quartier et de lire son désarroi sur un bout de papier froissé.

Ebanga Jean était papa de quatre enfants, il était condamné à six ans ferme parce qu'un « *Monsieur lui a porté plainte* ». Sa femme était forcée de subvenir aux besoins de ses enfants et de ce mari qui ne devait retrouver la liberté que trois ans plus tard si tout allait bien et si Dieu le voulait.

Comment aider cet homme ? Gisèle m'indiqua que je ne pouvais pas aider toute la prison. Le temps qui s'écoulait sur moi sans que j'en prenne conscience, ne me permettrait pas de fourrer mon nez dans son quartier, que tous me décrivirent, comme l'antichambre de l'enfer. Tous les témoignages concordaient avec les trois nuits d'horreur de Magloire. Les hommes évoquaient l'ignoble entassement dans ces quartiers, l'infâme prolifération des maladies telles que la tuberculose et la gale. Même le quartier des mineurs était menacé par toutes sortes d'infections et sévices qui me furent rapportés et montrés par un père d'origine suisse. Il vint par la même occasion m'ordonner de tenir le coup. En effet, mes conditions de détention depuis mon arrivée dans ce quartier, étaient, comme l'écrivait le vice-consul *« privilégiées au regard de la norme en vigueur »*, puisque personne ne semblait avoir d'infection visible et que l'on ne m'avait pas encore passé à tabac, ni violé. Les quartiers spéciaux étaient l'exception. La norme restait les quartiers populaires et je n'aurais certainement pas survécu à cette norme.

Seul le temps me donnait des coups, seul le sentiment d'injustice violait mon intimité d'homme, capturé pour préserver la liberté d'Edmond. Je me voyais ligoté et lui était libre. Pourtant aucun désir de vengeance ne m'animait. Je voulais simplement comprendre quel était le chemin sur lequel on m'avait conduit. Je me mis à croire, comme tous ceux qui m'entouraient. Je me mis à croire pour survivre. Pour comprendre, je me mis à penser que demain serait un autre jour, que le hasard n'existait plus et qu'il fallait voir en cette épreuve, le bout du doigt de ce Dieu qui contrôlait nos vies. À aucun moment je n'avais soupçonné qu'un homme souillé, ligoté, ignoré cachait en son âme de telles ressources. Ce que je supportais dans mon cœur et dans mon corps, je ne me croyais pas capable de le porter seul. Pourtant, je découvrais. Je m'étonnais. Malgré ma souffrance exacerbée par un sentiment d'injustice, mêlé étrangement à une culpabilité qui ne m'appartenait pas, je trouvais encore de l'énergie. Je sentais, je flairais à mes côtés une force inconnue qui m'attribuait de nouveaux élans. Ce sentiment irrationnel restait indéfinissable. Je trouvais la force et la liberté (paradoxe de l'emprisonnement) de croire. De croire à l'évidence surnaturelle que plus rien ne pouvait se produire de menaçant, qu'une tranche de vie se jouait sans que je puisse en contrôler la dynamique. Quelque chose d'inéluctable, d'obligatoire me catapultait dans cet univers, dans cette prison. Je l'envisageais comme un passage, un chemin, au visage initiatique. Ceci renforçait l'évidence d'une issue qui m'octroyait quelques graines d'optimisme. Seul, déchiré par l'absence de ceux que j'aimais, enfoui dans l'angoisse de ne plus jamais les revoir, je continuais à exister miraculeusement. J'enchaînais des journées sans substance, portées à croire en Dieu. À mi-chemin de ma libération, je fis la rencontre d'un homme qui donna un sens à mon attente. Il me conseilla de renoncer à toute projection pour mieux vivre. Il me confia :

« M. Rigagneau, n'essayez pas d'apercevoir la date de votre sortie. Ignorez le temps, faites que l'annonce de votre liberté soit comme une surprise, un cadeau qui interviendra bientôt. Chaque jour, croyez-moi, peut s'ouvrir sur votre liberté.»

J'essayai d'appliquer ce principe qu'Edmond Atemengue m'offrait. Cet Edmond homonyme de notre père déguisé en bienfaiteur, faisait partie du mouvement « Justice et Paix ». Il vint, au cours de la deuxième période de ma détention, me livrer du réconfort et des informations que jamais je ne pourrais vérifier. Il était pourtant difficile, malgré des conseils éclairés, d'ignorer le temps qui s'écoulait. Tortionnaire, je le sentais se retenir de ses griffes sur ma peau lasse d'immobilisme. Je gardais un cœur meurtri par ces fins de journée au cours desquelles RIEN n'arrivait. Ces jours alanguis m'éloignaient de Marie Jo. Ses fax ne me parvenaient plus. Je ne pouvais qu'attendre, noyé dans la lecture, la relecture, le dessin et l'écriture de mes sentiments. Toute colère, toute souffrance semblait dérisoire et inutile. La prison, l'Afrique, ne nourrissait plus l'espoir de revivre avec Juliette près de nous. Je voulais oublier cette idée, cette enfant, mon esprit gommait notre envie de sentir l'innocence de sa chaleur, pour se consacrer à l'idée de ma libération. Pourtant, ce prénom, cet enfant est gravé si fort dans mon cœur que le temps qui m'éloigne de cette prison rend encore plus pénible son absence. Je regretterai sûrement Juliette toute ma vie, mais le manque de Marie Jo me cachait pour l'heure toute cette vague de désespoir en sommeil.

Le second week-end fut vide. Seule l'arrivée de quelques photos, le lundi, redonnèrent un visage à ceux qui me manquaient tant. Je continuais à partager ma vie entre un banc dans cette cour et mon perchoir, seul lieu d'intimité depuis bien longtemps. L'absence consumait mes forces, je rêvais d'horizons nouveaux, de visites. Je rêvais de me décrocher, de m'envoler loin de toute cette infamie.

J'en oubliais cette adoption ratée. Marie Jo à l'autre bout, sur une autre planète, en restait meurtrie. Elle continuait à espérer ce bébé qu'elle avait reconnu dans ses bras, cet amour d'enfant qui l'avait catapultée à nouveau au rang de mère. Pour faire renaître cet état, cette croyance, elle trouva une alliée plus cruelle ou plus inconséquente que Ndzana et Minfoumou réunis.

Maître Falourd intervint quelques jours plus tard. Elle ralluma débilement l'espoir d'adoption, promettant une aide irréfléchie à mon épouse. Pour moi, réduit à l'état d'objet, je m'accrochais à l'idée que seule la connaissance de l'Afrique et de son fonctionnement si particulier, soumis à des règles nées d'une histoire modelée par des pays colonisateurs entremélées dans une profonde tradition, pouvait nous aider.

L'espoir, je le plaçais plus dans un regard camerounais, je continuais à croire en Giséle Bétayéné. Pourquoi ? Alors que mon père et Marie Jo marquaient quelques méfiances ! Ils soupçonnaient des profits et intéressements financiers. Il restait difficile de se revêtir d'objectivité. Impossible de connaître les intentions les plus justes. L'état de besoin qu'incarnaient chaque élément, chaque individu de ce pays compliquait, brouillait notre vue et donc nos rapports, que j'espérais pourtant faire exister dans la confiance la plus élémentaire. L'humanité dans la misère, voit apparaître en chacun une constante obsession du profit, portée ici par des valeurs bien africaines. Je finissais parfois par me sentir en position de proie...

Le lundi 10 avril fut le point de départ d'une accumulation de journées d'attente interminables qui me poussèrent encore un peu plus vers le fond, donnant la place à trop peu d'événements marquants. Ce fut aussi l'ouverture d'une semaine prometteuse avec tout d'abord, l'espoir de nouvelles de la France, la possibilité d'une convocation du procureur.

Magloire, lui, depuis ce week-end, passait beaucoup de temps dans sa couchette. Il me gratifiait de temps à autre d'un optimisme génétiquement acquis, chez ceux qui peuvent voir en chaque journée l'éphémère de leur situation, chez ceux qui ne peuvent s'appuyer ou s'accrocher à une position matérielle ou sociale.

« Nous ne possédons rien ou si peu, que le jour qui se lève à nouveau, avec la grâce de Dieu, peut nous apporter l'espoir d'un mieux, d'un plus. » Disait-il

La tranquillité de Magloire s'appuyait sur cette phrase. Pour nous, sur notre espace européen dont beaucoup rêvent, l'énergie déployée à conserver nos acquis, notre confort, aveugle et rétrécit notre optimisme. Chargé de la philosophie de ce lieu, je m'écrasais de plein fouet sur un silence qui me rongeait. Alors je continuais à noircir des feuilles, à espérer la présence d'un pére, de mon père trop frileux. J'étalais sur papier de l'espoir, des projets, mes envies comme celle d'un Magloire qui nous rejoindrait en France, comme celle d'une avocate qui viendrait chercher mes fax. J'éraflais mon optimisme sur tout ce que j'avais à perdre. Ayant tant à sauver, tant à abandonner, la douleur se faisait plus présente.

« *Cet après-midi, je suis toujours sur un banc, le soleil me brûle de temps à autre les pieds et ma tête qui a de plus en plus de mal à fonctionner, mais je passe du banc à ma couchette où je rêve (...) j'ai mal dans mon corps, je pense que je manque d'exercice, car je passe d'assis à couché. Ma tête commence à peser sur mes épaules.* »

Gisèle surgit enfin comme une respiration après l'étranglement douloureux de ce week-end. Elle venait comme je le rêvais, poser son âme, toujours réconfortante, dans une journée prise par son lot de nouvelles et de mystères, comme celui de la libre circulation de Ndzana, malgré un mandat d'arrêt. Les contradictions renforçaient le sentiment d'injustice que je devais pourtant ignorer pour continuer à vivre. Gisèle recevait le flot de mes écrits, me reprochant d'en faire trop et de contribuer ainsi au malaise de Marie Jo. Pourtant j'en voulais plus, plus de contact, plus de présence directe avec ma femme. Alors j'écoutais la vie dans cette prison, les habitudes dans ma cellule. Des conversations nocturnes réveillèrent le rêve de me rapprocher d'une France lointaine.

Sous mon matelas de mousse posé au troisième étage de ces couchettes étroites, renfermé derrière un bout de tissu, existait le domaine intime de Joseph Tchalla. J'avais pris exemple sur son installation et grâce au soutien matériel de Micheline, j'avais tendu un drap qui dégoulinait sur le côté de mon lit. Il était le seul gage d'intimité. Cet espace de deux mètres de long sur soixante centimètres de large, plaqué contre un mur poussiéreux, garantissait un peu d'isolement. À mes pieds, dans le prolongement de mon univers, j'avais une vue directe sur le lit de notre Guinéen Louis Ndo. Nos espaces étaient séparés grâce aux nombreux clous rouillés et tordus, sur lesquels j'avais tendu quelques vieux bouts de ficelle de récupération, chargés de soutenir un vieux tee-shirt sale et inutilisable, destiné à faire écran à nos rêves de liberté. Nous dormions tous les deux, pieds à pieds, et souvent ses ronflements, le souffle nocturne des uns et des autres animaient mes nuits décousues. L'absence de sommeil me permettait, bien malgré moi, d'apprécier l'activité nocturne de la cellule.

Hormis le mouvement de quelques énormes cafards qui peuplaient le plafond crasseux, chaque nuit se répétait la même scène. Mes compagnons de cellule ignoraient totalement ce qui se jouait au beau milieu de mes nuits sans sommeil. Allongé sur le dos, souvent je scrutais le noir de la pièce et mes oreilles étaient en attente des bruits nocturnes. Lorsque seul le souffle des hommes rythmait la nuit, des bruits de gamelles et de dents faisaient courir dans mon dos l'effroi. J'imaginais la scène qui se déroulait à quelques mètres de moi. Sur ma gauche, à deux mètres à peine de mon drap-rideau, lorsque mon regard s'immobilisait sur un plafond trop proche, les étagères s'animaient. Là, stockés sur ces planches branlantes, les aliments communautaires de la cellule 131. Je découvris ainsi au bout de quelques nuits, ayant trouvé le courage de soulever mon rideau, le regard moqueur et plein d'assurance de M. Rat qui avait conduit toute sa petite famille au festin. Ses moustaches luisantes, et son regard rond, étaient marqués de l'assurance effrontée du vol manifeste dont il se rendait coupable. Alors je restai planté là, dans la semi-pénombre, à traquer de mon oreille la direction que prenaient les rongeurs. Leur taille et leur agilité leur permettaient d'escalader les planches des étagères. Je craignais une expédition vers les gâteaux secs que je détenais au bout de mon *mandat*. J'informais mes compagnons de ces visites nocturnes, ce qui ne les inquiéta guère. L'habitude du partage, de la solidarité africaine fit exister à nouveau les souffles et les ronflements des dormeurs qui avaient de toute évidence décidé d'ignorer les prélèvements des rongeurs. La nuit suivante, mon sommeil fut interrompu et troublé à nouveau par l'attente et l'arrivée de nos visiteurs. Afin de me rassurer et pour m'être agréable, les *grands* de la cellule 131, demandèrent aux petits serviteurs de confectionner des pièges. Avec quelques boîtes de conserve découpées, rafistolées et ré-assemblées, la magie de la débrouillardise africaine exacerbée par l'endroit fit mouche.

Mais d'autres de ces gros rongeurs vinrent hanter mes nuits. Cependant oubliant la présence mesquine de ces animaux, je finis soufflant et ronflant comme mes camarades de cellule.

Les nuits restaient pourtant étranges et mystérieuses. Ainsi chez M. Tchalla, au-dessous de ma couche, il n'était pas rare d'entendre au beau milieu d'une nuit noire et presque silencieuse, des monologues en langue d'une des nombreuses ethnies du Cameroun. Les lumières étaient éteintes, les souffles et le ronflement de Ndo se faisaient déjà entendre. La valse des rongeurs pouvait débuter. Joseph Tchalla commençait alors, à voix basse, à s'adresser au vide de la cellule. Le murmure de sa voix, l'emploi de sa langue maternelle, rendait cette scène incompréhensible et irréelle. Pourquoi chuchotait-il, alors que tous semblaient pris par le sommeil ? À qui s'adressait-il donc ? Gomez, notre espagnol, avec qui il avait de longues conversations, était endormi. Ce ne pouvait donc pas être à lui qu'il parlait. La couchette de notre routier ibérique, présumé trafiquant d'armes, était perpendiculaire à la mienne. Elle trônait au même niveau, en contact direct avec les étagères et ses habitants. Tchalla était-il fou ? Préparait-il des messes noires ? Au bout d'une semaine, après avoir étiré une oreille éprise de compréhension, je fis alors la supposition suivante : Tchalla communiquait avec l'extérieur, il parlait avec le monde libre et pour ce faire, il devait posséder un téléphone. L'idée m'obséda, je devais trouver le courage de lui en parler. Joseph Tchalla était un homme élégant mais bruyant, flirtant avec la cinquantaine, quelque peu bedonnant par manque d'activité. Un bouc était accroché à son menton et il vissait très souvent une casquette sur le haut de son crâne. Il adoptait le plus souvent des tenues toujours très soignées et déambulait fièrement de cour en cour. Il faisait partie de l'équipe du ministère des Postes et Télécommunication retenue en comité dans cette prison. Ils étaient accusés de fausses factures et attendaient patiemment un jugement. Tchalla me paraissait inaccessible et pourtant il explosait très souvent en éclats de rire, ce qui rendait le personnage attachant. Il aimait plaisanter avec les autres. Je devais lui demander s'il pouvait me permettre d'appeler une fois, une toute petite fois sur ce portable interdit en prison. Le risque de découverte de cet appareil ouvrait en effet deux alternatives : L'achat du silence des gardiens ou le transfert vers les cachots. Onana allait m'aider dans ma demande, lui aussi avait accès de temps à autre au téléphone de Tchalla. Il m'encouragea à lui parler discrètement.

Ayant glissé le numéro de téléphone dans un fax, j'utilisai l'autorisation d'un appel tous les deux jours après minuit. J'allais bientôt entendre la voix de Marie Jo. Cet appareil me redonna accès au monde. Il allait devenir le point de mire de mes soirées. Il créa au cœur de mes nuits une source d'angoisse et de déchirement supplémentaire, mêlés au réconfort laissé par la voix parfois découpée ou tardive de ma femme. Lorsque par malheur, il ne sonnait pas à l'heure prévue, que les lignes étaient surchargées, que Marie Jo peinait à se tenir éveillée jusqu'au moment de la rencontre, qu'elle craignait pour ma sécurité ou que M. Tchalla mettait fin plus tardivement à sa vie de prisonnier noctambule, mon cœur en attente se tordait de douleur et je me liquéfiais. Cet appareil était aussi le reflet parfois désespérant, mais toujours fidèle, de l'état de décomposition de Marie Jo qui parfois croyait, parfois déprimait. Il me semblait certains soirs, la perdre à jamais pour la retrouver, après quarante-huit heures d'isolement, regonflée de l'espoir de mon retour. Ce minuscule engin était un pont vers la France. Il m'inondait en pleine nuit des creux et des pics de cette autre vie, faite d'une liberté tout aussi déchirante. Il me désignait dans un épais paradoxe comme un peu plus prisonnier. Amenant des échantillons d'extérieur auxquels nous n'avions plus accès, il perforait mon être de l'évidence de l'emprisonnement, de la douleur d'un enfermement me contraignant à ne plus exister en tant qu'être pensant et agissant. Le summum de cette contradiction fut lancé grâce à maître Fallourd.

Un soir d'avril, alors que tout était immobile autour de nous, que notre affaire paraissait en attente, le téléphone retentit de manière incongrue, à une heure inhabituelle. Cette sonnerie mettait en péril l'existence même de cet objet dans ce lieu. La voix, qui se présenta comme l'avocate de ma femme, m'assena le coup de massue suivant :

« Allo ! M. Rigagneau ? Ne vous inquiétez pas, je suis maître Fallourd votre avocate française commise par votre femme. Je vous appelle pour vous demander d'être patient, nous sommes en train de mettre en place un comité de soutien en France et je compte me rendre au Cameroun bientôt. L'idée d'une demande de libération provisoire me paraît dangereuse, il vaut mieux attendre un jugement, c'est une histoire de deux à trois mois, mais ne vous inquiétez pas, nous sommes derrière vous. Au revoir M. Rigagneau ! Tenez bon ! »

Le téléphone de Tchalla me parut peser une tonne. Les quelques phrases qu'avait prononcées cette voix, loin de ma réalité camerounaise, me clouaient sur la mousse de mon matelas et je pleurais d'incompréhension, de douleur et de confusion. Je ne savais plus qui croire. Comment l'annonce qui me claquait dans l'oreille, comment ce temps à patienter, pouvait-il me permettre de tenir bon et de ne pas sombrer ? Le but aurait été de me jeter un seau plein de ce désespoir qui soudain m'inondait, on n'aurait pas agi autrement. Je ne connaissais pas cette avocate, je savais ma femme dans l'action pour me sortir de là, mais la nuit qui suivit fut une longue et éprouvante interrogation sur mon futur, qui soudain s'assombrissait, malgré l'espoir saupoudré par Gisèle. Ce téléphone pouvait donc être une menace pour ma survie et mes croyances. Cet appareil contribuait à l'exécution brutale de mon espoir.

Lundi 10 avril, nous eûmes étrangement des nouvelles de Véronique qui avait travaillé en février chez Céline. Les articles de journaux, qui portaient mon nom, étaient un indice suffisamment fort pour attirer les gens jusque dans la prison. Elle avait toujours été attentionnée et pleine de compassion pour Marie Jo et moi. Dans l'après-midi de ce début de semaine, elle envoya un certain Sylvestre pour juger de mon état et de mes besoins. Je me méfiais de tout le monde, de tout ce que les hommes pouvaient voir et ensuite colporter sur mon compte. La moindre déclaration de ma part pouvait être détournée à des fins malhonnêtes. Alors je saluai Sylvestre et lui dis que tout allait bien. Il s'empressa alors, ayant appris si peu, et en étroit accord avec Véronique, de décrocher un téléphone pour demander à Marie Jo de leur envoyer quelques liquidités leur permettant de me venir en aide. Puisque j'étais amaigri et sans solutions pour m'alimenter, ils devaient m'aider. Sans doute comptaient-ils venir en aide à leur propre quotidien ! Le téléphone avait l'avantage de nous rapprocher avec Marie Jo mais aussi d'éviter que l'on ne profite de deux êtres perdus sur deux planètes si éloignées. Nous restions en contact. Nous scellions ensemble un nouveau sens à notre vie. Malgré le téléphone, je continuais à écrire pour combattre tout ce temps immobile. Je remplissais mon papier toujours et encore pour éviter de penser, de gamberger sur la date ma libération :

*« La situation va se débloquer dans la semaine, même si ce pays ignore le temps et les délais, les choses vont bouger. J'ai tendu un drap d'un bout à l'autre de ma couchette, ce qui me protège du néon et crée une petite tente dans laquelle je me réfugie. Avec le matelas et un coussin, j'ai pu faire comme un fauteuil et je suis là avec mes papiers, mon livre, mon crayon, mes bouteilles, mes photos et surtout tes fax. Je reste des heures dans ce refuge surtout qu'aujourd'hui il pleut. La couchette n'est pas large elle mesure deux bouteilles d'eau minérale mais je me sens protégé en hauteur. J'ai tellement envie de revoir nos champs, nos rues. (...) Aujourd'hui, mardi 11 avril, il n'y a pas de visite car le ministre de la justice était lui en pèlerinage à la prison. Juste un passage comme ça, j'ai à peine distingué lequel c'était, moi qui m'étais imaginé lui exposer mon cas, je ne lui ai pas dit un mot. Par contre j'ai rencontré l'aumônier de la prison à qui j'ai tout expliqué. Il m'a dit que c'était une épreuve et que j'en ressortirais grandi. J'ai envie que cette épreuve enfin se finisse. »*

Je pensais très sincèrement que cette aventure se posait sur mon chemin sans hasard, comme une fatalité, comme une épreuve en symbiose avec ma vie, avec mon passé. Il m'était donné maintenant le droit d'affronter cette tranche de vie, de franchir cet obstacle avec tout l'élan positif contenu dans la situation. Je distinguais nettement les éléments imbriqués et successivement liés à cette expérience. J'entrevoyais l'évidence de nos réponses passées, découvrais que ma capacité à vivre saurait me donner une force. L'aumônier barbu de la prison de Kondengui venait me réaffirmer ce fait qui m'aidait déjà. Pourtant le seul signe décisif devait venir de la justice, du substitut du procureur qui voulait m'entendre.

L'espoir vint tout d'abord d'Edmond Atemengue, qui m'offrit le mercredi 12 avril, la douloureuse et risquée entreprise de raconter encore une fois mon aventure. Il voulait me voir pour tenter de m'aider et mettre en action le poids diplomatique de « Justice et Paix ». Son arrivée au sein de mon présent de prisonnier en quête d'espoir et de précision sur un avenir proche, était sous-tendue par la requête de l'évêque de La Rochelle, questionnant l'archevêque de Yaoundé, pressé lui-même par Marie Jo.

Lorsque mon *taximan* habituel franchit notre porte restée béante en cette fin de matinée, il m'annonça qu'un *monsieur* voulait me voir. Je me souviens alors m'être replié encore un peu plus sur de la méfiance. Je me souviens que le trajet qui me conduisit jusqu'à l'autre bout de la prison me laissa tout le loisir de sentir les questions se bousculer dans mon esprit menacé. « Justice et paix » ! Je ne connaissais pas ! Était-ce du mauvais ou du pire ? Rien n'était plus incertain dans cette aventure qui me collait à la peau. Mon *taximan* eut la présence d'esprit, lorsque nous arrivâmes près du quartier des femmes, de m'avouer que j'avais de la chance d'être entendu par cet homme-là. Le titre et l'action contenus en ces deux mots, me laissaient rêveur, surtout dans ce pays. Je fus déposé, dans un coin encore inconnu de cette prison. Nous avions traversé la grande cour. J'avais revu le portillon de la cellule de passage et en traversant le préau de tôle dans la cour principale, nous nous étions dirigés vers un passage plus étroit, fermé à son bout par un portail fait de grillage d'une hauteur de deux mètres. C'était le quartier des femmes, le quartier où croupissait dame Minfoumou. Avant d'être stoppé par ce portail réservé à la gent féminine, où quelques jours plus tôt avait été admise Jacqueline, la cousine de Micheline, se dessinaient sur ma gauche, dans un petit bâtiment, quelques portes de bureaux. Je pris place, à l'extérieur de l'une de ces pièces, sur un banc salutaire tandis que par manque d'exercice, mes jambes souffraient de courbatures. Je patientai une bonne demi-heure, n'ayant aucunement la sensation d'attendre. Ma vie n'était animée que de cet état. Un homme d'une quarantaine d'années me demanda d'entrer dans son bureau. Je le suivis dans cette pièce. Elle était décorée d'une petite table et de trois chaises. Sur l'une d'elles se trouvait assis, l'air recueilli, notre Edmond Ndzana. Sa vue me troubla. Son image m'atteignit au plus profond de mon âme. J'allais faire une rencontre synonyme de bouleversement. J'étais face à l'homme qui nous accusait par son silence, par son manque de courage. Il concrétisait par sa présence dans ce bureau les rumeurs de liberté qui nous déchiraient d'injustice. J'aurais dû avoir envie de lui sauter dessus pour le ramener à sa réalité, pour lui crier toute l'injustice de ses actes, toute la douleur qui m'envahissait depuis mon retour sur sa terre. Son visage me parut étonnamment livide lorsque la lumière de la porte dessina ma silhouette. J'aurais pu faire exploser ma colère. Au lieu de cela, conduit par un instinct étranger à mes émotions, je m'avançai vers lui pour lui tendre la main. Il était temps d'en savoir un peu plus, de comprendre ce qui m'arrivait, de savoir pourquoi cet homme libre nous assaillait de son courroux. Une chance m'était donnée. Alors l'homme oubliant le prêtre, perdu dans les replis de son histoire, se sentit trahi par ce face à face imprévu. Je restai seul avec ma main tendue vers lui en signe de réconciliation. Car il se leva d'un pas pressé. Il s'enfuit, accompagné de son secret, de son silence, de son mépris, vers un horizon dégagé des murs de l'endroit, mais habité du spectre de son Dieu envers lequel il était infidèle et irrespectueux.

Le choc de sa fuite, de son silence réaffirmé, rendit indispensable la présence d'une des chaises qui m'était destinée. Edmond *le bon*, ou celui que je supposais comme tel, entaché du doute que laissait la présence de notre prêtre, voulut connaître ma version des faits. Je me montrai hésitant, évitant tout détail qui pourrait être utilisé par cet homme que je ne connaissais pas. Il le sentit et me rappela quelle était l'implication de « Justice et Paix » au sein de cette prison. Il était là pour faire que la voix des prisonniers soit entendue, que la justice n'oublie pas les dossiers, que les jeunes et les plus vieux ne moisissent pas entre ces murs. Il me montra pour preuve de sa bonne foi un fax envoyé par notre évêque de La Rochelle. Alors, je me décidai à lui en dire un peu plus. Et lui, en échange d'une confiance courte et fragile, me glissa quelques révélations. Il me précisa que je devrais faire un résumé écrit pour l'archevêque. En prenant cet engagement, je prenais aussi le risque de voir ce résumé utilisé à d'autres fins, notamment à des fins journalistiques. Cette menace existait, m'amenant d'incorrigibles doutes, ils demeurèrent, mais je m'engageai. Lui m'assura pouvoir m'aider. Il me promit son témoignage si cela était nécessaire, il se lança alors, en fin d'entrevue, dans quelques confidences utiles à la justice et surtout à ma survie. Ces révélations servirent à balayer les quelques doutes qui rongeaient mes convictions.

« M. Rigagneau, il se trouve que votre histoire est des plus passionnantes et que l'on vous a menti, puisque ma femme connaît bien la dénommée Céline Minfoumou. Je peux vous assurer M. Rigagneau et je pourrais témoigner si c'est utile, qu'elle n'a jamais été enceinte et que donc elle n'a pas pu avoir de bébé, c'est une certitude. »

Cette certitude, je la reçus avec un doux mélange de stupeur et de réconfort. J'étais soudain recouvert d'une bonne dose de méfiance qui m'amenait la lourdeur d'un état de torpeur. Comment cet homme discutant avec Ndzana quelques instants plus tôt, partageant pendant moins d'une demi-heure ce qui touchait les profondeurs de mon âme, ce qui ravivait les blessures de mon corps emprisonné, pouvait-il me donner aussi brutalement la clé de notre histoire ? Je pris, de ses paroles, un coup chargé d'un formidable élan, me stoppant paradoxalement et simultanément sur l'immonde mensonge par lequel nous avions été souillés. Si Céline n'avait pas été enceinte, j'avais donc été trompé dès mon premier déplacement au Cameroun.

« Mais quand je suis venu rencontrer Céline en novembre je l'ai vue enceinte, son ventre était bien rond ! ! ! »
Ma surprise alluma un long sourire de l'autre côté de ce bureau improvisé.
« Vous pouvez me croire M. Rigagneau aucun enfant n'a pu voir le jour chez Céline, je peux vous le certifier. »

Le calme avec lequel il prononça cette phrase m'indiqua toute la justesse de l'homme, pourtant il était difficile de recevoir cette information après avoir tant cru en l'existence de cet enfant, après avoir vu ce bébé sur une photo, allongé sur le jaune d'une serviette. Qui était-il cet enfant que nous pensions de Céline ? Peu à peu les interrogations m'inondaient en cascade jusqu'à me libérer de ma culpabilité pour m'engloutir dans la logique d'un constat : quel con je faisais ! Je transformai par la suite cette automutilation mentale en une certitude. Je savais que le couple Ndzana-Minfoumou restait trouble et très fort, mais je savais surtout que nous pourrions bientôt prouver leur culpabilité.

J'avais foi en Atemengue, foi en notre vérité mise en relief par une simple phrase, un simple aveu, une telle supercherie. L'homme, avant de me quitter me promit de récupérer mes écrits qu'il adressa à l'archevêque quelques jours plus tard, un vendredi. Aussitôt de retour dans le quartier spécial cellule 131, je demandai l'autorisation à Ambassa Mgazoa d'utiliser son petit bout de planche, qui lui servait de table, pour écrire un second résumé de notre aventure à Monseigneur Wooking archevêque de Yaoundé. Ainsi j'évitais de trop m'arrêter sur les paroles de notre homme de « Justice et Paix », j'évitais de mâchouiller ce que cette affirmation avait de révoltant et de réconfortant. Cette gravité, cet équilibre entre deux points revêtait bien trop d'instabilité pour me laisser en paix.

En attendant que la justice se penche sur notre cas, chaque matin la vie reprenait :
« *6 h, moi je suis observateur des lieux et de leur vie. Beaucoup, ce matin, à cette heure, marchent deux par deux ou font de l'exercice, d'autres entament leur toilette, alors que les petits jeunes, les « enfants » comme ils les appellent ici, lavent, nettoient et balayent. ( ...) Je vais essayer d'aller voir Magloire et de me laver les dents et surtout de trouver un autre crayon pour continuer à t'écrire.* »

Mon écriture s'arrêta alors sur ce quotidien récurrent, sur ce jeudi matin qui se levait sur un nouvel espoir. Ce 13 avril, j'étais en partance, sans Magloire, pour le parquet.

La perspective de retrouver la cellule du parquet ne m'enchantait guère, mais l'espoir était là au bout de cette matinée. Je rêvais déjà que la porte qui ce matin-là restait fermée me conduirait vers ma liberté. Le rassemblement, pour ceux qui avaient la chance d'être entendus au parquet, se faisait à 8 heures dans la cour principale. J'étais déjà devant la lourde porte qui fermait notre cour du quartier spécial depuis plus d'un quart d'heure à me tordre d'impatience. La porte restait verrouillée et m'enfermait dans ma prison. Il était 8 h 10 et aucun gardien n'était en vue pour me donner la chance de me faire entendre de cette justice à laquelle je croyais encore. Deux petits groupes étaient séparés par cette porte, d'un côté bien plus prisonniers ce matin que les autres jours, les quelques hommes qui s'étaient réunis autour de moi, décidés à sortir de cet espace, me distillaient un peu d'optimisme sur la suite de ma journée. De l'autre côté les petits jeunes, les *enfants* cherchaient à pénétrer notre espace pour débuter leurs tâches matinales. Certains faisaient des allers-retours pour tenter de trouver le fameux possesseur de la clé qui me ferait rejoindre les autres partants, s'il n'était pas trop tard. Ce matin-là, à 7 heures, on m'avait bien demandé d'être à 8 heures précises dans la cour. Enfin à plus de 8h15, d'un pas nonchalant presque provocateur, notre libérateur apparut chargé d'une clé, qui me jetait dans l'espace goudronné de mon départ. Les autres prisonniers, à peu près une vingtaine, commençaient déjà à s'engouffrer par le portillon qui conduisait à la cour des visites. C'était ma première sortie sans le soutien de Magloire, sans sa présence rassurante et j'étais écartelé entre angoisse et espoir. Un gardien interpella mon pas précipité :

« Hé ! Le Français que fais-tu ? »

Il vérifia sur sa liste, la présence de mon nom, et les quelques secondes qui s'écoulèrent, laissèrent ouverte toute perspective de revirement toujours probable.

« Rigagneau Bertrand c'est bien ton nom ? Va te mettre en rang avec les autres. »

Les autres, alignés dans la cour des visites, le visage vers la sortie, étaient menottés deux à deux. Leur allure courbée et cassée me renvoyait quelques semaines en arrière lors de notre enregistrement dans cette même cour. Je pris place à côté d'un autre détenu. On nous unit de cette chaîne dérisoirement inutile au vu des cinq gardiens tournoyant autour de notre groupe, armés chacun d'une *kalach*. Pour rien au monde je n'aurais tenté une course folle vers la liberté, connaissant la prestance naturelle de ces hommes à appuyer sur la gâchette. Ou bien par ce lien fraternel blessant nos poignets, la stupide folie meurtrière de mon compagnon de voyage m'y aurait entraîné. Le constat rapide de son état chancelant me rassura sur cette perspective, cela paraissait au-dessus de ses forces. Deux femmes vinrent fermer la marche. L'une d'elles était Minfoumou. Sans regard, sans signe, sans vie, seule la haine semblait animer son corps. Kabila, le gardien chargé de mon premier accueil, me fit un petit signe de loin, marquant son encouragement. Alors mon compagnon nota à voix basse notre chance de ne pas monter dans le camion habituel, puisqu'un essieu avait cassé la veille, au retour du parquet. Cet engin abandonné au bord de la route, fléchi sur son arrière-train, ressemblait à un éléphant fatigué. Il agonisait assis dans un fossé poussiéreux. Ce poids lourd, muni d'une benne surmontée d'un enchevêtrement de planches formant une cage, avait été remplacé par un minibus trop petit pour tous les détenus et leurs accompagnateurs. Nous, pauvres prisonniers, fûmes bourrés dans le véhicule chargé à vomir. Quatre gardiens se tassèrent devant, les autres partirent en taxi. Je me souviens que je pris place sur les genoux de mon compagnon et qu'un autre prisonnier prit appui de son corps sur notre masse compressée. Les ouvertures, en l'absence de vitres, laissèrent circuler dès notre départ le filet d'air utile à notre oxygénation. Elles se chargèrent de dissiper les odeurs des corps entremêlés. Malgré ma vision bouchée par les couches successives des prisonniers entassés, je redécouvrais peu à peu et avec délectation un peu de la ville, un peu de mouvement différent, un horizon plus large que celui de ma cellule. Une impression de liberté bien trompeuse m'envahit. Cette sensation prit place entre les doutes que me procurait mon audience avec le magistrat. Je ne savais pas si Gisèle avait été prévenue, si elle serait présente et quelle attitude aurait cet homme de loi. Je me sentais, malgré l'entassement d'êtres et de corps dans ce minibus, totalement seul. Mes doutes s'intensifièrent au même rythme que mon corps, meurtri par ce trajet immobile et compressé, se dirigeait pris dans la mélasse de notre groupe, encadré par quelques curieux, vers la silhouette ombragée du parquet. Un personnage connu longeait les étages ouverts de l'édifice. C'était Ntéppé. Enfin quelqu'un de familier qui m'expliquerait ce qui se passait. Alors je l'appelai. On me fit taire. Il poursuivit son chemin vers d'autres affaires. On me posa en compagnie de Minfoumou et nous fûmes encadrés de deux gardiens respectant la parité. Pendant que l'homme m'entretenait de la possibilité dès mon retour en France de lui envoyer une voiture d'occasion, la femme ironisait sur la nécessité de lui trouver un blanc pour vivre mieux et satisfaire ses rêves de France. Tous deux s'accordaient alors sur le résultat de ma présence au parquet. Je serais bientôt libre. On nous transféra à l'étage supérieur devant un bureau portant l'inscription « *Substitut du Procureur* ». Je compris qu'ici devait se jouer mon avenir d'homme libre. Avec joie, je constatai que nous échappions à la cellule, mais cette joie et les messages optimistes des gardiens étaient entachés par l'absence de Gisèle, par mon angoisse de me retrouver seul à côté de cette Céline silencieuse, au regard toujours aussi menaçant. Puis son avocat, affublé du même costume trop étroit, suivi de son fils habillé comme un sou neuf, vint prendre place près d'elle sur le banc de bois adossé au balcon de ce couloir ouvert, que nous ne pouvions que partager. Je n'avais pas imaginé que nous serions obligés, contraints par la vigilance des gardiens, de rester côte à côte sur ce banc voué à supporter la haine et le désespoir. Une femme en tailleur demanda enfin à Céline de rentrer dans un bureau ouvert d'une fenêtre vitrée, par laquelle je pus voir notre sorcière s'asseoir devant une table. Son avocat la suivit. Le visage de l'homme à qui elle s'adressait était masqué par la cloison. Je restai donc seul sous le regard de mes deux gardiens appliqués à mâcher des bouts de noix de coco. Figé par les questions et par le doute qui entourait le soutien de mes défenseurs, je me mis à attendre, résigné, que la vie m'offre un signe. Ce signe vint de ma droite, Gisèle en habit noir, éclairci d'une virgule d'hermine blanche, apparaissait au bout du couloir. Le ressort tendu dans mon ventre se relâcha soudain, m'expulsant en dehors du banc à sa rencontre. Le gardien coupa mon élan d'une voix autoritaire :

« Restez assis M. Rigagneau ! ! ! Vous ne devez pas vous lever ou je vous remets les menottes, c'est le règlement. Je n'aurais pas dû vous les enlever ! »

Gisèle s'approcha alors de notre banc et m'indiqua que tout allait bien. Elle demanda la permission de manière très respectueuse et solennelle à celui qui ne voulait pas que je bouge. Elle put alors me glisser les fax de Marie Jo que je survolais. Nous nous échappâmes du bureau et des mensonges que Céline vomissait. Les messages de Marie Jo coulèrent sur mon cœur. Sur mon âme, existait la lourdeur de cet inconnu, jeté par la situation, jeté par des paroles de sorcière dont le chant continu nous parvenait, insaisissable, dans ce bout de couloir ensoleillé. Le sens qu'elle donnait à son récit nous le connaissions déjà, c'était à nous de démontrer maintenant quelle était la vérité.

Accompagné de Gisèle et d'Alix Bétayéné je pris place dans ce minuscule bureau encombré d'un mobilier sommaire. La personne qui nous avait invités à entrer, avait pris place derrière une vieille machine à écrire, où elle s'appliquait à intercaler des bouts de papier carbone destinés à reproduire mon témoignage en plusieurs exemplaires. L'homme qui nous faisait face derrière un bureau submergé de dossier, semblait d'un naturel souriant. Il était de taille moyenne et la rondeur de ses traits lui conférait autre chose que l'allure autoritaire et accusatrice que j'avais imaginée. Il me mit à l'aise en me saluant amicalement et gratifia le cabinet Bétayéné d'un aimable sourire. M. Jean-Paul Nguimout, substitut du procureur de la république, semblait décidé à y voir clair dans cette affaire. Les précédents contacts avec mes avocates, lui permettaient déjà de m'encourager à lui conter notre aventure. Encore une fois je parlai d'Edmond, de sa tromperie, de notre confiance, d'une amitié bafouée, de l'amour d'une enfant, de celui que l'on voulait donner à vie, d'un désir de parents utilisé à des fins obscures et mystérieuses. Puis il m'aida à m'éloigner de ce qui me blessait, pour arriver au concret de cette démarche qui glissait vers les cachots camerounais.

« M. Rigagneau il me semble que l'on a abusé de vous, mais aussi que vous n'ayez pas été bien vigilants vous et votre épouse. Si vous envisagez toujours une démarche d'adoption, il faudra vous assurer de vos interlocuteurs et utiliser des voies plus sûres à l'avenir. »

Derrière cette voix, existait, j'en étais sûr, un homme bon, plein de compassion. Son physique ne trahissait pas la bonté de son âme, il en était un fidèle reflet. Cette harmonie qu'il dégageait, cette main qu'il me tendait, m'apporta un complément de réconfort et de confiance. Il me jeta dans la fragilité de mes émotions. L'illusion de voir le bout de ce sentier blessant, frôla les murs de ce bureau. Je me sentais à nouveau reconnu dans ma posture de victime, innocent d'avoir voulu croire imprudemment en l'amour dont nous voulions envelopper Juliette. L'impression de décompression m'éloigna des murs de la prison, je redevenais homme et l'on m'entendait. Le magistrat se pencha à nouveau vers moi, il me demanda si les conditions de vie n'étaient pas trop rudes, si mon état de santé était satisfaisant. Je ne pouvais pas lui parler de la dureté de la prison, pour moi j'en sortais lentement. Cet après-midi vers 15 heures, lorsque notre audience prit fin, Kondengui me paraissait déjà lointaine. Mes conditions actuelles, dans les quartiers spéciaux, n'avaient plus rien à voir avec celles que j'avais vues, connues et subies. Quant à mon état de santé, je lui parlai de mes maux d'estomac répétés, soulevés par l'incertitude de ce que me réservait la vie.

« Ça va aller M. Rigagneau ! Ne vous inquiétez pas, *vous n'avez plus long à attendre* » me dit-il.

Ces mots soulignés d'une poignée de main chaleureuse me précipitèrent dans le couloir. J'étais chargé de l'espoir d'échapper bien vite aux murs de la prison.

Nous étions le 13 avril, et avec l'argent que me donna Gisèle, je regagnai sous bonne garde et en taxi, les murs clos de Kondengui. Telle une éponge, j'aspirais tout l'espoir de cette rencontre avec M. Nguimout. Le taxi, dernier repli de liberté avant la lourde porte de ma prison, m'expédia vers mes compagnons du quartier spécial. Ils tombèrent sur moi, la bouche pleine de questions et de certitudes réconfortantes sur l'issue de mon audience, sur ce futur qui s'offrait à moi. Je devais pourtant garder à l'esprit que ni Magloire, ni Micheline, ni Edmond n'avaient été entendus, qu'aucune parcelle des derniers mois vécus n'avait été baignée de logique et de rapidité. L'élan donné par le procureur sut agir quelques heures encore. Il fut repris en cœur, tel un écho, par les autres détenus, qui abreuvaient à ma rencontre leur propre espoir, maquillant leurs craintes de ne rien voir venir ni bouger, révoltés par ce Cameroun endormi et cruel, lançant de répétitifs :

« Aaah ! Ça c'est le Cameroun ! »

Comme un chant chargé de fatalité, comme si derrière le nom de ce pays, existait l'évocation de tous les dysfonctionnements, de tous les maux de la terre. C'était vrai, et plus encore...

*« Ce soir, à 17 heures je m'empêche un peu de trépigner. (...)Je ne sortirai certainement pas ce soir. (...) À 20 heures je mange du riz et du poisson que nous ont ramené Micheline et Godefroy en fin d'après-midi. Cela faisait longtemps que je ne les avais pas vus, Godefroy était extrêmement joyeux que les choses avancent. »* C'était plus qu'inespéré au cœur de cette justice camerounaise paralysée par trop d'arrangements internes, gangrenée par trop de corruption.
*« Quant à moi, je suis heureux de mon passage chez le procureur mais secrètement j'espérais un peu plus, j'espérais quelque chose de définitif, il faut encore patienter. Les avocats avaient l'air assez satisfaits mais ils sont de l'autre côté du mur. J'espérais pourtant ressortir du bureau libre mais demain vendredi les choses peuvent encore basculer sur ma libération, je ne vis que pour ça. »*
Certainement gravé loin dans ma mémoire, sous la chaleur accablante qui rayonnait des tôles de l'endroit du même nom, je me souviens que mon esprit a lâché ce crayon qui déformait mon doigt. Sur ces derniers mots j'allais rejoindre le refuge de mes rêves entrecoupés de réveils insupportables, de la réalité de mes nuits percutant ma conscience. Je regrettai alors dans un sursaut, de m'être laissé happer par ce sommeil qui me lâchait égoïstement, avec tant de brutalité, au milieu du noir de cette cellule. La ligne suivante marquait l'arrivée d'un petit matin souligné de ce même rythme monotone :
*« Vendredi 7 h*
*Je vais descendre de mon perchoir, faire un brin de toilette, alors que d'autres font déjà les cent pas depuis 6 heures dans cette cour de terre rouge. Les « enfants » ont commencé leur service. Nous ne sommes plus que deux dans la cellule, les autres se lavent ou se promènent. Je viens d'apercevoir Magloire de loin, je ne sais pas s'il est convoqué au parquet. Le linge commence à remplir les cordes et peu à peu la cour disparaît sous les couleurs des étoffes. Des bancs neufs fait de planches à peine rabotées ont été ramenés. Les détenus s'y prélassent, soit avec une cigarette, soit avec un jeu Ils sont en pleine discussion agitée comme seule l'Afrique sait les mettre en scène. Le soleil apparaît peu à peu dans la cour, dépassant la hauteur des murs d'enceinte. Le coq toujours aussi énorme, toujours aussi vivant, règne sur sa basse-cour de prisonniers, poussant quelques cocoricos aigus de temps en temps. Certains lancent leur pied dans sa direction, les autres l'ignorent. Il a ses habitudes et n'a pas l'intention de se laisser faire par ces hommes qui partagent son poulailler. Je reviens de ma toilette. Elle a été complète. Le jeu consiste à pouvoir se rincer avec la quantité d'eau*

*froide contenue dans ce seau en plastique bicolore. Voilà, cette journée débute, elle va s'étirer comme les précédentes. (...) Les postes de radio constamment allumés déversent leurs musiques chaotiques créant une cacophonie indescriptible, presque inaudible. Dans mon oreille gauche coule de la musique camerounaise, dans la droite de la vieille variété française. Jamais de silence, seule la nuit fait descendre peu à peu les débordements sonores. Souvent dans ces journées où l'écoute est la seule distraction, vient s'additionner le bruit d'un téléviseur miniature mêlé au chant des milliers d'oiseaux qui envahissent le manguier. Si l'on ajoute le coq qui par lubie manifeste sa présence, on a le tableau sonore du lieu, ponctué par les détenus qui concurrencent les volatiles accrochés à leur arbre. C'est un brouhaha constant, pour contrer l'oubli, pour faire de la vie. L'Afrique, la prison, les cellules tous ces lieux croulent sous le bruit. »*

Ce vendredi fut l'aube d'un nouveau week-end interminable, l'ombre des heures dégoulinantes d'ennui. Recouvert du silence de l'extérieur, imprégné de lenteur, d'immobilisme et de la pause de la vie administrative, rien ne pouvait m'arriver. Après cette pluie d'événements et de déconvenues précipités sur plus d'un mois, j'étais privé de tout mouvement, hormis celui de la succession du jour et de la nuit. Depuis ma rencontre avec la justice, je n'avais plus que jamais, pour unique solution, que celle de me laisser porter par mes questionnements aux tournures angoissantes. Je débouchais trop systématiquement sur ce même doute, qui déversait invariablement des tonnes d'acides dans tout mon abdomen : et si ma demande de libération provisoire était rejetée ? Comme exemple, il me restait celui de mes compatriotes français attirés au creux de ce dimanche par la nouvelle de mon passage au parquet. Ils m'amenaient l'angoisse de me retrouver marqué d'un même sort. J'étais souvent perdu et étouffé par le poids de l'imprévu, par l'incertitude de mon devenir. Pourtant une force me redressait, je ne l'identifiais pas encore, mais ce dimanche qui nous conduisait aux fêtes de Pâques me susurrait l'espoir d'une résurrection.

Les bras chargés de branches de palmier en guise de rameaux, le monde déshumanisé de cette prison se pressait à la messe. La ferveur religieuse était générale et communicative. J'avais du mal à trouver ma place parmi tous ces fidèles. Ce dimanche des Rameaux, je restai dans une cellule 131 totalement désertée, à attendre le retour d'un Magloire qui dissimulait de plus en plus difficilement les failles de son optimisme. Chaque soir, depuis quelques temps, il participait très régulièrement aux groupes de prières de notre quartier. Ce monde me restait étrange et inconnu.

Je me sentais comme profane, au cœur de cet univers fait de religion. Je repris pourtant conscience de l'image qui collait à mon existence, lorsque la presse toujours aussi éloquente, se fit l'écho de mon passage au parquet. Je reprenais contact avec ce dont on m'avait accusé, puis soupçonné d'être. Comme si ce soupçon était ancré plus sournoisement encore dans les esprits. Ils m'observaient dans ma promesse de ne pas trop partager cette vie, pour ne pas être trop emprisonné, ni piégé. Je devenais, pour respirer, un peu plus marginal que ma peau. Pour rester fidèle à ceux que j'aimais, je m'exposais alors aux soupçons d'étrangeté et d'étranger. J'acceptai donc l'invitation des hommes de ma cellule et de Magloire, de participer à la messe de Pâques. Elle paraissait si lointaine, séparée de nous d'une semaine de doutes et d'espoir. Cette invitation, au sein de cette cérémonie dans laquelle je ne trouvais aucune aisance, m'amènerait peut-être, à piétiner les lignes d'un journaliste qui me désignaient sur mon continent comme étant à la tête « *d'une secte ayant pignon sur rue* ». Cette commémoration serait ma troisième messe volontaire. Ces messes martelaient de leurs symboles les étapes de mon existence africaine, comme la progression incontrôlée de notre glissade vers ce lieu. La première ponctua ma rencontre à Yaoundé avec Céline puis dans cette église du Gers elle souligna notre demande d'aide adressée à Edmond et enfin emprisonné dans ce pays, que paradoxalement je ne puis haïr, cette communion vers Dieu serait l'espoir de notre libération vers le monde des vivants. J'aurais perdu tout ce qui précédait, tout ce que et ceux que, nous avions aimés et espérés. Je ne pouvais pourtant pas pour l'heure me retourner sur mon passé. Je restais aveuglé quelque temps encore. L'enfermement, sa douleur qui agissait comme un pansement me faisait oublier la perte, la rencontre, l'amour que nous laissions sur cette terre pour la seule issue présente en mon esprit : la liberté.

La saison des pluies frayait alors peu à peu sa route sur cette terre qui devenait de plus en plus souvent un parterre de boue rouge vif. Les orages tous aussi violents, éclataient de plus en plus fréquemment. Ils déversaient sur notre cour, mue en torrent de lourds seaux d'eau. Était-ce l'invitation à la messe, le dimanche suivant que j'espérais ne pas voir, ou l'atmosphère laissée par ces trombes d'eau pétaradantes ? Toujours est-il qu'en ce soir de fin de week-end qui tombait comme une machette, j'acceptai de partager mon repas et un peu d'intimité dans l'ambiance de la cellule de Magloire. Les conversations montèrent vite en puissance. Il fut question des individus étranges de cette prison - ils étaient fumeurs de chanvre indien - de ce qu'était Kondengui il y a dix ans - on y mangeait les rongeurs qui me tenaient éveillé, et enfin des vertus de la polygamie - Les Français vivaient la même chose puisque nous avions des maîtresses ! Je pus sourire à ces quelques échanges, enflammés par les doses de whisky en sachet qui circulaient sans répit dans ce quartier. Je sentais bien qu'avec l'arrivée tant attendue de la lumière du jour, une semaine décisive allait se déployer.

Pourtant, la messe de Pâques, éloignée de sept longues journées, installée dans la grande cour, reçut bel et bien mes pas timorés qui éclairaient une partie infime de mes émotions.

Nous avions convenu avec Marie Jo d'utiliser ce lieu, ce jour à part (c'était la toute première fois que je ressentais cette émanation, ce caractère singulier et universel de la foi) pour nous sentir encore plus proches, encore plus réunis dans la similitude de l'endroit, de la cérémonie, de la force de nos pensées. Les préparatifs de cette messe avaient fleuri tout au long de cette semaine Sainte. Plus que d'habitude Kondengui vivait, et tentait par-dessus tant de crasse, de peine et de souffrance, de trouver un air de fête pascale. Certains prisonniers, armés de pinceaux, recouvraient la poussière des murs, d'une peinture blanche qui rappelait par le contraste créé, leur présence obscure et refoulée. Les quartiers résonnèrent de plus belle, des chants des détenus, du martèlement des percussions, prêtes à rythmer les voix d'une vraie messe à l'africaine. M. Onana de la cellule voisine, devenu ami de Magloire, était à la tête d'une de ces chorales d'entre-murs. Il déployait une énergie considérable à occuper le temps, qui durait pour lui depuis quelques longues années. Cette préparation de messe fut le compte à rebours de sa sortie, il s'envola par la grande porte quelques jours plus tard, me laissant dans le cœur l'espoir de le suivre. De cette semaine émanait un peu de cet espoir. Les préparatifs de notre sortie s'égrenaient lentement. Le mardi, Magloire fut entendu tardivement par le substitut du procureur. À cause de la négligence d'un gardien Gisèle vint le chercher. Le mercredi, Atemengue de « Justice et Paix » me confirma, par une rencontre dans le quartier surpeuplé des mineurs, que l'archevêque avait pris connaissance de mon récit. Il y portait toute son attention, puisqu'il devait voir le ministre de la Justice et me demandait d'être courageux. Il avait entendu la version de Ndzana, sans doute lui avait-il indiqué lui aussi, d'être courageux, comme un homme, d'être chrétien, comme un bon chrétien.

Marie Jo et son frère au cours de cette semaine multipliaient les contacts diplomatiques avec quelques personnalités camerounaises dont Zacharie Noah, avec les autorités françaises dont le gouvernement. Puis Micheline fut entendue le jeudi. Le médecin du consulat vint me rendre visite pour justifier auprès du tribunal que je souffrais de problèmes d'estomac.

Le temps entrecoupé de ces événements, me parut encore plus rugueux. Ce vendredi d'avant Pâques, des portes béantes s'ouvraient sur la paralysie d'un week-end. Les éléments pour juger étaient réunis. L'angoisse qui rôdait en moi se portait sur ma demande de libération provisoire. Maître Fallourd n'y croyait pas, elle avait su m'enfoncer ce poignard par téléphone. Gisèle me donna bon espoir, mais cette justice complexe que je ressentais imprévisible, avait le pouvoir de refuser, de me broyer dans son filet cousu de mailles inégales. Un frère suisse, le frère Jérôme connu de Magloire et investi dans le quartier des mineurs qui croule toujours aujourd'hui sous la violence et les maladies, sut avant que je ne m'engouffre dans ce dimanche, me redonner un peu de foi en mon avenir. Il obtint le droit de venir me rencontrer dans le quartier, chargé de quelques pâtisseries crémeuses. Il était aussi porteur de longs échanges téléphoniques avec Marie Jo. Il m'amenait un peu de France, un peu de courage. Je savais que tout le petit monde bruyant de la maison partait à la recherche des œufs cachés dans le jardin et ce dimanche pour la première fois je n'en serais pas l'animateur.

Le mouvement inscrit dans la prison depuis le début de matinée, me traînait déjà vers la messe. Les hommes en tenue parfaite, incroyablement endimanchés pour l'endroit, s'agitaient déjà vers la sortie du quartier. Leur allure impeccable jaillissait insolemment du paysage chaotique et crasseux de la prison. Ce jour recueillait toute l'excitation de la fête et je me trouvais un peu perdu, un peu décalé, vêtu de mon vieux velours râpé par cette épreuve qui se poursuivait. Je tentai de coller à l'événement par ma chemise gardée blanche pour l'occasion. Alors, je me dirigeai accompagné de Magloire et de mes compagnons de cellule, vers le point où tous semblaient converger ce jour-là.

Entouré de ces personnages en costume sombre, aux chaussures cirées, miraculeusement épargnées par la poussière de l'endroit, je pénétrai dans une cour transfigurée, remplie d'une population carcérale immobile, noire d'un monde en attente. Je pris conscience que presque toute la prison était entassée sur ce sol. Seuls les trop malades, les corps troués et rongés par l'endroit étaient restés au quartier. Nous nous glissâmes progressivement, par la force de notre chemin, dans cette masse, entre les corps malodorants, transpirants, dénudés, meurtris mais vivants. Sous ce soleil qui soudain éclairait de mille feux la cérémonie, les hommes et les femmes, sous les ordres des gardiens, s'étaient regroupés par quartiers. Alignés en rangées inégales, nous croisions les enfants du quartier des mineurs, les enchaînés du quartier des condamnés à mort, ceux du droit commun, les politiques, les miséreux du quartier populaire et les deux Français du quartier militaire mélangés dans ces murs, unis dans cette cour. Traversant avec la plus grande lenteur l'espace, j'étais conduit par mes compagnons dans cet univers d'odeurs et de malheurs. Je pris place sous le préau de tôle érigé en tribune. Des bancs avaient été disposés sous cet espace surchauffé par un toit trop bas et trop métallique. Je m'assis entre Magloire et Gomez, notre Espagnol. À quelques mètres devant nous, posées sur des fauteuils, les personnalités européennes et camerounaises attendaient. Certains s'installaient lentement dans cet univers où ils étaient libres et presque trop propres. Sur ma droite, les prisonniers des quartiers continuaient à arriver. Ils prenaient place, formant de belles rangées perpendiculaires à la tribune. La cour était devenue bien trop petite. Le flot de prisonniers faisait face à l'autel, à la religion, à la résurrection du Christ, à leur foi et aux quelques prêtres blancs et noirs qui attendaient sous un soleil devenu de plomb, pour prononcer leur homélie pleine de promesses d'humanité. Devant nous, sous un soleil ardent, musiciens et chorale en boubous colorés, commençaient à transpirer. Ils avaient de toute évidence hâte de donner tout ce que leur voix et leur âme avaient préparé pour ce jour où symboliquement l'espoir renaissait depuis deux millénaires. Le quartier des femmes était aussi présent. Dans les rangs, j'aperçus dame Minfoumou enroulée dans un boubou bleu, puis l'effroi de l'imprévu raidit mon corps qui devint immobile, paralysé, cassant et vulnérable. Deux rangs derrière moi, suivi du même personnage blanc qui l'avait accompagné à la gendarmerie, Edmond venait de s'installer, libre, en compagnie de ses enfants Mary, Édith et Éric. Il venait narguer de sa présence le prisonnier que j'étais devenu dans son pays, dans son histoire. Il venait provoquer ce lieu qui le laissait circuler et ce Dieu qui ne pouvait plus le reconnaître. Pourquoi étais-je là ?

Dans le fond de mon âme, je ressentais entre tant de douleur, la profonde énergie de cette église improvisée, de cette foi que je vivais en solitaire depuis peu sans oser l'identifier. Je me sentais aidé, mais pas par cette Église hantée de la contradiction de l'image de cet homme dont je sentais la présence dans mon dos. Je devenais croyant sans être chrétien. Il me voyait, savait que nous étions proches, qu'il avait su me le faire croire pour nous tromper, et que cette tôle aujourd'hui parlait d'une autre proximité presque insupportable, chargée d'une injuste destinée. Si j'étais là, c'était pour faire du lien avec ma femme, avec l'illusion d'être dans ce même endroit symbolique, de faire les mêmes choses et donc d'être si proches l'un de l'autre, que nous étions ensemble. C'était aussi pour me débarrasser des soupçons maléfiques que l'on avait jetés sur moi, pour tenter de me laver de l'injustice de mœurs obscures auxquelles on m'associait, j'en étais sûr il était là aussi pour ça ! Edmond devait se montrer sûr de lui, inaccessible, insoupçonnable, lavé de toute crainte de la justice et de la prison, protégé de son aura de prêtre.

9 h 30 les djembés, balafons et autres voix de femmes furent lâchés dans l'arène de cette résurrection. La participation de tous ces prisonniers fut totale. Ils s'associèrent tous, et moi avec eux, dans une même marche, dans une même prière vers l'espoir d'une liberté prochaine. Les prêtres enflammèrent cette cour devenue fournaise. On déploya quelques parapluies pour épargner du soleil les choristes et M. Onana, qui d'un doigt sûr menait son monde pour la dernière fois. Les réponses aux sollicitations des hommes d'Église résonnèrent dans cette prison aux quartiers vides. Cette ferveur laissait pour une matinée respirer les sols et les murs des cellules souffrant de trop de corps. On baptisa, on fraternisa, on communia et à 12 heures, tout fut fini. Edmond regagna sa liberté, les personnalités leur confort, les prisonniers furent poussés dans l'entonnoir de leur vie et l'orage éclata plus violent que jamais.

L'injuste situation était trop flagrante pour être passée sous silence ! Je regagnai dans le vacarme du ciel mon espace réduit, animé d'échanges dérisoires, et de souhaits de bonne fête de Pâques.

Pendant ce temps-là dans un petit coin de France, il était question de Juliette. Maître Fallourd affirmait sans savoir. Elle affirmait pour créer l'espoir, l'illusion qu'elle pouvait faire beaucoup, l'illusion qu'elle pouvait donner à Marie Jo sa place de mère auprès de cette enfant qu'elle avait trop respirée pour abandonner complètement son image.

Mon écriture se poursuivait :

« *Je suppose que de ma demande de libération provisoire nous aurons des nouvelles en milieu de semaine. Godefroy doit être entendu aujourd'hui lundi 24 avril, et maître Bétayéné doit aller voir le ministre. Dehors des voix montent du local voisin. Ils sont certainement en train de s'engueuler suite à la cuite qu'ils ont prise hier soir, grâce à l'infâme whisky dont ils font souvent une consommation déraisonnable. Heureusement, cela se calme bien vite comme toujours. Après ce week-end les choses vont enfin pouvoir avancer. Nous sommes dans la dernière ligne droite. (...) Cela fera un mois de cette prison. Je crois que j'ai assez payé pour rien, ou si peu, peuvent-ils se rendre compte que c'est toute ma famille qui paie cette ignominie ! (...) Magloire s'est levé plein d'entrain et de bonne humeur, cela faisait longtemps ! Il m'a dit qu'il était confiant et que cette semaine était la bonne, je veux le croire, il ne peut pas en être autrement, il ne peut plus en être différemment.* »

Gisèle partageait aussi cet avis, même si dorénavant et depuis quelques jours déjà, elle se refusait à faire des pronostics et à me parler de ma sortie. C'était un drôle de personnage que cette avocate, elle semblait vivre parfois douloureusement la présence et les initiatives des autres avocats missionnés par ma famille. Elle s'animait d'une ardeur qui frôlait la susceptibilité et la jalousie à leur évocation. Le nom de maître Fallourd, prometteuse d'un grand bouleversement, avait pendant une longue période touché sa fierté de femme et d'avocate. Le sentiment d'être désavouée, provoquait brutalement la douleur de ses absences dans la cour des visites. Elle représentait la seule raison humaine extérieure à ce bloc de béton, capable de redonner à mon atmosphère un peu d'oxygène. Touchée profondément par notre situation, elle portait mon existence entre la France et la prison, elle venait régulièrement, presque quotidiennement chargée de l'affirmation d'une vie, qui devait lutter contre les parois rougeâtres de ce lieu. J'avais besoin de sa visite pour dénoncer ma désespérance, alors parfois, elle disparaissait de ce monde. Confiés à d'autres avocats nous restions seuls, sans visites, sans ces sandwichs rompant notre quotidien qu'elle déposait dans un souci presque maternel, avec l'engagement de nous venir en aide, de contrer l'injustice. Ses absences nous laissaient sans le réconfort, sans le sourire qu'elle savait déposer sur nos âmes. Pourquoi ? Parce que l'action de Marie Jo lui paraissait aller contre ce qu'elle faisait, parce qu'elle n'avait pas l'impression que nous lui faisions totalement confiance. Gisèle était aussi surprenante qu'imprévisible. Elle se démenait et prenait à bras le corps cette affaire sans laisser paraître l'élan qui la portait. Elle ne supportait pas les couleurs injustes que revêtait notre vie et rien que pour cela, l'énergie qu'elle montrait me semblait follement gracieuse.

L'ombre de la liberté, la signature d'un homme qui disposait du bond que pouvait faire mon corps dans ce vide fait de vent et d'espace, griffait plus profondément mon cœur. Ce temps fait de doutes et d'interrogations, n'avait plus rien à voir avec la longue attente déjà éprouvée. Il s'agissait bientôt de savoir de quel côté du trou je tomberais. Le pire était à ma portée, je n'avais aucun indice contraire, aucune expérience réconfortante, je ne croyais plus à rien. Alors, quand le jeudi 27 avril en début d'après-midi on me précipita avec Magloire dans un taxi encadré de deux gardiens, je compris que l'annonce qui me serait faite, ferait de toutes les façons basculer mon existence.

Les jours précédents, je m'étais appliqué à décrire et à dessiner l'endroit où j'avais fini par construire malgré mes défenses, des habitudes. Mes dessins partaient vers la France et agissaient comme un pansement sur une angoisse à vif. La prison et la vision de ces croquis m'emmènent aujourd'hui, lorsque je m'y replonge, dans un univers tapissé d'ambiguïté. De cet espace, je ne garde plus de trace évidente de souffrance, ni de douleur émotionnelle, mais j'y trouve incroyablement de la *rassurance*, du bien-être que je ne peux interpréter rationnellement. L'extrême dépendance, l'infâme posture d'objet non agissant, verse sur moi un flot de nostalgie que je ne puis regarder, que je ne puis concevoir. Le souvenir de cette prison parfois m'inonde de parfums si contradictoires, qu'ils se diffusent en effluves de confort et de fascination. Comme si cet état subi, de dépendance physique et mentale, ramenait en moi le souvenir d'un passé, d'une petite enfance, d'une renaissance. Comment peut-on devenir ou vouloir rester dépendant, se mettre à rêver d'un lieu qui vous a fait souffrir ? Par quel processus la victime, l'otage peut-il éprouver de la fascination envers celui qui le réduit à cet état d'attente, à cet état d'objet ? Je continuerai donc à aimer l'Afrique et le Cameroun…

Depuis le matin, ma gorge me faisait horriblement mal. La chaleur qui m'envahissait démontrait une fièvre brutale et importante que les quelques aspirines qui me restaient, n'arrivaient pas à calmer. Mon absence de prises régulières de *Lariam*, me faisait craindre un paludisme, si commun dans cette prison, si meurtrier dans cette Afrique oubliée des grands groupes pharmaceutiques.

Cette journée ne serait de toutes les façons pas comme les autres. Dans le taxi envahi de chaleur, de sueur et d'angoisses, pris par ce début d'après-midi et par la perspective d'une balade, les gardiens tentaient de lancer une conversation que je n'avais plus la force mentale ni physique d'engager à mon tour. Magloire était plongé dans le même silence. Il répondait succinctement et poliment aux deux hommes qui représentaient l'autorité. Le spectre du tribunal fut bientôt plus présent au sein de cet air de liberté déversé par notre trajet en taxi. Pourtant ce jour-là, je n'arrivais pas à y trouver d'excitation. L'angoisse et la fièvre m'envahissaient littéralement, elle rendait cet infâme bâtiment du parquet lointain et trop oppressant. Les questions se bousculaient dans mon esprit tiraillé de contradictions. Comment s'annoncerait cette fin de journée, ce mois, ces années à venir ? Cela dépendait d'un instant. Nous fûmes déposés dans un des couloirs du parquet, sur deux chaises bancales, scotchés à nos doutes et à la peur de ce qui nous arrivait. Aucune présence d'avocat. L'inquiétude s'intensifia au fur et à mesure que le temps passait. Magloire finit par faire appeler Gisèle ou quelqu'un du cabinet Bétayéné grâce à la complicité d'un des gardiens. Moi, mon état ne me permettait plus de penser et le retour bredouille, de l'homme en uniforme, acheva le travail d'écartèlement abdominal entamé par l'angoisse d'un avenir en marche. Les heures s'égrenèrent sans que rien ne bouge. Tout autour de nous, les personnages et les lieux s'agitaient pourtant, mais nous, depuis quelques heures, étions collés à ce couloir qui ceinturait le bâtiment. D'un trajet rectiligne, le balcon, soutenant notre attente, était séparé du vide par une rambarde de fer qui dominait l'espace de verdure marquant l'entrée du tribunal. L'agitation des hommes et des femmes, quelques mètres plus bas, était constante. Cette terrasse constituait un bon point d'observation. Nous suivions les sorties et les arrivées, des prisonniers, des gardiens et autres habitués des lieux qui circulaient et rivaient leur vie à ces murs. Je ne sais combien de longues heures nous avons espéré apercevoir un visage connu, combien de fois le gardien était descendu, motivé par la promesse d'une bière, pour entrer en contact avec nos défenseurs. Miraculeusement la communication fut enfin établie. Soudain on vit apparaître Micheline et Godefroy qui à leur tour avaient tenté d'alerter le cabinet Bétayéné sur l'incertitude de notre sort. De ce couloir-balcon, nous nous penchions régulièrement pour apercevoir la mère de Juliette marquant d'un mouvement d'épaule son impuissance. Elle indiquait l'absence d'une arrivée rassurante. Il nous avait été annoncé que nous devions rencontrer le procureur. Le seul à faire tomber la pression en ce milieu d'après-midi, fut M. Nguimout, son substitut, dont je me souviens très nettement les paroles :

« Ça va aller M. Rigagneau ! Ayez confiance, on se verra plus tard. »

Il avait prononcé ces quelques mots au passage, à la volée, et avait fait tomber d'un degré la fièvre qui m'envahissait toujours. Pour anéantir notre tension, notre solitude face à une destinée improbable, je me mis à interpréter ses paroles dans son acception la plus positive, sans oser me permettre de certitudes. Ça va aller ! Tant de gens au cœur de cette histoire m'avaient assuré de l'imminence d'une tournure favorable. Tant de personnages de cette aventure avaient prononcé ces trois mots sans effet immédiat. Le résultat se trouvait toujours inversé, nous prenions presque toujours un chemin inattendu. Jamais, depuis plus de deux mois de kidnapping, les événements ne s'étaient enchaînés autrement que vers le bas. Jamais, on ne nous avait autant confisqué d'espoir. Jamais ce rêve, ce bonheur, dont nous avions parfois eu peur pour l'avoir jugé trop fort, trop chanceux, n'avait été tant émietté, piétiné. Jamais depuis mon retour sur cette terre, jamais depuis l'escalade de bonheur vécue au côté d'Edmond, près de Juliette, mon chemin n'avait pris un sens positif. La chaise qui soutenait encore mon corps brûlant, recevait en amas difforme, maintenait l'équilibre ambigu de mes rêves et de mes déceptions. Comme soumis au flux et au reflux de ce flot de pensées qui m'inondaient, je n'entrevoyais aucune liberté physique ni mentale. Je ne pouvais redonner un sens à ma vie. La fin d'après-midi me précipitait alors dans une direction subite et encore incertaine.

Ce ne fut pas le bureau du procureur qui s'ouvrit à nous. Après cinq heures de patience meurtrières, baignés dans le flou d'un jour qui finissait, M. Nguimout nous dévoila un visage ouvert et souriant. Il nous introduisit pour la seconde fois dans le lieu où il exerçait son pouvoir de substitut. Nous étions seuls face à son bureau encombré. Il prit le temps de s'installer, j'imagine qu'il savourait la nouvelle et se doutait de la réaction qu'elle allait produire. Alors, il ouvrit le dossier, il dut très certainement nous informer des personnes qu'il avait entendues. Il nous reversa les éléments qui lui avaient permis de défendre activement auprès du procureur les convictions acquises sur notre implication dans cette affaire. Puis il se pencha sur mon état de santé et sur mes maux d'estomac décrits par le médecin, pour, dans un mélange de compassion et de grande joie, nous donner l'information suivante :

« M. Rigagneau, j'ai obtenu du procureur qu'il signe votre demande de libération provisoire avec main levée sur la procédure. Cela vous permet dans un premier temps, si l'administration pénitentiaire fait bien son travail, de pouvoir sortir avec monsieur Lewono de la prison, ce soir, ou au pire, demain. Par la suite vous pourrez aller vous faire soigner en France. Je suis très heureux pour vous ! J'espère que vous oublierez bien vite cette mésaventure et que vous ne garderez pas du Cameroun un trop mauvais souvenir. »

Si le bureau ne nous avait pas séparés, je lui serais tombé dans les bras. Toute l'angoisse de cette journée pour cette nouvelle qui me terrassait d'un bonheur inattendu et encore impalpable ! Toutes les tensions de ces mois passés, retombèrent là, soudain, dans cet espace minuscule. Alors, je craquai de joie dans un flot de sanglots mêlés d'excuses. La vision de cet étrange Européen qui ouvrait les vannes de ses émotions, avait de quoi surprendre, dans un Cameroun où tout me paraissait affectivement et émotionnellement contrôlé, où tout était codifié. Nguimout ne cachait pourtant pas sa joie, et Magloire en cette fin d'après-midi joyeuse, me gratifia d'une longue accolade. Ces quelques mots et cette vague de bonheur, dissipèrent subitement la silhouette de Kondengui. Ils faisaient disparaître brutalement le poids qui écrasait mes épaules. M. le substitut nous tendit un document à transmettre à la greffière. Nos deux gardiens, à notre mine transformée furent les premiers à recevoir la nouvelle, ce qui nous obligea à fêter autour d'une bière notre liberté à venir. Mon corps fébrile et la chaleur qui m'accompagnait toujours, étaient balayés par l'importance du document que je tendais aux greffières à l'étage inférieur. La jeune femme, qui tapa notre ordre de sortie, avait adopté la joie de notre groupe et s'était lancée à me donner le contact de sa sœur vivant en France. Car oui ! Cela me paraissait évident, j'allais pouvoir distribuer cette force qui me faisait renaître, je n'avais plus de doute, j'allais maintenant rejoindre mon pays.

Pourtant tout pouvait encore basculer. Je rentrais dans une seconde phase d'ambiguïté. Il fallait à tout prix que ce document, aux mains des gardiens, parvienne jusqu'à la prison. Il fallait aussi que l'on tienne notre promesse de bière. Vu l'heure tardive de notre sortie du bureau de la greffière, la prison ne nous rendrait pas notre liberté ce soir, c'était une certitude. Il faudrait patienter jusqu'au lendemain. Je ne savais toujours pas où se trouvait Gisèle et si elle était informée de la bonne nouvelle. Je voulais que Marie Jo sache que j'arrivais, que nos heures de séparation forcée étaient comptées.

L'extérieur du parquet et la marche qui débuta en compagnie de nos gardiens, me détournaient de mon intention de retour derrière le mur protecteur de la prison. Cette avancée dans la ville me parut dangereuse, interdite, compromettante et risquée. Malgré la présence fidèle et protectrice de Magloire, Micheline et Godefroy, l'univers de la rue me parut menaçant. Je tombai avec angoisse dans une sorte de paranoïa, versée par les dangers d'une liberté précaire, par cette place d'homme libre qui n'était pas encore la mienne. J'avais peur au sein de ce monde où circulait Ndzana, au cœur de cette liberté nouvellement posée sur ce frêle bout de papier. J'avais avec moi, en moi, l'autorisation de marcher, de respirer, de penser, de partir. Cette autorisation, je prenais conscience que l'on pouvait me la reprendre à tout moment. La présence chaleureuse de la petite famille Ebodé Lewono atténua quelque peu mes peurs. Ils vivaient aussi fort et avec autant de joie ma liberté, que celle de Magloire. Je fus embrassé et l'on conclut qu'une nouvelle vie commençait. La bière de la liberté dura suffisamment longtemps, dans une gargotte autour du parquet, pour que lorsque nous franchîmes la porte de la prison, j'aperçoive Gisèle tournoyant rapidement dans la cour des visites. Elle s'étonnait de la durée de mon retour.

« Alors M. Rigagneau te voilà libre ! Où étais-tu donc passé ? Je t'attendais pour que tu puisses sortir ce soir, mais là, il va falloir que tu profites de ta dernière nuit en prison. J'ai prévenu ta femme, elle est folle de joie ! »

Je me souviens très clairement du bonheur qui inondait ce soir-là, le visage de Gisèle. C'était plus qu'une victoire, c'était sa lutte pour une justice meilleure, c'était l'aboutissement de ses efforts, de ses visites, des prédictions qu'elle avait faites et qu'on lui avait faites. Son pendule fait d'un collier en or avait tourné pour se prononcer sur un oui flagrant, il y avait de cela plus d'un mois et nous avions une réponse aujourd'hui, c'était ma liberté ! Nous avons pendant une bonne demi-heure, rêvé sur cette porte qui enfin s'ouvrirait après s'être entrouverte de nombreuses fois pour sans cesse mieux se refermer violemment. Demain, il ne pourrait plus en être autrement. Gisèle aussi joyeuse que j'imaginais ma femme à plus de cinq mille kilomètres de ce trou, était là pour me confirmer que c'était la fin, que ce serait bientôt mon départ, vers ceux que j'aimais, vers ceux qui avaient lutté à mes côtés.

Je dus replonger la tête, ayant repoussé au maximum la limite du temps de visite, dans cet espace que j'espérais ne plus revoir. Mes compagnons de galère avaient déjà vu Onana s'envoler, maintenant c'était le tour du Français et de Lewono. La nouvelle avait déjà parcouru le quartier et l'on me fit un accueil chaleureux. Tous vinrent me féliciter, certains me rappelèrent qu'ils m'avaient bien promis « *que je ne ferais pas si longtemps ici !* ». Notre ministre semblait ému de la nouvelle, mes compagnons de la cellule 131 du quartier spécial D surent, tous très dignement, me témoigner leur joie. Moi, je les laissais là, ayant quelque peu partagé leur quotidien d'homme privé de l'essentiel : la liberté. Ils n'avaient pas eu le temps de me montrer tout ce que la prison enfermait de mystérieux et de honteux. Mais ce que j'avais aperçu avant de tomber au fond de ce trou, me faisait croire sur parole l'ambiance décrite, entraperçue, de ces quartiers populaires où Magloire avait failli croupir. Je finissais mes dernières heures d'incarcération terrassé au lit par une fièvre de plus en plus forte. Elle fut miraculeusement calmée par la prise d'un comprimé de *Lariam*, donné par notre espagnol, qui lui aussi était porté par la promesse faite par son ambassade d'une sortie prochaine.

L'arrivée du jour, laissa la place à mon impatience. Je voulais aujourd'hui respirer autre chose que ces murs poussiéreux qui brouillaient mon horizon depuis deux mois. Je voulais être maintenant, face à autre chose qu'à ce passé qui anéantissait un mois d'avril. Je voulais sortir vite. J'oubliais que nous étions en Afrique. Je me dépêchais pourtant de me décharger des traces matérielles de ma vie dans ce monde. Tout ce qui avait fait mon quotidien et qui se trouvait être de cet univers resta à Ebanga. La mousse de mon matelas doit certainement encore aujourd'hui adoucir ses nuits. La deuxième de mes chemises resta prisonnière à Kondengui et ce début de matinée, fut pour moi l'occasion d'échanger des numéros de téléphone. Pour mes compagnons, c'était un peu d'eux que je plongeais dans mes vieilles poches trouées. Les gardiens comme les prisonniers, croisés, rencontrés, venaient rendre visite à celui qui porterait leur nom dehors. Pourtant Gisèle tardait à me faire appeler, que se passait-il ? J'avais lâché ma fièvre dans ma couche maintenant vide, mais pas mon angoisse de voir les choses se bouleverser. Avec Magloire, chargés de nos deux petits cabas à rayures bicolores, deux sacs *Barbés* qui regroupaient nos quelques objets personnels, nous attendions pour la dernière fois dans ce bout de cour qui butait sur une porte fermée.

Vers 10 heures, ce vendredi 28 avril, on nous ouvrit la porte vers la cour des visites où nous attendaient Gisèle et Alix Bétayéné. Le soleil était haut et fort. Il eut le temps de frapper ma peau alors que le document signé du procureur, circulait de bureau en bureau. Pour rien au monde je n'aurais franchi à nouveau la porte dans l'autre sens. On me fit appeler dans la cour intérieure pour me parler, pour avoir mon adresse. Je ne pouvais plus bouger, j'étais sur le chemin de la Liberté ! Les deux Français vinrent, un peu tristes de leur sort, me saluer très dignement et près de trois heures après mon arrivée dans cette étape vers mon envol, après m'être fait questionner à nouveau, j'obtins la clé de la lourde porte de sortie. Gisèle brandissait notre bulletin de levée d'écrou. Le peu d'information contenu sur le document, ne justifiait pas la durée de son élaboration. Mon état civil y était récapitulé, ainsi que, dans un orthographe approximatif :

« *Mon ethnie : Française*
*Ma profession : educadeur spschologue*
*Ma date d'incarcération : 31 mars 2000* »

Et surtout faisant suite au numéro du document :

« *Est libéré ce jour 28.04.2000 en exécution de l'ordre de mise en liberté du proc. Rep. Ordonnance de main levée d'office du M.D. le susnommé déclare vouloir se retirer au consulat de France.* »

Le tout était signé du régisseur. Le temps de cette signature, était certainement dû aux interrogations suspicieuses que suscitait ma mise en liberté. Il était certainement proportionnel à la moyenne des attentes qui s'éternisaient dans ce lieu. On devait s'étonner d'un fonctionnement, devenu pour ma sortie, presque normal. On m'avait libéré trop vite, pour ceux qui, à la lecture d'un journal, sur les paroles de notre sorcière, sur la méfiance de l'étranger, m'avaient déjà jugé.

Pourtant, entre Bétayéné fille et mère, accompagné de Magloire, l'esprit envahi de ce et ceux que je laissais derrière moi, je passai la porte en saluant Kabila comme à mon arrivée. La famille Ebodé était présente sur ce parking, comme lors de notre voyage vers le pire. Je les revoyais avec joie. J'avais oublié les contours du monde libre. Nous fûmes embrassés, joyeusement admirés, et Micheline me redonna le sac que je lui avais confié lors de notre chemin inverse. Je retrouvais mes accessoires d'être humain. Mon esprit était rempli de joie, de respiration, de bourrasques de sentiments mêlées de peur. Le paysage étrange qui soudain envahissait mon esprit, soumis au paradoxe de mes sentiments, ne savait pas où se poser dans mon âme. J'étais comme perdu dans un autre monde, effrayé par le coup qui pouvait toujours s'abattre sur moi. L'univers devenait immense et cette immensité me rendait phobique. Cela ne faisait pourtant que deux mois ! Je laissais tout un monde derrière moi, un univers d'humains sans horizon.

Certains pourrissent encore dans ce récipient sans air reproduisant le mouvement d'un extérieur lointain, sans espoir de retour. Notre président de la Fécafoot quitta bientôt ces murs, suivi de notre espagnol et de son ami guinéen. Pour les autres, Joseph Tchalla, Nga Ngoa, compagnons de quartier, l'horizon est toujours bouché, sans perspective heureuse, sans espoir d'ouverture. Des échos me parviennent encore de ces murailles pleines de vie et de mort, dans mes rêves et par téléphone.

Dame Minfoumou sut que ce jour-là nous sortions de son enfer. Elle qui, assurée des prédictions de son marabout, avait déclaré haut et fort que nous allions rester dans cette prison, devint hystérique à l'annonce de cette bonne nouvelle, à la vision de la tromperie du prédicateur. Son séjour se prolongea d'une année et son ombre plane encore sur notre maison, sur mon âme, au creux de mes souvenirs. Qu'est-elle devenue ?

De la famille Ebodé, de Juliette, ce fut dans la chaleur et sur la latérite rouge de ce parking, ma dernière vision. On me jeta dans la grosse Mercedes Bétayéné, jusqu'à mon lieu de résidence : le consulat de France. Les images du Cameroun défilaient en silence derrière le blindage et le double vitrage de l'engin hérité d'un papa ex-ministre décédé depuis peu. Aucune odeur ne transpirait dans l'habitacle, seul le film déroulé sous mes yeux de ces quartiers aux mille couleurs me replongea dans la ville. Ma prise de contact avec le monde fut étrange, distante et d'une rassurante frustration, presque irréelle. Je volais au dessus de la vie, je ne l'avais pas encore rattrapée. J'avais eu si peu de temps, pour saluer celui qui m'avait permis de survivre, que je m'emmêlais dans mes sentiments. Je roulais vers la France, vers l'espoir de sauter dans un avion, sans avoir dit merci à Magloire, sans avoir embrassé Juliette.

Alors j'essaie si peu, trop peu, de le faire aujourd'hui…

# CHÈRE FRANCE

Je retombais soudain, sans préparation, dans un monde de blancs, dans un territoire de France. Le consul était là, ravi de ma présence dans son bureau, il m'accueillit avec joie. Il avait disposé quelques coupes à champagne sur une table basse, et l'ambassadeur, prévenu du retour à la vie de son concitoyen, devait nous rejoindre. J'avais remarqué un homme silencieux et immobile, occupant un des fauteuils qui entouraient la petite table en attente de bulles de champagne. Il me fut présenté comme un compatriote ayant connu quelques difficultés, obligé de quitter d'urgence le territoire camerounais ce soir-là. Le personnage semblait marqué, préoccupé, presque extérieur à cette pièce. Il fuyait déjà ce monde. Sa fuite forcée était la conséquence d'une réponse à une annonce dans le *Chasseur français* à destination d'une jeune Camerounaise. Il avait trouvé, après quelques doux échanges, très attrayant de se rendre dans le pays d'origine de sa correspondante. Il avait donc été reçu dans la famille et là au bout de quelque temps, peut-être parce qu'il voulait regagner le sol français, il avait été kidnappé par la famille de la tendre jeune fille. L'homme ne s'exprimait pas, c'est le consul qui contait sa cruelle mésaventure. Le but de cet emprisonnement était un mariage forcé, ce qui liait le malheureux à la jeune fille. Notre pauvre bougre, s'en était sorti grâce à une tentative de suicide. La famille horrifiée par le sang et par l'état du jeune marié avait fait appel aux autorités. Il avait atterri au consulat. Notre homme, retapé et marié à une camerounaise, fuyait ce soir, sa nuit de noce pour son pays d'origine : La Suisse.

Quant à moi, il me faudrait attendre la fin du week-end et l'avion d'Air France du dimanche soir pour fuir mon histoire. J'avais depuis peu une angoisse naissante, aiguisée par les récits des membres de l'administration française. Ils rivalisaient d'expériences et de témoignages sur la difficulté de franchir cette frontière camerounaise parfois très étanche. J'imaginais déjà mon départ du dimanche soir avec escale à Douala.

L'ambassadeur vint enfin partager de manière très naturelle la bouteille de champagne qui m'avait été réservée. Il fut assez insistant, trop sûrement, sur le rôle efficace joué par l'État français (j'en doutais et mettais en avant le frère de Marie Jo, l'action qu'ils avaient menée en France). Il se félicitait du travail du cabinet Bétayéné et se réjouissait que je sorte de cette aventure indemne (c'était sûrement vrai en apparence). Je lui fis remarquer que mon retour me permettrait de témoigner des atrocités qui se vivaient dans les cachots et prisons de cette Afrique. Je récoltai deux choses :

« Certainement pas monsieur Rigagneau, il vaut mieux taire tout ce qui se vit ici et se pratique dans les prisons. D'ailleurs, ce soir nous recevons des personnalités des Émirats arabes. Je vous invite à être parmi nous à l'apéritif et par la suite, de partager notre dîner. Si vous n'êtes pas trop fatigué bien sûr ! »

L'homme était sympathique et n'entretenait pas, malgré sa fonction d'importance, trop de distance avec le prisonnier que je restais d'allure et de pensée. On m'installa dans une annexe de la résidence de France, au milieu d'un jardin somptueux, fleuri de couleurs hallucinantes et dominant une Yaoundé d'où remontaient les bruits d'une activité chaotique et constante. Le contraste de l'endroit et le calme qui s'abattait sur moi, produisirent, dans un premier temps, toute la caresse du silence, oublié depuis des mois dans cette fourmilière de vie sans vie. Kondengui disparaissait, la France me revenait, fastueuse et silencieuse. La cellule de passage s'effaçait peu à peu laissant libre l'horizon de la case de passage où je m'étalais mollement. Je laissai Gisèle dans le bureau du consul avec à nouveau la promesse d'une visite le lendemain, dans cette prison dorée. Il ne m'était pas concevable et déconseillé par le consul de sortir vers la vie. Cette enceinte protégée deviendrait mon nouvel espace de liberté. On ne savait jamais ! À nouveau un week-end d'attente s'ouvrait à moi. J'obtins le droit d'un coup de téléphone à Marie Jo, pour que nous nous projetions sur ce lundi matin, 1$^{er}$ mai, où je foulerais le sol de France. Je découvris ensuite mon visage barbu dans la glace de cette petite case moderne pour invités. Alors, malgré l'excédent de poil, je me lançai, vêtu des restes de la prison, encadré de la seule blancheur de ma chemise, dans la foule qui quittait peu à peu le sol de la réception de M. l'ambassadeur. Je fus convié au dîner, en petit comité, entouré des trois premières personnes d'importance de la représentation diplomatique française. Je sortais de deux mois d'un traitement alimentaire local et restreint. Ce soir-là, on me plongeait dans le luxe argenté et abondant de ce petit territoire français. Ce qui coulait en moi et la sympathie qui m'était réservée s'apparentaient à une longue étreinte qui me rétablissait en position d'homme. Pourtant, je ne pouvais me laisser aller à ce bien-être sachant ce qui, au-delà de ces murs, se vivait, sachant que derrière le commissariat, derrière les murs de la gendarmerie les scénarii dont je reniflais l'odeur, se répétaient. Entre bon vin, bonne viande et dessert succulent, aucune des odeurs de transpiration des hommes entassés dans les cellules ne vinrent brouiller le goût de mes hôtes, le fumet de leurs plats. De ma mésaventure, de notre escroquerie, des conditions de vie au sein du parcours auquel on m'avait mené, aucune curiosité, ni questions, n'entachèrent la nappe brodée aux initiales de la France arborant son R pour République. Tout simplement la soirée fut légère et agréable, on parla de la France, nous étions chez les diplomates.

De retour dans ma case de luxe, cette barbe qui était le témoignage de mes jours à l'ombre de Kondengui, me parut insupportable. Le rasage fut l'une des occupations de cette première nuit de liberté sans sommeil. Trop de contraste, trop de douceur, trop d'excitation à la perspective proche de revoir les miens, de quitter cette terre, m'empêchèrent d'accéder au repos. Le lendemain, en dehors du passage de Gisèle qui me promit de m'accompagner à l'aéroport, la journée fut vide. Elle fut simplement remplie du silence inhabituel du monde, remplie du doute, de la peur de ne pas pouvoir quitter ce cameroun qui me collait à la peau. Cette peur me prit au beau milieu de l'après-midi. Au fond de mon être résonnaient les récits du consul, attisés par la venue d'un policier de l'ambassade qui m'évoqua la difficulté et les ruses imaginées pour que certains français puissent monter dans un avion vers la France. Cette peur resta ma seule compagne de week-end. L'aéroport restait traumatisant. Le passé restait bien présent. Je fus d'un coup entraîné dans mes tensions. J'eus l'impression de ne plus rien contrôler à nouveau. L'air se fit rare. Je dus m'allonger sur mon lit douillet pour tenter de reprendre pied, essayer de retrouver un peu d'oxygène, un peu d'espoir, un peu de sérénité. Cette bataille dura jusqu'au soir qui tomba brutalement comme un lourd rideau de velours, jusqu'à l'arrivée de cette douceur, de cette noirceur, de ces odeurs et de cette activité nocturne toutes particulières à l'Afrique. Je me sentis soudain respirer à nouveau, j'avais perdu pied quelques longues heures, sans que personne ne s'en aperçoive, sans que personne ne puisse me secourir. Une vague d'angoisse avait tenté de m'étouffer, sans que je ne puisse appeler. Je m'étais vu perdu physiquement pour la première fois. Je n'ai pas pensé ce jour-là, que notre sorcière, que dame Minfoumou au fond du quartier des femmes de la prison centrale de Yaoundé souhaitait ma mort. Elle voulait me voir périr comme elle suffoquait de la trahison de son marabout. Aujourd'hui encore, j'accompagne l'évocation d'une action à distance, de cette colère qui serait venue me trouver au beau milieu de l'ambassade, d'un sourire destiné à masquer trop d'irrationnel.

Le jour J, vide et angoissant, avec l'unique dénouement tenant en deux verbes, je pars ou on me retient, plia encore un peu plus mon âme de peur. Le bel oiseau blanc commença par avoir deux heures de retard. J'avais été salué par l'ambassadeur et sa femme. On m'avait confié du courrier que j'avais glissé dans mon sac. Ma sacoche usée, mon compagnon de mésaventure attendait le départ, au milieu de mon lit, plongé dans la noirceur du soir. Mon envol était annoncé comme imminent. C'était le consul et son chauffeur qui m'accompagnaient. Sur place était déjà posté un policier pour préparer mon embarquement. Puis ce fut le départ, je montais, chargé de toute ma peur, dans la berline munie de plaques vertes. On traversa à nouveau quelques quartiers de Yaoundé et j'ouvris la fenêtre afin de sentir une dernière fois les odeurs de cette nuit, de cette ville, de cette Afrique où je laissais un peu de moi. Nous rejoignîmes la route saupoudrée de terre rouge, qu'avec Pierre j'avais, il y a si longtemps, empruntée pour découvrir l'aspect étrange et invisible de cette vie en mouvement.

Une fois arrivés à l'aéroport, le consul me demanda mon laissez-passer (mon passeport se perdait dans les méandres de la justice du Cameroun). Il m'accompagna vers la première surprise de la soirée. La douanière face au portillon d'embarquement, nous barrait bel et bien la route. Nous ne pouvions pas passer. Gisèle survint de l'autre bout de la grande salle des départs. Elle argumenta que le simple document de levée d'écrou, portant la mention de liberté provisoire avec main levée, me permettait d'embarquer dans un avion. Le consul insista sur son identité. Gisèle tenta d'appeler Nguimout puis le procureur. La porte restait fermée. Nous fîmes donc demi-tour pour retrouver le policier en contact avec le commissaire de l'aéroport. On me posa dans la salle d'attente VIP. Aucune de mes tensions n'était calmée par le moelleux épais de la moquette. Gisèle était restée avec moi. Elle tentait, comme depuis quelques mois, de me faire retrouver un peu de force face à cette tentative de départ qui s'amorçait bizarrement. Je ne pouvais plus vraiment lui répondre, plus vraiment lui demander de réconfort. Depuis ma libération, ma voix avait disparu, les mots que je pouvais encore prononcer étaient chuchotés dans un chuintement désagréable. Nous étions posés là tous les deux. D'une voix susurrée, je lui faisais promettre sa visite en France. Cela supposait mon départ ce soir-même. Lorsque le consul pénétra dans le salon climatisé, il nous invita à le suivre. Tout s'arrangeait, je pouvais rejoindre la salle d'embarquement. Le commissaire fut courtois, même s'il vérifia à plusieurs reprises ma levée d'écrou. Il m'ouvrit enfin l'univers de l'embarquement. Je m'y précipitai avec Gisèle, la suppliant de rester jusqu'au bout. Je remerciai sincèrement la France qui déjà s'éloignait, sûre du travail accompli. Nous prîmes place sur des bancs de métal froid, étrangers à ce continent. Mêlé aux autres passagers aspirés par le naturel de leur voyage, j'étais prêt à être catapulté vers notre destination commune. Nous restions silencieux en attente du message de quitter la terre. J'étais impatient de l'instant où mon corps fuirait la mémoire de ces deux mois dépourvus de sens, lorsque deux hommes se présentèrent devant moi :

« M. Rigagneau ? Nous sommes de la DST, veuillez nous suivre. »

Le cauchemar recommençait, j'étais près du but et l'on venait me cueillir pour ne pas que je m'envole. Mon regard ne s'était pas levé, je ne pouvais pas croire à cette invitation. La phrase fut prononcée avec plus d'insistance. Alors Gisèle me suivit ou m'entraîna, dans les couloirs tortueux de l'aéroport où les bureaux renfermaient tant de mémoire et de douleur. On nous fit asseoir dans une pièce où calmement, trop lentement, les deux hommes prirent place pour nous questionner. Je ne pouvais physiquement plus prononcer une phrase, plus aucun mot ne sortait de ma gorge.

« M. Rigagneau veuillez nous présenter votre passeport. »

Alors Gisèle se fit ma voix. Mon avocate expliqua ce qu'ils voulaient savoir, leur montra le document prouvant l'obtention de ma liberté provisoire, mit l'accent sur la possibilité qui m'était donnée par le procureur de regagner mon pays. Ils examinèrent de près mon laissez-passer faisant traîner péniblement le moment où je pourrais ressortir du bureau. D'autres avions, dans un passé proche, étaient partis sans moi. D'autres vols m'avaient abandonné sur ce territoire qui m'agrippait inexorablement. Je voyais celui-ci à nouveau s'éloigner. L'annonce de l'embarquement avait été diffusée, lorsque ces deux policiers, dont aucun visage n'habite ma mémoire, alors que j'étais courbé par le poids qui tordait ma nuque, me tendirent mes documents qui m'ouvraient le ciel :

« Tenez M. Rigagneau, nous voulions simplement vérifier que vous n'aviez plus en votre possession le passeport avec la photo de l'enfant. Vous pouvez partir maintenant ! Je vous souhaite un bon voyage ! ! ! »

Ces mots furent prononcés avec force, ponctués d'un large sourire, que ce jour-là, je pris pour moqueur ou réservant d'autres surprises. La paranoïa me gagnait, à tel point que l'escale de Douala me promettait d'horribles angoisses.

Le pas pressé, je quittai Gisèle sur la passerelle d'embarquement avec l'ordre de ne surtout pas quitter l'avion, même si mon nom était appelé à Douala. Les passagers étaient déjà tous installés dans leurs sièges. Le vol Air France en direction de Roissy Charles-de-Gaulle m'avait attendu ce 30 avril. Je pouvais maintenant m'affaisser dans un large siège de première classe et retenir mon souffle jusqu'à Douala. Cette ville ne m'avait jamais porté chance. Le répit serait d'une petite heure, les roues de l'Airbus retouchèrent le sol camerounais et je restai prostré sous ma couverture, attendant avec impatience l'ordre d'un nouveau décollage de l'appareil. Ma liberté et la libération de tout mon être sauraient attendre un peu. Plus le temps passait, plus la chaleur dans l'appareil devenait insupportable. On nous annonça tout d'abord un problème de réacteur, aussitôt les raisons me parurent bien plus complexes et à la fois évidentes. La paranoïa gagnait du terrain. L'escale limitée à trois quarts d'heure, se transforma rapidement en une heure et demie, puis en deux heures. Mon corps tout entier se fendilla sous la pression versée par la situation, par la chaleur qui régnait sous ma couverture. J'avais pris la décision de m'agripper à mon fauteuil coûte que coûte, de ne laisser personne me voler ma liberté, de ne plus quitter l'avion. On annonça que l'on restait en attente de deux passagers qui ne sauraient tarder. Je sentais autour de moi, dans cette carcasse de ferraille, les hommes de la DST qui rôdaient pour retrouver ma trace. Je m'enfonçai encore un peu plus dans mes épaules, sous ma couverture jusqu'au miracle, jusqu'à ce qu'on annonce un décollage immédiat. Alors les moteurs se firent plus présents et enfin les roues se mirent à tourner, ma promesse de revoir le jour, de quitter ce monde renaissait, abandonnant celui que j'avais été.

Lorsque l'avion s'est cabré pour prendre de l'altitude, ma joie fut solitaire mais totale. Toute mon angoisse, d'un seul coup se dissipa. Ce vide me transporta quelques jours en arrière devant monsieur Nguimout. Je fus projeté vers ceux que je laissais sur cette terre de misère et d'injustice, vers ceux que j'abandonnais dans un monde cousu d'imprévu. Je laissais ceux qui n'ont pour choix que de lutter pour vivre ou pour mourir, ceux qui gravaient sur des murs que je quittais physiquement « *vivre pour mourir* ». Enfin transporté dans les airs, je vivais, j'étais léger de corps, je m'envolais vers les miens, vers ceux que j'aimais, qui m'attendaient. Cette fois c'était la bonne ! Le champagne que l'on me servit dans cet avion coula au beau milieu des deux continents. Le temps passé dans cette Afrique faisait de moi un homme privé de la liberté d'un retour au Cameroun, il faisait de moi un homme écartelé entre deux mondes.

Le sentiment de joie prit toute son ampleur lorsque je vis les bras de Marie Jo, tendus sur cette terre, que j'avais craint ne plus jamais retrouver...

## CHÈRE MÈMOIRE

Voilà ma mémoire essorée sur papier, posée comme une tranche de vie, une anecdote incroyable, bourrée de la surprise d'un hasard qui tente à démontrer avec insistance son absence, son inutilité.

Mais ma vie, si courte fut-elle sur ce continent, a été plus que cela, plus qu'une tranche de vie, plus qu'une épreuve, elle se révéla déboucher sur l'entrée d'une autre existence, d'un autre personnage que je découvre différent chaque jour. Je ne suis plus le même, notre famille n'est plus la même, cette aventure reste marquante. Elle ouvre sur un autre monde. Nous avons tellement voyagé en parallèle avec Marie Jo, sur deux univers si différents, qu'il faut nous rejoindre aujourd'hui. Puis nous sommes enfin devenus parents. Pour refermer cette boucle, ce voyage circulaire, nous avons sans rien provoquer, adopté nos deux adorables enfants, dans le pays qui a marqué le début de notre récit : Madagascar.

Quant à Micheline et Magloire, ils sont réunis, soudés autour de Juliette qui grandit à toute vitesse. Elle prend soin et déploie l'énergie que nous lui avons toujours trouvée, mordant dans chaque journée. La vie reste pourtant dure, et Magloire, collé au combiné d'une cabine, me répète régulièrement, reprenant des mots de Paul Biya :

« Çaaaaa ! Tu connais le Cameroun Bertrand ! Le Cameroun reste le Cameroun ... »

Je sais que mon frère Magloire se débat sur son continent pour continuer à vivre, pour trouver sa place dans une société aux remous imprévisibles. Il est aidé depuis peu par un jugement, par un non-lieu qui profite, encore, comme une habitude, comme une longue injustice, à un prêtre et à sa femme.

Peut-être un jour, nos chemins de vie, briseront-ils l'irrationnel de cette aventure qui diffuse l'odeur d'une renaissance, qui fait parfois briller le regard innocent d'une enfant, d'une Juliette, que nous gardons en nous.

FIN

Achevé d'imprimer par Corlet Numérique - 14110 Condé-sur-Noireau
N° d'Imprimeur : 27684 - Dépôt légal : décembre 2005 - *Imprimé en France*